本书由教育部人文社会科学研究规划基金项目"区域旅游空间竞争中旅游地屏蔽生成机理与突破路径研究"（18YJA630146）资助出版

区域旅游空间竞争中旅游地屏蔽生成机理与突破路径研究

张 威 等著

知识产权出版社
—北京—

图书在版编目（CIP）数据

区域旅游空间竞争中旅游地屏蔽生成机理与突破路径研究 / 张威等著 . —北京：知识产权出版社，2025.4. — ISBN 978-7-5130-9863-2

Ⅰ . F592.7

中国国家版本馆 CIP 数据核字第 2025BS0282 号

内容提要

本书在区域旅游空间竞争的背景下，基于旅游功能系统模型，从资源禀赋、旅游区位、游客涉入和信息传播四个维度构建旅游地屏蔽的理论框架，阐释旅游地屏蔽的生成机理，并对文化遗产型、自然风光型、人造景观型三类旅游地进行跨案例比较研究，探求弱势旅游地在资源特色开发、区位条件改善、游客涉入应和、信息传播驱动等方面的屏蔽突破路径。

本书可作为从事旅游经营管理、旅游规划与开发的专业人士的参考读物。

责任编辑：刘晓庆　　　　　　　　责任印制：孙婷婷

区域旅游空间竞争中旅游地屏蔽生成机理与突破路径研究
QUYU LÜYOU KONGJIAN JINGZHENG ZHONG LÜYOUDI PINGBI SHENGCHENG JILI YU TUPO LUJING YANJIU

张　威　等著

出版发行	知识产权出版社有限责任公司	网　　址	http：//www.ipph.cn
电　　话	010-82004826		http：//www.laichushu.com
社　　址	北京市海淀区气象路 50 号院	邮　　编	100081
责编电话	010-82000860 转 8073	责编邮箱	laichushu@cnipr.com
发行电话	010-82000860 转 8101	发行传真	010-82000893
印　　刷	北京中献拓方科技发展有限公司	经　　销	新华书店、各大网上书店及相关专业书店
开　　本	720mm×1000mm　1/16	印　　张	17.5
版　　次	2025 年 4 月第 1 版	印　　次	2025 年 4 月第 1 次印刷
字　　数	250 千字	定　　价	88.00 元
ISBN 978-7-5130-9863-2			

出版权专有　侵权必究

如有印装质量问题，本社负责调换。

前　言

自 20 世纪 90 年代以来，我国旅游需求日益旺盛，大众旅游飞速发展，各个旅游目的地也层出不穷，精彩纷呈。但时至今日，区域旅游的空间竞争越发激烈，在某些强势旅游地的对比下，占比为大多数的弱势旅游地游客稀少，屏蔽效应严重。同时，那些热门景区却存在客流量超载、环境遭到破坏、早已不堪重负的问题。因此，本书对于区域旅游空间竞争中旅游地屏蔽机理与突破路径的研究，有益于弱势旅游地克服"屏蔽效应"的不利影响，避免雷同、低水平重复和盲目的投资建设、恶性的过度竞争，也有益于协调旅游地之间的关系，分流冷热旅游地的游客量，保持旅游地合理的环境容量，优化区域旅游的空间结构，提升区域旅游的整体竞争力，促进区域旅游的均衡、永续发展，具有重要的现实意义。

本书遵循"理论演绎—实证检验"的研究范式，首先，通过文献分析推导旅游目的地屏蔽的理论架构，从资源禀赋、旅游区位、游客涉入和信息传播四个维度阐释旅游地屏蔽的生成机理；其次，对文化遗产型、自然风光型、人造景观型三类旅游地进行跨案例比较研究，以验证和修补理论模式；最后，对应旅游地屏蔽机理的四个维度，提出资源特色开发、区位条件改善、游客涉入应和、信息传播驱动等旅游地屏蔽的突破路径。具体来说，本书收获了以下三项研究结果和发现。

第一，通过对区域旅游空间竞争的概念、类型与影响因素及旅游目的地屏蔽的相关概念、产生原因、演化与突破等方面国内外文献的梳理和分析，明晰了本书研究主题的理论基础问题，并基于旅游功能系统模型，从资源禀赋（资源品质、资源密度、资源结构），旅游区位（交通区位、客源区位、经济区位），游客涉入（特异性、愉悦性、象征性），以及信息传播（品牌形象、广告创意、媒体平台）多个层面构建了旅游地屏蔽的理论架构，阐释了旅游地屏蔽的生成机理。

第二，采用跨案例比较研究方法，对文化遗产型旅游地（浙江嘉兴乌镇、北京恭王府）、自然风光型旅游地（河南焦作云台山、重庆武隆喀斯特旅游区）、人造景观型旅游地（陕西咸阳袁家村、北京古北水镇）三种不同类型的六个旅游地屏蔽突破的案例。首先，进行独立的案例内分析，探究资源禀赋、旅游区位、游客涉入和信息传播因子的作用机制，并总结不同时期每个旅游地屏蔽的突破路径；其次，将六个案例分析的结论进行比较与归纳，检视跨案例的异同点，一步步凝练出旅游地屏蔽的突破路径，从而拓展或修正已有的理论，并增强理论的抽象程度和普适性，形成综合性强、饱和度好、稳健的理论框架。

第三，在理论模式演绎和案例研究检验的基础上，提出弱势旅游地在资源特色开发、区位条件改善、游客涉入应和、信息传播驱动等方面的屏蔽突破路径，包括识别、开发与创造独特旅游资源，形成核心旅游吸引物；引入与整合外部异质资源，开辟多元化的旅游业务增长点；依托大城市经济圈的辐射与带动作用，建设与完善区域交通基础设施，形成"快进""慢游"旅游综合交通网络；顺应现代游客对于奇异、热烈、沉浸体验和时尚、新潮、个性象征及精致、美好、舒适生活的消费心理倾向，突出产品的新鲜感，营造活动的氛围感，增强游客的参与感，打造流行的旅游产品，发挥旅游的社交属性，唤起游客的情绪价值，提供优质、便捷、贴心、多样化、定制化和富有仪式感的服务；定位、树立、强化或重塑旅游地品牌形象；影视片植入旅游地品牌广告，开发旅游地影视衍生品；开展与其他行业产品品牌、IP、名人的跨界联名营销；构建横纵联合、内外协力的旅游全媒体营销矩阵，广泛发布宣传信息，大幅度提高知名度和用户黏性；利用平台"关键意见领袖"的影响力和覆盖面，直达景区目标客户群，或者触发新一轮用户的注意力；实施旅游大数据精准营销，准确推送给有特定需求的人群等。

本书作者天津财经大学商学院旅游系的张威负责设计全书的内容架构和第一章、第二章、第三章、第四章、第八章、第九章的撰写和全书最后的修订。天津财经大学商学院旅游系的谢芳、李刚、李正欢、马鹏、王碧含、汪爽、邵磊、展刘洋等教师在研究设计、理论建构、文献综述和资料分析等工作上参加了讨论，贡献了思想。其他作者还有天津财经大学商学院旅游系教师李玲（撰写第七章第一节的第二部分、第三部分），天津财经大学珠江学院酒店与旅游管理系教师胡晓丽（撰写第五章第一节、第六章第一节），天津商务职业学院旅游学院教师赵迎（撰写第六章第二节的第二部分、第三部分），以及天津财经大学商学院旅游系毕业的硕士李守志（撰写第七章第二节的第二部分、第三部分），硕士研究生赵雪菲（撰写第七章第二节的第一部分），王丽霞（撰写第六章第二节的第一部分），沈兰兰（撰写第七章第一节的第一部分），湖北省社会科学院硕士研究生李丹丹（撰写第五章第二节）。

本书写作过程中，参考了诸多学者的专著和论文，在此对其表示诚挚的谢意。另外，本书虽力求严谨、科学、规范，但依然存在不足之处，还请各位读者给予指正。

张 威

2024 年 12 月

目 录

第一章 绪 论 ·· 1
 第一节 研究背景 ··· 1
 第二节 研究意义 ··· 6
 第三节 研究思路与内容 ·· 7
 第四节 研究方法 ·· 10
 第五节 研究创新点 ··· 11

第二章 文献综述 ·· 13
 第一节 区域旅游空间竞争理论 ··· 13
 第二节 旅游目的地屏蔽理论 ·· 24

第三章 旅游地屏蔽生成机理的理论架构 ··· 40
 第一节 旅游资源禀赋屏蔽因子 ··· 42
 第二节 旅游区位屏蔽因子 ··· 45
 第三节 游客涉入屏蔽因子 ··· 49
 第四节 信息传播屏蔽因子 ··· 54

第四章 旅游地屏蔽突破的研究设计 ··· 58
 第一节 旅游地屏蔽突破的跨案例研究设计 ······································ 58
 第二节 游客涉入因子隐喻抽取的研究设计 ······································ 61

第五章 文化遗产型旅游地屏蔽突破的案例研究 **68**
第一节 浙江嘉兴乌镇旅游地屏蔽突破的案例研究 68
第二节 北京恭王府旅游地屏蔽突破的案例研究 99

第六章 自然风光型旅游地屏蔽突破的案例研究 **125**
第一节 河南焦作云台山旅游地屏蔽突破的案例研究 125
第二节 重庆武隆喀斯特旅游地屏蔽突破的案例研究 158

第七章 人造景观型旅游地屏蔽突破的案例研究 **184**
第一节 陕西咸阳袁家村旅游地屏蔽突破的案例研究 184
第二节 北京古北水镇旅游地屏蔽突破的案例研究 209

第八章 旅游地屏蔽的突破路径 **238**
第一节 旅游地资源特色开发 243
第二节 旅游地区位条件改善 249
第三节 旅游地游客涉入应和 251
第四节 旅游地信息传播驱动 255

第九章 研究结论与展望 **261**
第一节 研究结论 261
第二节 研究展望 262

参考文献 **264**

第一章 绪 论

第一节 研究背景

一、现实背景

随着我国旅游产业的蓬勃发展，区域旅游进入全面开发阶段，很多空间相近、资源类似、形象雷同的旅游地之间的竞争也越来越激烈，相互之间的替代作用更加明显，特别是资源等级较高和吸引力较强的旅游地会对其邻近的低级别旅游地形成强烈的屏蔽效应，使被屏蔽旅游地形象暗淡，客流不足，发展受阻甚至停滞不前，严重阻碍了区域旅游的协调发展。

被屏蔽的旅游地被称为旅游阴影区、旅游非优区、弱势旅游地、温冷旅游地、边缘旅游地等，在全国分布广泛。旅游地屏蔽困境与突破的案例普遍存在。例如，北京八达岭长城对于附近的北京慕田峪、司马台及天津黄崖关、河北金山岭、紫荆关长城的屏蔽；北京故宫、天坛、颐和园、十三陵等对于同为皇家文化景观，但地处河北的避暑山庄、清东陵、清西陵的屏蔽；安徽黄山对于同在皖南的九华山、天柱山、齐云山的屏蔽；北戴河对于唐山、盘锦、葫芦岛等渤海湾其他海滨旅游地的屏蔽等。但是也有河北涞源白石山在毗邻的涞水野三坡笼罩下脱颖而出；地处浙江腹地金华的横店影视城在西湖、雁荡山、普陀山、千岛湖等"山水风光"之中卓尔不群；黄山脚下的西递、宏村古村落更是以其典型的徽派建筑与山岳相得益彰；在传统旅游资源匮乏的常州，因建起和"中华恐龙园""东方盐湖城"等主题公园、休闲养生旅游度假区而被誉为中国版的"奥兰多"；人造景区乌江寨作为新兴旅游目的地，在以山地旅游为主的贵州，凭借创新的旅游吸引物和持续优化的服务体验，满足了游客日益增长的多元化需求，成为近年来西南地区旅游的新地标。

因此，在如今开创区域旅游空间新格局的形势下，旅游非优区或弱势旅游地的开发就显得尤为重要。而如何解析区域空间竞争中的旅游地屏蔽机理，摆脱旅游屏蔽的负面影响，避免旅游地的盲目开发和过度竞争，平衡旅游冷热景点之间的供需矛盾，增强区域旅游的整体竞争力，也成为当前区域旅游研究的一个重要议题。

二、理论背景

旅游目的地屏蔽理论源于对区域旅游空间竞争理论的研究。当多个旅游地出现时，它们各自的辐射区域边界往往会出现此长彼消或同步增长的动态变化和地域市场结构的再组织过程。这种空间的变化，实质上就是竞争的过程。[1]20世纪60年代，国外学者运用区位理论、空间相互作用理论等对游憩活动与地理空间的结构以及竞争关系进行了探讨。希尔斯（Hills）和伦德格伦（Lundgren）及布里顿（Britton）等人建立了区域旅游的核心——边缘理论模型（Core-periphery Model），强调了边缘地区对核心地区的依赖关系。[2][3]区域旅游空间竞争影响因素的研究，最初的焦点是旅游资源的区域禀赋和品质。迪西（Deasy）和格里斯（Griess）运用旅游无差异曲线、旅游等成本线技术分析了美国宾夕法尼亚州两个相似、互相竞争的旅游景点，揭示出旅游地对客源地的吸引力是资源指向性的。[4]后来，旅游需求成为旅游竞争

---

[1] 张凌云.旅游地空间竞争的交叉弹性分析[J].地理学与国土研究，1989，5（1）：40-43.

[2] HILLS T, LUNDGREN J. The Impact of Tourism in the Caribbean : A Methodological Study [J]. Annals of Tourism Research, 1977, 4（5）: 248-267.

[3] BRITTON S G. The Political Economy of Tourism in the Third World [J]. Annals of Tourism Research, 1982, 9（3）: 331-359.

[4] DEASY G, GRIESS P. Impact of a Tourist Facility on its Hinterland [J]. Annals of the Association of American Geographers, 1966, 56（1）: 290-306.

研究的主旋律，提高客源市场份额是旅游空间竞争的目标。20世纪90年代以来，开始考虑旅游地承载力、旅游可持续发展，并且关注信息流对旅游消费者行为的作用。总之，基本是遵循着从旅游资源产品、市场需求到区域旅游环境、区域行为这样一个由简单到复杂、由单因素到多因素的多元化道路前进。[1]

我国学者在20世纪80年代后期开始旅游地空间竞争的理论探索。张凌云在论述旅游地的竞争因素时认为，由于旅游地的生产和发展除了自身特性外，还受到竞争伙伴的影响，迫使有关部门在进行旅游预测和规划时必须以多因子的动态分析来代替单因子的序列分析。[2] 在案例研究方面，保继刚等先后开展了滨海、山岳和石林等旅游空间竞争的研究，提出了"替代性竞争"的概念，并指出不同类别的旅游地影响其空间竞争的主导因素和结果不一样。[3][4][5] 这一时期我国关于区域旅游竞争问题的研究，主要以资源供给导向型和市场需求导向型的研究范式为主，时至今日也是如此。

旅游地（形象）屏蔽的概念始自中国，但外国学者亨特（Hunt）最早提出的"旅游形象"的概念[6]，引发了人们对旅游形象的含义、构面、形成、测度、塑造及影响等问题的研究，只是国外对旅游地屏蔽或形象屏蔽（Tourism Image Shielding）的研究很少。比如，比尔利（Beerli）和马丁（Martin）认为，游客的认知结构会对直觉产生屏蔽（Screen）作用，从而影响旅游者做出选择。[7] 洪成权（Hong Sung-kwon）等人认为人们在选择目的地时只使用有

---

[1] 窦文章，杨开忠，杨新军. 区域旅游竞争研究进展 [J]. 人文地理，2000，15（3）：22-27.

[2] 张凌云. 旅游地空间竞争的交叉弹性分析 [J]. 地理学与国土研究，1989，5（1）：40-43.

[3] 保继刚，梁飞勇. 滨海沙滩旅游资源开发的空间竞争分析——以茂名市沙滩开发为例 [J]. 经济地理，1991，11（2）：89-93.

[4] 保继刚，彭华. 名山旅游地的空间竞争研究——以皖南三大名山为例 [J]. 人文地理，1994，9（2）：4-9.

[5] 保继刚. 喀斯特石林旅游开发空间竞争研究 [J]. 经济地理，1994，14（3）：93-96.

[6] HUNT J D. Image：A Factor in Tourism [D]. Fort Collins：Colorado State University，1971.

[7] BEERLI A，MARTIN J D. Factors Influencing Destination Image [J]. Annals of Tourism Research，2004，31（3）：657-681.

限的信息，并以某一类形象作为标准，来对其他目的地进行初次屏蔽（Initial Screening），从而放弃不能满足其旅游需求或偏好的目的地。❶

国内学者王衍用和许春晓首先提出旅游阴影区和非优区屏蔽问题。❷❸❹ 王衍用认为旅游资源雷同和近距离重复及游客在游览时间、旅游消费等方面的限制，是位于热点旅游区阴影内的旅游地难以有较大突破的关键性因素。❺ 在地理位置临近、面向共同市场的各个旅游地中，资源价值较高、知名度较大的旅游目的地会吸引大量游客，而处于竞争劣势的旅游地则会陷入旅游优越区形象屏蔽的"阴影"内，导致区域旅游发展的非均衡性。旅游地屏蔽是指某特定区域的旅游资源，因某些限制性因素的存在，而导致其开发利用价值大为逊色，甚至不能顺利开发的现象，分为要素屏蔽、资源屏蔽、区位屏蔽、条件屏蔽和事故屏蔽五种类型。❻ 杨振之和陈谨认为，旅游地之间出现竞争或整合关系，是由资源品级、品牌效应、市场竞争三个主要因素引起的。其中，市场竞争又由三个分解变量决定，分别是市场供给圈、购买需求圈和可进入的区位。❼ 受此影响，同一区域内的旅游地可能出现以竞争为主和以整合为主的二元关系，竞争关系为主导形成"形象遮蔽"，整合关系为主导则引发"形象叠加"。❽

刘睿文试图整合上述理论，提出旅游形象不对称论，并指出了以旅游者为研究对象、不同类型旅游地之间、形象级别差距不大的旅游地之间、低形

---

❶ HONG SUNG-KWON et al. The Roles of Categorization, Affective Image and Constraints on Destination Choice：An Application of the NMNL Model [J]. Tourism Management，2006（27）：750-761.

❷ 王衍用. 孟子故里旅游开发战略研究 [C]// 中国科学院地学部，等. 区域旅游开发研究，1991：157-160.

❸ 王衍用. 孟子故里旅游开发研究 [J]. 地理学与国土研究，1993，13（2）：44-46.

❹ 许春晓. 旅游资源非优区适度开发与实例研究 [J]. 经济地理，1993，13（2）：81-84.

❺ 王衍用. 孟子故里旅游开发战略研究 [C]// 中国科学院地学部，等. 区域旅游开发研究，1991：157-160.

❻ 许春晓. 旅游地屏蔽现象研究 [J]. 北京第二外国语学院学报，2001，23（1）：71-80.

❼ 杨振之，陈谨. "形象遮蔽"与"形象叠加"的理论与实证研究 [J]. 旅游学刊，2003，18（3）：62-67.

❽ 刘逸，陈凯琪，黄凯旋. 桂林市区与阳朔空间竞合关系演变：基于旅游形象叠加—遮蔽视角 [J]. 旅游论坛，2016，9（2）：1-6，13.

象对高形象级别旅游地的反作用等未开展深入研究的理论方向。❶李雪松和田里则从旅游活动的主体、介体和客体等角度分析了屏蔽现象的产生机理，认为旅游形象屏蔽涉及旅游活动的三大要素，分别形成了认知屏蔽、利益屏蔽、引力场屏蔽。❷李雪松又提出了旅游形象屏蔽强度模型，测算了实地感知形象、市场传播形象及形象相似度和空间距离。❸

俞飞专门从旅游需求主体即游客角度展开研究，认为形象屏蔽发端于旅游者对景区的认知，形成旅游者对景区的比较和选择。❹❺❻与上述研究不同的是，章守芹提出了对另一类旅游形象遮蔽——区域旅游自身遮蔽（本色形象对诱导形象的遮蔽）的机理性见解，可以看作刻板印象理论和旅游屏蔽理论相结合的螺旋式演进。❼

对于旅游地屏蔽突破路径的研究，翁瑾和杨开忠认为，旅游者的多样性偏好与产品差异化促进旅游活动向综合劣势地区扩散。❽包军军和严江平指出，屏蔽现象产生原因起初为景区旅游资源的优劣，屏蔽现象具有原生性；而在发展过程中自身的调节学习与市场适应能力导致景区发展竞争中的优劣势地位演变（屏蔽现象的主被动关系改变），则屏蔽现象具有转换性。❾徐雅雯、甘巧林和郑迪则以西递、宏村为例，借助内容分析法研究旅游形象屏蔽的"例外"现象，即一些资源品位高、历史文化底蕴深厚且旅游发展基

---

❶ 刘睿文．旅游形象不对称作用理论研究 [J]．地理与地理信息科学，2006，22（4）：75-79．
❷ 李雪松，田里．旅游形象屏蔽机理解析 [J]．旅游科学，2009，23（4）：26-30．
❸ 李雪松．旅游形象屏蔽：基本性质与空间表现 [J]．思想战线，2010，36（2）：147-148．
❹ 俞飞．旅游景区形象屏蔽及景区相关对策研究 [D]．北京：北京工商大学，2009．
❺ 俞飞，徐阳阳．旅游景区形象屏蔽的形成及演进研究 [J]．安徽农业大学学报（社会科学版），2011，20（5）：48-51．
❻ 俞飞．游客视角下的旅游景区形象屏蔽作用机理研究 [J]．地域研究与开发，2014（1）：58-62．
❼ 章守芹．区域本色形象和旅游诱导形象的遮蔽研究 [D]．大连：东北财经大学，2011．
❽ 翁瑾，杨开忠．旅游系统的空间结构：一个具有不对称特点的垄断竞争的空间模型 [J]．系统工程理论与实践，2007，27（2）：76-82．
❾ 包军军，严江平．旅游屏蔽理论定量研究——基于景区系统种群竞争模型 [J]．地域研究与开发，2015，34（2）：115-119．

础优越的旅游地却处于被低品位景区屏蔽的窘境，分析了微区位、游客行为选择和形象公关三项成因，并从社会记忆角度探索克服形象屏蔽不利影响的途径。❶

综上所述，关于旅游地屏蔽的研究，历经了从以王衍用、许春晓和杨振之等为代表的理论开创期，到以刘睿文、李雪松和田里等为代表的理论建构期，再到以俞飞和章守芹等为代表的理论分化期，在2015年之后进入了一个以包军军和严江平及徐雅雯、甘巧林和郑迪等为代表的实证数据分析和理论整合创新的新阶段。

近年来，越来越多的旅游学者将研究视点逐渐从热点旅游地转向了温冷旅游地，探索其在强势的阴影遮蔽之下如何发展，但仍然缺乏全面系统、深入具体的理论阐释和实证分析。因此，本书基于冈恩（Gunn）的旅游功能系统❷，研究区域空间竞争中旅游地屏蔽的生成机理与突破路径，寻求弱势旅游地屏蔽的化解之道，具有重要的理论价值与实际意义。

第二节　研究意义

一、现实意义

几十年来，虽然我国旅游业整体发展迅速，但从不同的区域来看，都存在热点旅游地承载力日益不堪重负，而弱势旅游地在屏蔽效应下往往陷入形象模糊、吸引力减弱、客流量下滑等被动局面的情况。本书探讨旅游地屏蔽的困境与突破，有助于旅游屏蔽区适应游客需求的变化，挖掘自己独特的资

---

❶ 徐雅雯，甘巧林，郑迪. 旅游形象屏蔽理论"例外"现象研究——西递、宏村实证对比分析[J]. 华南师范大学学报（自然科学版），2016，48（4）：77-82.

❷ GUNN C A, VAR T. Tourism Planning：Basics，Concepts，Cases（Fourth Edition）[M]. New York：Taylor & Francis，2002.

源，树立鲜明的旅游形象，避免盲目性地开发，均衡各地游客流量，提高区域旅游的整体竞争力，并为旅游目的地的规划开发、形象定位、营销推介等提供理论依据和实践参考。

二、理论意义

目前，我国旅游地屏蔽的研究大多是在旅游开发实践观察的基础上进行的初步理论解释，或从基本层面探讨其概念、特征与类型等，又或对个案情况进行现象描述和经验介绍，还没有形成一个对其本质内涵、影响因素、生成机理、演化趋向、突破路径等问题整合且成熟的理论体系。针对这一研究领域的不足，本书基于旅游功能系统模型，构建区域空间竞争中旅游地屏蔽机理的理论框架，以跨案例比较研究方法探求旅游地屏蔽突破的路径，为相关理论的丰富和深化作一些有益的尝试。

第三节 研究思路与内容

一、研究思路

本书遵循理论演绎—实证检验的范式，通过区域旅游空间竞争和旅游地屏蔽的文献综述推导理论架构，从资源禀赋、旅游区位、游客涉入和信息传播四个维度构建旅游地屏蔽的生成机理，然后对文化遗产型、自然风光型、人造景观型三类旅游地进行跨案例比较研究，检验并扩充理论模式，据此提出弱势旅游地在资源特色开发、区位条件改善、游客涉入应和、信息传播驱动等方面的屏蔽突破路径。本书的具体研究思路，如图 1-1 所示。

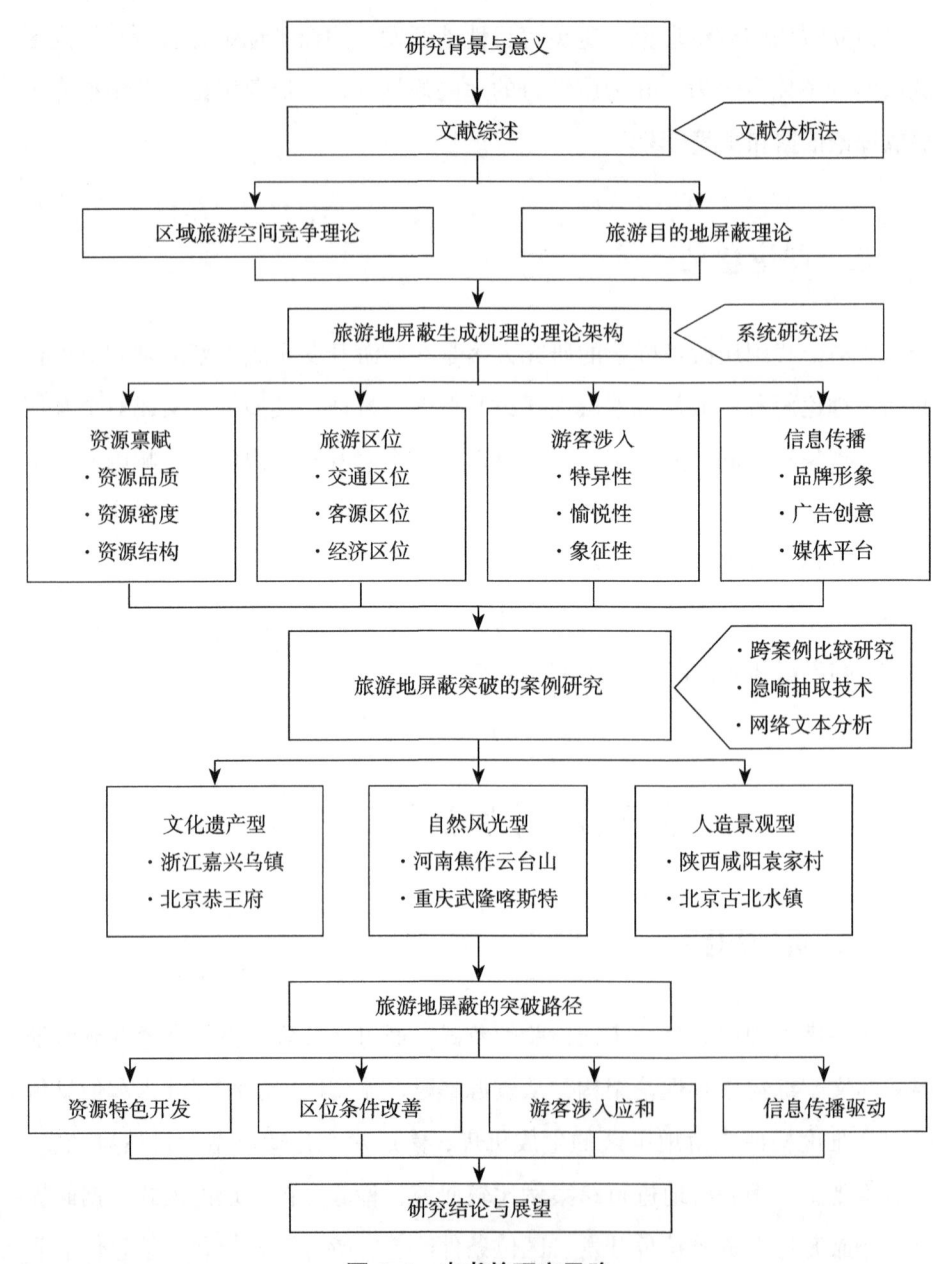

图 1-1 本书的研究思路

二、研究内容

本书共分为九章，各章具体内容如下。

第一章，绪论。本章阐述选题的背景及研究问题的实践意义与理论价值，介绍整体的研究思路与各章具体的研究内容，说明主体部分所采用的几项研究方法，最后指出研究的创新之处。

第二章，文献综述。本章对区域旅游空间竞争理论和旅游地屏蔽理论进行全面梳理，并对相关文献进行回顾和总结，为后续研究打下坚实的理论基础。

第三章，旅游地屏蔽生成机理的理论架构。本章在上一章文献综述的基础上，以冈恩的旅游功能系统为骨架，构建资源禀赋、旅游区位、游客涉入和信息传播多维度的旅游地屏蔽理论体系，阐释旅游地屏蔽的形成机制。

第四章，旅游地屏蔽突破的研究设计。本章对整体采用跨案例比较研究法及在探索游客涉入因子时采用隐喻抽取技术分析法而开展研究的路线设计和操作程序进行详细的介绍。

第五章，文化遗产型旅游地屏蔽突破的案例研究。本章对浙江嘉兴乌镇和北京恭王府这两个文化遗产型旅游地屏蔽突破的案例进行描述、分析和总结，描述其不同阶段的发展情况，分析其屏蔽突破的关键因素，并总结其屏蔽突破的经验模式。

第六章，自然风光型旅游地屏蔽突破的案例研究。本章对河南焦作云台山和重庆武隆喀斯特旅游区这两个自然风光型旅游地屏蔽突破的案例进行描述、分析和总结，描述其不同阶段的发展情况，分析其屏蔽突破的关键因素，并总结其屏蔽突破的经验模式。

第七章，人造景观型旅游地屏蔽突破的案例研究。本章对陕西咸阳袁家村和北京古北水镇这两个人造景观型旅游地屏蔽突破的案例进行描述、分析和总结，描述其不同阶段的发展情况，分析其屏蔽突破的关键因素，并总结其屏蔽突破的经验模式。

第八章，旅游地屏蔽的突破路径。本章基于旅游地屏蔽突破的跨案例比较与归纳，对应旅游地屏蔽机理的四个维度，提出资源特色开发、区位条件改善、游客涉入应和、信息传播驱动等旅游地屏蔽的突破路径。

第九章，研究结论与展望。本章在总结全书的研究成果之后，对未来有待改进、提升的研究方向进行展望。

第四节　研究方法

一、文献分析法

收集和整理国内外期刊论文、博硕学位论文及网络资料中有关区域旅游空间竞争、旅游地（形象）屏蔽、旅游非优区/阴影区、温冷/弱势/边缘旅游地的文献，在广度和深度上把握国内外研究动态，通过文献分析、整合与扩充，得出本书的基本观点。

二、系统研究法

以系统的观点，从资源禀赋、旅游区位、游客涉入和信息传播四个维度对旅游地屏蔽的生成机理和突破路径进行多层次、多方面、多角度的综合分析，研究各项因素之间的关联性与互动性。

三、跨案例比较研究法

采用跨案例研究方法，选取三种不同类型的旅游地案例共六个，包括文化遗产型旅游地（浙江嘉兴乌镇、北京恭王府），自然风光型旅游地（河南焦作云台山、重庆武隆喀斯特旅游区），人造景观型旅游地（陕西咸阳袁家村、北京古北水镇），对旅游地屏蔽困境与突破的情境、过程和结果进行研究，并比较分析其中的一致性和差异性。

四、隐喻抽取技术分析法

本书在旅游地屏蔽突破的游客涉入因子时，采用扎尔特曼（Zaltman）的隐喻抽取技术（Metaphor Elicitation Technique）质性分析方法，通过典型案例旅游地的摄影照片和对游客们的深度访谈，提取构想分别绘制各个旅游地的共识地图，以发现弱势旅游地因游客涉入偏好、兴趣与动机的变化而突破屏蔽的契机。

五、网络文本分析法

本书在研究旅游地屏蔽突破的信息传播因子时，借助 Rost CM 软件分析景区发布和游客撰写的网络文本内容，以旅游地感知元素高频词的语义网络图和类目比较表，来检验景区投射形象与游客感知形象的一致性，从而指明弱势旅游地通过信息传播诱致游客感知形象转变以化解屏蔽的路径。

第五节　研究创新点

一、旅游地屏蔽突破理论的系统性

本书基于冈恩的旅游功能系统，从资源禀赋（资源品质、资源密度、资源结构），旅游区位（交通区位、客源区位、经济区位），游客涉入（特异性、愉悦性、象征性），以及信息传播（品牌形象、广告创意、媒体平台）多个层面上，厘清旅游地屏蔽各项影响因素之间的逻辑关系，全面系统地解析旅游地屏蔽的生成机理与突破路径。

二、旅游地屏蔽案例研究的动态性

之前旅游地屏蔽的案例研究基本属于静态描述，很少有历史性动态视角的分析，本书依据时间的推移，分别对六个案例地的历史背景、起源来历、发展阶段、演变过程进行细致解析，深入探究旅游目的地发展的阶段性特征和规律，并在时间维度上对研究对象进行比较，以揭示其在不同时间段的变化和差异。

三、旅游地屏蔽跨案例研究的普适性

以往对旅游目的地屏蔽的研究多是对单个案例进行的研究，本书对文化遗产型、自然风光型和人造景观型三类旅游地六个案例进行跨案例研究，不仅关注案例的个性和特点，更侧重通过案例间的比较和归纳，提炼案例中的关键因素及具有普遍意义的结论。

四、旅游地屏蔽研究方法的创新性

本书在探究旅游地屏蔽突破的游客涉入与信息传播屏蔽因子时，通过隐喻抽取技术绘制共识地图来分析游客涉入因子对于弱势旅游地转变的影响，通过网络文本分析法来检验景区投射形象与游客感知形象的一致性，这些方法运用在旅游目的地屏蔽研究上具有创新性。

第二章 文献综述

同地域内的旅游地空间竞争并非都处于均衡状态,"阴影区""屏蔽理论"的研究表明非均衡性旅游地空间竞争的客观存在。[1]本章对区域旅游空间竞争理论和旅游地屏蔽理论进行全面梳理,并对相关文献进行回顾和总结,为后续研究打下坚实的理论基础。

第一节 区域旅游空间竞争理论

区域旅游空间竞争研究始于20世纪60年代,大致经历了三个阶段:最初聚焦在旅游资源的区域禀赋和区位因素,分析工具主要有无差异曲线、引力模型、概率旅行模型和价格需求交叉弹性模型。进入20世纪80年代,旅游需求的影响成为旅游地竞争的研究重点,主要关注国家旅游服务贸易竞争力的影响因素,揭示了价格竞争优势的存在;另外,有研究从感知视角探究旅游地竞争关系,如通过形象认知调查来辨识一组旅游地的竞争性地位。20世纪90年代后,竞争优势理论引入旅游竞争研究,围绕旅游系统各要素及其整合所形成的比较优势,研究大尺度区域旅游地竞争力的等级格局成为主流。[2]

中国旅游地空间竞争研究始于20世纪80年代末。研究初期主要是引进或应用国外成果,如价格需求交叉弹性分析法的介绍、引力模型的应用。随

---

[1] 陈志钢,蔡泽辉. 非均衡性旅游地空间竞争中搭便车问题研究 [J]. 地理与地理信息科学,2006,22(5):70-74,80.

[2] 许春晓,王甫园,王开泳,等. 旅游地空间竞争规律探究——以湖南省为例 [J]. 地理研究,2017,36(2):321-335.

着对旅游竞争现象的观察和思考不断深入，旅游地空间竞争的本土化研究收获了一系列成果：归纳了不同类型旅游地间的替代性竞争和非替代性竞争关系，剖析了旅游地竞争的"阴影现象"和"屏蔽现象"，揭示了城市旅游竞争力的空间结构和动态演化。基于旅游流的竞争分析模型成果丰硕，提出了市场竞争态模型、亲景度模型、旅游场模型；依托共生理论和生态位理论，探索了旅游地仿生学空间竞争关系，丰富了旅游地空间竞争研究的理论和方法。[1]

一、区域旅游空间竞争的概念与类型

（一）区域旅游空间竞争的概念

从空间上看，旅游地的形成和发展在空间上总会出现一个相应的吸引区域。当多个旅游地出现时，它们各自的辐射区域边界往往会出现此消彼长或同步增长的动态变化和地域市场结构的再组织过程。这种空间的变化，实质上就是竞争的过程。[2]旅游者对旅游地选择的结果表现为到各旅游地的游客量（旅游流）的大小，这实质上就是旅游地空间竞争的结果。[3]这两种描述是目前关于旅游区域空间竞争的一般界定，揭示了空间竞争现象的外在表征——客源市场地域结构的变动特征。[4]也有学者认为，旅游区域空间竞争是指在旅游区域内各种要素的共同作用下，旅游流域的区际、区内空间结构的差异性、动态性及其所引起的旅游区域的综合响应。[5]

---

[1] 许春晓，王甫园，王开泳，等.旅游地空间竞争规律探究——以湖南省为例[J].地理研究，2017，36（2）：321-335.
[2] 张凌云.旅游地空间竞争的交叉弹性分析[J].地理学与国土研究，1989，5（1）：40-43.
[3] 保继刚，彭华.名山旅游地的空间竞争研究——以皖南三大名山为例[J].人文地理，1994，9（2）：4-9.
[4] 廖钟迪.旅游地发展中的空间竞争与区域合作研究[D].兰州：西北师范大学，2006.
[5] 章锦河.旅游区域空间竞争理论、方法与实证研究[D].合肥：安徽师范大学，2002.

（二）区域旅游空间竞争的类型

1. 替代与互补

关于区域旅游空间竞争的类型，国内的研究首先体现在陈健昌和保继刚对于近邻效应的表述上。独特性和共性导致相邻的资源个体对远处居民的吸引力之间的相互影响，这种影响称为近邻效应。近邻效应可分为正效应和负效应。属于不同类型的资源个体在同一地区出现有助于延长游客在该地区的游玩时间，使该地区资源对远处居民的吸引力增强。也就是说，资源个体的吸引力因其他个体在其附近出现更加强，这就是正的近邻效应；反之，当属于同一类型的观光型资源个体在同一地区出现时，不仅影响游客兴趣，而且影响个体之间产生分流作用，从而使各自吸引力相互抑制，这就是负的近邻效应，并表现为吸引力大的资源个体抑制吸引力小的资源个体。❶

保继刚在 20 世纪 90 年代延续了上述研究，指出沙滩、溶洞、石林等共性大、独特性小的旅游资源，大多数都是纯粹的自然景观，缺乏历史文化内涵，所以同一类型的旅游地空间竞争是一种替代性竞争，在同一地域内，只能开发景观价值最高、知名度最大的景区❷；而名山旅游地的空间竞争也是知名度大、地位高的名山抑制知名度小、地位低的名山，但与滨海沙滩旅游地、溶洞旅游地的空间竞争替代性较强有所不同。由于大部分名山往往具有悠久的历史文化内涵，在共性中有个性，因此，名山旅游地的空间竞争一般而言是一种非替代性竞争。❸

楚义芳从旅游地的空间相互作用角度，认为空间竞争有互补增强和抑制替代两种关系❹，详情见表 2-1。

---

❶ 陈健昌，保继刚. 旅游者的行为研究及其实践意义 [J]. 地理研究，1988，7（3）：44-51.
❷ 保继刚. 喀斯特石林旅游开发空间竞争研究 [J]. 经济地理，1994，14（3）：93-96.
❸ 保继刚，彭华. 名山旅游地的空间竞争研究——以皖南三大名山为例 [J]. 人文地理，1994，9（2）：4-9.
❹ 楚义芳. 旅游经济空间分析 [M]. 西安：陕西人民出版社，1992.

表 2-1　旅游地空间相互作用关系

等级	性质	
	旅游地性质相异	旅游地性质相同
旅游地等级相同	互补关系	互代关系
旅游地等级不同	单补关系（上—下）	单代关系（上—下）

资料来源：楚义芳．旅游经济空间分析[M]．西安：陕西人民出版社，1992：80．

马晓龙、杨新军和贾嫒嫒根据旅游地之间的关系，将空间竞争分为排他性竞争和共生性竞争两种类型也是替代和互补的意思。他们认为，排他性竞争主要发生在资源类型相同或相似的旅游地之间；共生性竞争主要发生在若干资源类型有较大差异的旅游地之间。❶

陈志钢和蔡泽辉则进一步详述了在非均衡性的旅游地竞争中，资源同质或异质两种情况下区域旅游空间形态的单核结构或者双核/多核结构。❷

（1）资源同质性竞争中的单核结构

在资源同质性竞争中，在信息完备的情况下，远程游客会选择最有名的旅游地。此时，为获得利益最大化，大景区会付出较大成本制止小景区的搭便车，以实现对客源市场的垄断。景区空间外拓、兼并小景区，形成对区域市场的完全垄断是大景区主要的竞争策略。景区间实力相差越大，完全垄断实现的可能性就越大。随着市场空间不断受到挤压，小景区的市场规模不断萎缩，逐渐丧失市场竞争力；大景区优势突出，形成区域旅游空间上的单核结构。

（2）资源异质性竞争中的双核/多核结构

在资源异质性竞争中，因自然环境、文化环境与游客居住地相差很远，小景区也可给游客提供不同的体验，游客愿意花较少的成本获得更多的体验，

---

❶ 马晓龙，杨新军，贾嫒嫒．旅游地空间竞争与弱势旅游地的发展研究[J]．干旱区资源与环境，2003，17（5）：113-117．

❷ 陈志钢，蔡泽辉．非均衡性旅游地空间竞争中搭便车问题研究[J]．地理与地理信息科学，2006，22(5)：70-74，80．

此时大、小景区市场优势互补，大景区采用市场共享等手段激励小景区，以提高公共市场的投入，共同培育区域市场与品牌。景区间实力差距越小，实现双赢的可能性就越大。小景区在共享大景区的市场中不断提升自身实力，形成旅游区域内与大景区同等重要或次一级的核心，从而呈现区域旅游空间结构的双核/多核结构形态。

2. 替代、互补与竞合

张凌云引介外国学者库尔茨（Kurtz）和金（King）对于美国亚利桑那州几个水库游乐区的竞争关系研究指出，在区域旅游各个目的地之间存在替代关系、互补关系和混合关系。[1] 这里的混合关系是既存在替代性竞争，又存在互补性合作的竞合关系。

陈志钢在研究旅游城市空间竞争时，也提出空间替代、空间共生、空间竞合三种形态。[2]

（1）空间替代

空间替代主要是因为空间屏蔽造成的。空间屏蔽是指不同旅游区域之间或同一旅游区域内部不同旅游景区点之间由于资源要素条件和区位的差异，导致某个或几个旅游点处于竞争劣势地位的现象。如果空间屏蔽时间过长，就会造成空间替代的发生，即在同一区域内，某些旅游城市的旅游功能完全萎缩，而另外一些城市的旅游功能则能得到彰显。

（2）空间共生

空间共生是指同一区域内具有不同特色资源的旅游城市按各自的轨迹发展下去的空间现象。因为不同的特色旅游资源对不同的游客群体构成吸引力，旅游城市间的细分市场不一样。客源集聚与扩散都按自身的规律发展下去。

（3）空间竞合

竞合形式是指虽然主导旅游资源相似，但各自的资源体量大的临近旅游

---

[1] 张凌云. 旅游地空间竞争的交叉弹性分析 [J]. 地理学与国土研究，1989，5（1）：40-43.
[2] 陈志钢. 基于旅游综合竞争力的旅游城市空间竞争研究 [D]. 南京：南京师范大学，2004.

城市的一种发展模式。这种空间模式是旅游城市空间竞争的一种形态，是受人为干涉而出现的一种状态。在一段时间内，临近旅游城市间的竞争空前激烈，巨大的人力、物力和财力的花费是必然的，有时候更是会造成资源与财力的浪费。为了改变这种恶性竞争，不同城市政府的宏观调控与协调就变得很重要。因此，基于这样目的考虑的城市间的竞争与联合就变得更加重要，这样更有利于资源的优化配置。

对于旅游空间合作，尹贻梅认为有两种基本类型：一是区域组合，二是产品组合。其中，区域组合又包括毗邻区域的组合和有交通线路连接的"飞地"的组合。[1]

（1）区域组合

①毗邻区域组合。邻近区域的结合是旅游空间合作的一种非常明显的趋势。目前，我国已经形成了几个旅游发达地区，如滇西南旅游区、环渤海旅游圈、环太湖旅游圈及粤港澳大三角旅游区等，其中有的区域旅游业非常发达。区域组合不是简单的行政区域的组合，而是在资源和产品上要具有组合的内在要求和特色优势。

②交通线连接的区域组合。旅游业的发展对交通网络的依赖性十分明显，地理空间位置不相邻的区域之间，可因交通线路的连接而发生联系，使旅游空间竞争合作成为可能。如京九、京广铁路等的开通，提高了沿线各区域的可进入性，增大了客流量，同时使各景区之间的时空距离被拉近，将间隔的空间串联起来，使旅游线路得以延长。对游客来说，可以花费较少的时间和金钱游览较长的线路，这也为沿线区域旅游合作增加了可能性。

（2）产品组合

如长江三峡、丝绸之路等共同拥有统一旅游产品的各区域进行合作，以产品线路为纽带串联形成旅游区域，可增强整个旅游产品的吸引力和整体实力，从而增大客流量，提高旅游开发效益。

---

[1] 尹贻梅.旅游空间竞争合作分析模型的构建[J].江西财经大学学报，2003，4（2）：66-71.

但应强调，区域组合和产品组合两种模式不是截然分开的，而往往是相互叠加和互为因果的。区域因线路产品而联结起来，使区域具有了旅游的功能。产品线路因区域而延伸和扩展，使产品具有了空间的特性。

二、区域旅游空间竞争的影响因素

国内外关于区域旅游空间竞争影响因素的研究，最初的焦点是旅游资源和区位因素。迪西和格里斯运用旅游无差异曲线，研究了美国宾夕法尼亚州的两个相似的、互相竞争的旅游景点，运用旅游等成本线划出不同旅游点的旅游腹地，发现旅游景点与客源地之间的引力是资源指向性的。显然，在比较其他竞争地资源的情况下，旅行者选择目的地的行为是其对资源感应效用的函数。[1]因为人们常常趋向于资源禀赋丰度高、知名度高的旅游景点，或者说旅游者的旅游行为受旅游资源品质的影响较大。因此，在旅游资源开发中，人们注重通过开发特色旅游产品来扩大旅游地的吸引范围，从而提高区域旅游的竞争力。[2]梅利安－冈萨雷斯（Melián-González）和阿尔西亚－法尔孔（Arcía-Falcón）认为，资源禀赋决定了特定地理区位上发展某种产业（旅游）的潜力，特定地理区位意味着正是目的地所拥有的特定资源或能力，使其能够开展特定的经济活动。[3]

在旅游空间竞争的理论研究方面，区位论以其与市场选择行为的紧密结合和抽象精炼的表达方式，一直受到旅游研究者的重视。[4]克里斯泰勒（Christaller）[5]、

---

[1] DEASY G, GRIESS P. Impact of a Tourist Facility on its Hinterland [J]. Annals of the Association of American Geographers, 1966, 56（1）: 290-306.

[2] 窦文章，杨开忠，杨新军. 区域旅游竞争研究进展 [J]. 人文地理, 2000, 15（3）: 22-27.

[3] MELIÁN-GONZÁLEZ A, ARCÍA-FALCÓN J M. Competitive Potential of Tourism in Destination [J]. Annals of Tourism Research, 2003, 30（3）: 720-740.

[4] 吴必虎. 区域旅游规划原理 [M]. 北京：中国旅游出版社, 2001.

[5] CHRISTALLER W. Some Considerations of Tourism Location in Europe: the Peripheral Regions-Underdeveloped Countries-recreation Areas [J]. Papers in Regional Science, 1964, 12（1）: 95-105.

伦德格伦（Lundgren）[1]、米切尔（Mitchell）和洛文古德（Lovingood）[2]等国外学者运用区位理论、空间相互作用理论等对游憩活动与地理空间的结构以及竞争关系进行了探讨。[3]旅游区位是指某一旅游地相对于其他旅游地的位置和空间关系，包括资源区位、客源区位和交通区位。[4]孙根年将旅游区位划分为客源区位、资源区位、交通区位和认知区位四种。[5]这些区位条件影响着区域旅游的资源优势向旅游产品优势的转化。[6]

20世纪80年代，强调旅游需求成为旅游竞争研究的主旋律，提高客源市场份额是旅游竞争的目标，与此同时，出现了若干分析旅游需求和客源市场的各种专题研究。莫利（Morley）认为，旅游只是休闲形式之一，普通居民要根据个人的闲暇时间、收入水平及休闲偏好等决定何种休闲形式，最终使个人行为效用最大化。[7]显然，这是一个基于旅游消费者决策的旅游需求模式。旅游资源供给和市场需求相结合，通过对旅游者行为的认知，可以得出旅游地定位（Positioning）的认知结构模式。值得一提的是，20世纪80年代这种争夺居民休闲资源、需求导向型的竞争力思维直接引发了城市内部旅游产品的大规模开发和建设，如主题公园。

随后，麦金托什（Mcintosh）和科尔德纳（Coeldner）提出了旅游产品竞

---

[1] LUNDGREN J O J. Tourist Impact on Island Entrepreneurship in the Caribbean [M]. Conference Paper Quoted in Mathieson，1973.

[2] MITCHELL L S，LOVINGOOD P E. Public Urban Recreation：An Investigation of Spatial Relationships [J]. Journal of Leisure Research，1976，8（1）：6-20.

[3] 章锦河，张捷，刘泽华. 基于旅游场理论的区域旅游空间竞争研究 [J]. 地理科学，2005，25（2）：248-256.

[4] 王衍用. 区域旅游开发战略研究的理论与实践 [J]. 经济地理，1999，19（1）：116-119.

[5] 孙根年. 论旅游业的区位开发与区域联合开发 [J]. 人文地理，2001，16（4）：1-5.

[6] 刘旺，杨敏. 比较优势、竞争优势与区域旅游规划 [J]. 四川师范大学学报（社会科学版），2006，33（4）：111-116.

[7] MORLEY C L. A Micro-economic Theory of International Tourism Demand [J]. Annals of Tourism Research，1992，19（2）：250-267.

争的信息指向概念[1]，对应于旅游业布局的资源指向、交通指向、市场指向及集聚指向，未来旅游者将在网络中寻找自己理想的游憩地。或者说，在竞争性市场中，消费者择游意识、旅游产品的挑选，往往受其所掌握的旅游信息左右，信息网络成为连接旅游供给者、旅游需求者及地方、国家、海外旅行团体的重要途径。在这一过程中，旅游竞争地可以通过信息质量、信息结构、传播速度及信息可达性体现竞争力。

与此相联系的是，旅游地形象策划与促销是提高旅游地竞争力的一个有效手段。李蕾蕾从认知学的角度提出区域旅游形象设计的理论框架，建立了旅游目的地形象策划的模式（Tourism Destination Image System，TDIS）。[2]旅游地品牌形象的传播可使受众市场得以感知，形象感知上的差异形成了大、小景区不同的市场知名度与不同的潜在市场，并最终导致市场发育程度的差异。[3]由于旅游地的形象认知是以所提供或获得的信息为前提的，所以，有时候不论旅游地与客源地相距多么遥远，由于其信息传播的力度较大，极大地提高了知名度，反而比那些较近距离的旅游地更容易被认知，这就是信息对距离的修正，使旅游者对旅游地的空间认知产生信息递增的规律。目的地向客源地传播信息可提高目的地知名度，进而"缩短"旅游地的空间认知链，产生跳跃认知。[4]李巍和张树夫也认为，旅游地形象不仅能对广大的旅游消费者和潜在市场起吸引和号召作用，而且能弥补旅游资源本身的不足，使传统意义上旅游资源并不优越的地区成为消费者向往的目标。[5]特别是在当前数字网络迅猛发展的时代，低可达性或低可视性的弱势区位休闲消费空间在信息与通信技术（Information and Communications Technology，ICT）媒介的加持

---

[1] MCINTOSH W，COELDNER C R. Tourism：Princles，Practice，Philosophies [M]. New York：Wiley，1990.

[2] 李蕾蕾.区域旅游形象系统研究——TDIS理论、方法、应用 [D].北京：北京大学，1998.

[3] 陈志钢，蔡泽辉.非均衡性旅游地空间竞争中搭便车问题研究 [J].地理与地理信息科学，2006，22（5）：70-74，80.

[4] 李蕾蕾.旅游目的地形象的空间认知过程与规律 [J].地理科学，2000，20（6）：563-568.

[5] 李巍，张树夫.旅游地形象的认知与构建 [J].资源开发与市场，2002，18（6）：27-30.

下获得前所未有的发展机遇。[1]因此，各地旅游企业、部门要积极运用广告、公共关系、旅游地形象策划等各种市场营销手段，树立良好的旅游形象，引导需求，扩大自己的市场份额。[2]

上述各位学者在不同时期的研究，都可以归结为从供给侧和需求侧两个方面来解析区域旅游空间竞争的众多影响因素。张凌云在论述旅游地的竞争因素时指出，必须以多因子的动态分析来代替单因子的序列分析。从供给方看，有旅游地的资源质量、地区可进入性和基础设施等；从需求上看，有特定地区（客源地）的人口社会经济特性，如旅游者收入、闲暇时间、偏好、消费倾向等。[3]

保继刚认为名山之间的竞争是非替代性竞争，影响名山之间空间竞争的主要因素是名山的地位级别、功能和可进入性三个因子。从旅游者行为层次来看，游览观光、休养度假和宗教朝拜、科学考察等功能在名山中都能体现。[4]

窦文章、杨开忠和杨新军认为，影响区域旅游竞争的因素是多方面的，旅游资源禀赋固然重要，但旅游需求也非常关键，需求与供给是矛盾统一体的两个方面，这个矛盾统一体就是旅游系统。[5]同时，他们提出了决定区域旅游竞争优势的五个基本因素：要素条件、需求条件、旅游环境、区域行为、介入机会。这五个因素相互作用、共同整合，形成了一个完整的功能结构图式，如图2-1所示。

（1）要素条件

要素条件指区域赋存的旅游资源的类型结构、数量、质量，是旅游资源开发和旅游产品生产的条件，它反映了旅游产品的生产价值和生产成本，是形成旅游产品的基础。

---

[1] 张恩嘉，龙瀛.城市弱势区位的崛起——基于大众点评数据的北京休闲消费空间研究[J].旅游学刊，2024，39（4）：16-27.

[2] 李芸.区域旅游的竞争及其联动发展[J].南京师大学报（自然科学版），2002，25（2）：79-82.

[3] 张凌云.旅游地空间竞争的交叉弹性分析[J].地理学与国土研究，1989，5（1）：40-43.

[4] 保继刚，彭华.名山旅游地的空间竞争研究——以皖南三大名山为例[J].人文地理，1994，9（2）：4-9.

[5] 窦文章，杨开忠，杨新军.区域旅游竞争研究进展[J].人文地理，2000，15（3）：22-27.

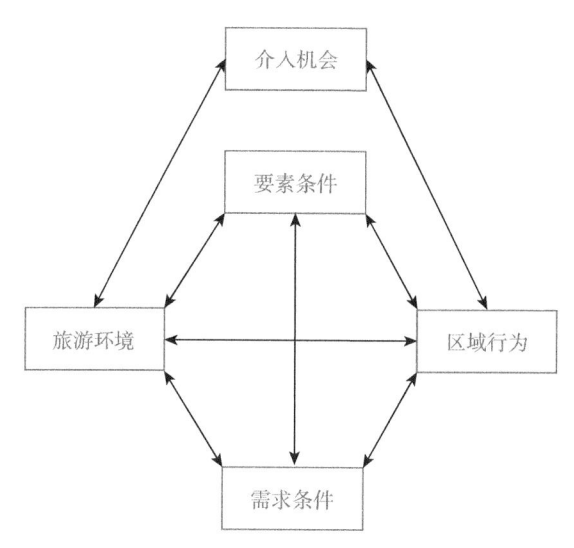

图 2-1 区域旅游竞争系统

资料来源：窦文章，杨开忠，杨新军.区域旅游竞争研究进展[J].人文地理，2000，15（3）：22-27，26.

（2）需求条件

需求条件主要是指由旅游者需求偏好、出游能力、旅游规模结构等综合性的、多层次因素组成的客源市场条件。

（3）旅游环境

旅游环境既包括为旅游服务的一些外围环境，如一个区域的自然、人文、社会、经济等条件和发展水平，也包括支持旅游业发展的相关行业，如娱乐、餐饮等。

（4）区域行为

区域行为是对一个区域旅游系统进行管理、监控等。旅游系统的多层次性决定了区域行为的复杂性。

（5）介入机会

介入机会是指围绕旅游活动而发生的一种空间联系现象，包括空间交通线路组织、市场营销宣传、网络信息等。介入机会是外生变量，它通过影响其他四个因素来对区域旅游竞争力起作用。

吕菽菲分析了区域旅游业发展不均衡的成因，揭示了由于地区社会经济背景的差异、旅游资源的空间分布、旅游业综合配套设施之间的差异、客源区位的差异、旅游宣传手段上的强弱差别，以及政府对旅游业发展所持的态度不同等各种因素。这些因素的客观存在并且综合作用，导致了区域旅游业的非均衡发展。❶

翁瑾和杨开忠通过构建一个具有不对称性特点的垄断竞争的空间模型，把规模经济、旅行成本及多样性偏好和产品差异化等因素纳入一个统一的分析框架中，并分析了这些因素对旅游空间结构的影响。他们指出，目的地的旅游基础设施和接待设施投入、目的地营销、旅游资源保护等都有显著的规模经济，只有足够大的旅游接待规模才能支撑起庞大的固定成本投入，而设施的改善、营销的加强又能进一步吸引更多的旅游者。在这样一种循环累积机制的作用下，旅游活动会表现出高度的空间集聚现象。同时，旅游者具有多样性偏好，为实现效用最大化，旅游者倾向于消费更多种类的旅游产品，即去更多的地方旅游。这又是促使旅游活动空间分散的力量。所以，在规模经济的作用下，旅游活动往往会集聚在固定成本投入相对较少、区位条件较好的地区，而多样性偏好与产品差异化则促进旅游活动向综合劣势地区扩散。对旅游者而言，去更多的目的地旅游需要支付更多的旅行成本，更重要的是必须放弃从规模经济中得到的成本节约。旅游者需要在旅游产品的消费种数和单一产品的消费量间作出权衡。这样，在两种反向力量的作用下会存在一个均衡状态下的旅游空间结构。❷

第二节　旅游目的地屏蔽理论

旅游地屏蔽的概念源于国内学者，王衍用和许春晓首先提出旅游阴影区和非优区屏蔽的概念，杨振之和陈谨、许春晓、章锦河、李雪松和田里等

---

❶ 吕菽菲.区域旅游业发展非均衡性研究——以江苏省为案例[D].南京：南京大学，2000.

❷ 翁瑾，杨开忠.旅游系统的空间结构：一个具有不对称特点的垄断竞争的空间模型[J].系统工程理论与实践，2007，27（2）：76-82.

又对其进行了深入的研究。旅游屏蔽理论的研究在一定程度上是基于旅游地空间竞争理论而展开的，国内目前关于该方面的理论研究已经取得了一定的成果。❶

一、旅游目的地屏蔽的相关概念

与旅游地屏蔽相关的概念有旅游阴影区、旅游非优区、弱势旅游地、温冷旅游地、边缘旅游地等。王衍用在讨论游客游完曲阜孔子故里后不可能再去邹县孟子故里时，首先提到"旅游阴影区"的现象❷，也就是他后来所描述的旅游地存在着"影区结构"，即在一个高等级的吸引物旁出现同样类型的低等级的吸引物时，该低等级吸引物将失去一定的市场。❸

张全景、乐上泓、孔德林和黄远水沿用了"旅游阴影区"的说法。张全景认为，由于旅游热点景区的阻滞或屏蔽作用而形成的旅游行为减值区，多出现在旅游热点周围一定距离的空间范围内，一般为旅游温点或旅游冷点，谓之"阴影区"。❹乐上泓、孔德林和黄远水指出，强势的旅游景区占有较大的吸引力，占有较大的市场份额，当强势和弱势力量之间的对比悬殊时，弱势景区就处在强势的阴影下，处于弱势的就是"阴影区"旅游地。❺

许春晓根据旅游资源优劣程度差异，客观地划分出旅游资源优越区与非优区。他认为，旅游资源非优区的本质就是景观美学价值偏低和景点组合状况欠佳。旅游资源本身具有明显优越，但因其位置偏僻、通达状况不好等一

---

❶ 江娟，张镒. 国内旅游屏蔽理论研究述评[J]. 四川旅游学院学报，2017，30（5）：74-78.
❷ 王衍用. 孟子故里旅游开发战略研究[C]// 中国科学院地学部等. 区域旅游开发研究，1991：157-160.
❸ 王衍用. 区域旅游开发战略研究的理论与实践[J]. 经济地理，1999，19（1）：117-120.
❹ 张全景. 阴影区旅游资源开发初探——以孔孟故里的九龙山风景区为例[J]. 国土与自然资源研究，2001，17（2）：60-62.
❺ 乐上泓，孔德林，黄远水. 旅游阴影区开发的实证研究——以福建大田县为例[J]. 旅游论坛，2008，1（6）：366-369，383.

类限制性因子作用而养在深闺者,均归属于旅游资源优越区。❶因此,旅游资源非优区,实际上是指在一定时期内,某一地区的常规旅游吸引物在资源数量、资源品级和资源组合上处于相对劣势的旅游区。这是一个用旅游资源优劣程度作为定义标准的概念,描述的主体是资源价值而非开发价值。同时,这一概念本身应限于学术范畴,是依据相关标准对考察地旅游资源所作的客观分析,游客对某一地区的主观评价并不能作为"旅游资源非优区"的评价标准。❷

隆学文和刘立勇对"旅游资源非优区"的概念进行了扩展,定义了"旅游非优区"是旅游资源本身的景观美学价值偏低、景点组合欠佳或丰度较低,结构规模不理想,与同一区域范围内的其他旅游资源相比处于相对劣势的区域,或者其与大区域范围内其他区域比较,其所处的资源区位、经济区位、客源区位、交通区位、文化区位、认知区位欠佳,旅游开发具有相对劣势的区域。❸

许春晓初论旅游资源非优区时,发现了旅游资源之间的屏蔽现象❹,在2001年他进一步指出,旅游地屏蔽现象是某特定区域的旅游资源,因某些限制性因素的存在,导致其开发利用价值大为逊色,甚至出现不能顺利开发的现象。❺章锦河定义"空间屏蔽"是指不同旅游区域之间或同一旅游区域内部不同旅游点之间由于资源、要素条件和区位的差异,导致某一个或几个旅游点处于竞争劣势地位的现象。❻

杨振之和陈谨专门从旅游形象的视角,提出了"形象遮蔽""形象叠加"的概念。就游客的感知和认知而言,不同旅游地的形象对游客产生不同的影

---

❶ 许春晓. 旅游资源非优区适度开发与实例研究 [J]. 经济地理, 1993, 13 (2): 81-84.
❷ 杨振之, 周坤. 城郊"旅游资源非优区"的休闲旅游开发 [N]. 中国旅游报, 2008-06-09.
❸ 隆学文, 刘立勇. 旅游非优区开发策略 [J]. 首都师范大学学报(自然科学版)[J]. 2002, 23 (4): 79-84.
❹ 许春晓. 旅游资源非优区适度开发与实例研究 [J]. 经济地理, 1993, 13 (2): 81-84.
❺ 许春晓. 旅游地屏蔽理论研究 [J]. 热带地理, 2001, 21 (1): 61-65.
❻ 章锦河. 旅游区域空间竞争理论、方法与实证研究 [D]. 合肥: 安徽师范大学, 2002.

响，而不同旅游地形象之间也存在复杂的关系。针对不同的旅游地形象，根据旅游地旅游资源的品级、旅游产品的品牌效应、旅游地之间的市场竞争三个主要因素，他们把不同旅游地形象间的关系分为以竞争为主（导致形象遮蔽）和以整合为主（导致形象叠加）的关系。❶

（1）形象遮蔽

"形象遮蔽"指在一定区域内分布着若干旅游地（风景区），其中旅游资源级别高、特色突出，或者产品品牌效应大，或者市场竞争力强的一个旅游地（风景区），在旅游形象方面也会更突出，从而对其他旅游地（风景区）的形象形成遮蔽效应。❷

（2）形象叠加

"形象叠加"指在同一区域内不同的旅游地的差异化形象定位，使每一个旅游地具有各自的形象影响力，进而使这一区域形成一种叠加的合力，产生整合性的影响力。比如，四川黑竹沟树立了良好的休闲度假和生态旅游形象，在产品策划上突出休闲、娱乐、探险和民族风情等旅游产品，和乐山等其他旅游景区形成良好的叠加效应。❸

俞飞以旅游者为研究角度，通过分析旅游者对旅游景区认知并最终形成感知形象，旅游者依据自己的感知形象对具体景区进行比较和选择，由此产生了旅游景区的感知形象屏蔽。❹章守芹发现，因为首因效应和晕轮效应造成旅游者认知上的偏差，山东枣庄的台儿庄古城作为大战故地的本色形象遮蔽了其诱导形象，即近些年塑造的新形象——江北水乡、运河古城，由此展开了对另一类旅游形象的遮蔽——区域旅游自身遮蔽（本色形象遮蔽诱导形象）的论述，并给出积极进行旅游形象重塑及传播的建议。❺因此，旅游形象屏蔽

---

❶ 杨振之，陈谨."形象遮蔽"与"形象叠加"的理论与实证研究[J].旅游学刊，2003，18（3）：62-67.

❷ 杨振之.旅游资源开发与规划[M].成都：四川大学出版社，2002.

❸ 刘雄，杨斌，罗洁.形象遮蔽与形象叠加在旅游地开发中的应用——以黑竹沟为例[J].内江师范学院学报，2009，24（4）：80-82.

❹ 俞飞.旅游景区形象屏蔽及景区相关对策研究[D].北京：北京工商大学，2009.

❺ 章守芹.区域本色形象和旅游诱导形象的遮蔽研究[D].大连：东北财经大学，2011.

归结为两类：一类是旅游地自身形象对本旅游地的屏蔽；另一类是其他旅游地形象对本旅游地的屏蔽。❶

二、旅游目的地屏蔽的产生原因

屏蔽性旅游地中含有许多屏蔽因子的作用，阻碍或延缓旅游地的开发进程。许春晓把旅游地屏蔽因子分为要素屏蔽、资源屏蔽、区位屏蔽、条件屏蔽和事故屏蔽五种类型。❷

（1）要素屏蔽

旅游地因资金、劳动力、开发技术和土地等生产要素的不利影响，使旅游资源的开发价值显得更低的现象，是旅游地的要素屏蔽。

（2）资源屏蔽

对于一组特定的旅游地，因资源相互关系不和谐，导致某一或某几个旅游地旅游资源开发价值降低的现象，是旅游地的资源屏蔽。

（3）区位屏蔽

旅游地之间的区位屏蔽是由于旅游地的空间位置关系及其旅游地与客源地之间的空间关系，导致由于一个或几个旅游地的存在而对某特定旅游地形成的空间竞争态势，并使之处于劣势的现象。

（4）条件屏蔽

旅游地本身的通达条件、旅游条件等开发条件不利，相对于开发条件优越的区域，开发价值较低而不能顺利开发的现象，是旅游地的条件屏蔽现象。

（5）事故屏蔽

在旅游地旅游开发进程中，由于管理上或其他方面的缘故，出现较多的或重大的事故，而使旅游者产生畏惧心理，不敢或不愿来旅游地旅游的现象，是旅游地的事故屏蔽现象。

---

❶ 祖健. 旅游形象屏蔽理论与实证研究——以安徽呈坎景区为例 [D]. 上海：华东师范大学，2011.

❷ 许春晓. 旅游地屏蔽理论研究 [J]. 热带地理，2001，21（1）：61-65.

章锦河在分析齐云山与黄山、九华山的区域旅游空间竞争时，认为区位距离屏蔽、资源集聚屏蔽、组团线路屏蔽、客源结构屏蔽、形象信息屏蔽、心理价格屏蔽六个方面是形成旅游地屏蔽的主要原因，其中"资源集聚屏蔽"现象尤其重要。❶

（1）区位距离屏蔽

区位距离屏蔽考虑的是各风景区结点间的客流互济，即各风景区互为客流集散中心。从距离角度来看，三山之间存在竞争有其必然性，但竞争的程度不同。黄山与齐云山之间属于相嵌关系，两者之间的竞争强度大于黄山与九华山之间的由相邻关系导致的竞争，齐云山受抑明显。

（2）资源集聚屏蔽

以黄山市（屯溪）为一级中心地，其周边近距离富集类型多样，品位高的旅游资源，对齐云山产生客源"袭夺"。旅游资源的空间富集应有度，富集有利于对区外形成综合竞争力，但过度富集对区内的竞争起加剧作用，客流的分散将导致各景区（点）经营举步维艰。齐云山一方面受黄山抑制（同性质、高级别），另一方面，自身周边高度集聚的文化景观对区内客源进行强烈分割，产生齐云山（自然景观）与人文景观空间激烈竞争的独特现象。在"抑制"与"分割"的双重压力下，齐云山受抑制得更严重。

（3）组团线路屏蔽

受旅游资源类型、功能等要素影响，齐云山虽有交通优势，但在组团旅游线路中难有安排。旅游空间行为受示范效应、群体效应的影响，以及组团线路中齐云山的缺乏对齐云山产生屏蔽。

（4）客源结构屏蔽

齐云山一方面受黄山抑制，另一方面又依赖黄山发展。如何打破黄山游客，尤其是中、远距离游客的大尺度空间旅行行为模式，获得黄山客源的补给，是齐云山亟待解决的问题。

---

❶ 章锦河. 旅游区域空间竞争理论、方法与实证研究 [D]. 合肥：安徽师范大学，2002.

（5）形象信息屏蔽

旅游形象是一种资源，具有一定价值，其好坏决定着旅游景区（点）的吸引力，旅游形象级差决定旅游者空间行为的梯度。由于旅游产品的无形性、生产与消费的同时性，使旅游形象信息的感知（购买前）与感觉（购买后）产生时空错位。形象信息屏蔽作用主要表现为旅游形象信息"级差"，即高级别旅游形象信息源点抑制低级别旅游形象信息源点。同一旅游区内各旅游景区（点）由于自身的资源特色、等级、营销手段等的差异，在旅游者获得形象信息的难易程度、满足程度等方面形成等级差异，旅游者据此会形成购买的"形象阶梯"。

（6）心理价格屏蔽

旅游景区（点）应力求提高景区的功能，增大效用，并尽可能地降低价格（品牌经营、考虑旅游容量时除外），同时产品线之间应有合理的价格比体系。皖南旅游区作为一个整体，各景区点之间应该构建一个合理的价格比体系，但目前景区点各自为政、政出多门，价格较为混乱，这是影响区内旅游空间竞争的重要因素。总体而言，皖南旅游区门票价格相对较高，在价格体系中齐云山处于劣势。

杨晓峰认为，旅游非优区在特定的时期内，由于受到旅游资源禀赋、区位条件、区域文化与旅游认识、客源市场、区域经济背景等因素的制约，旅游业发展比较落后，而导致旅游业对国民经济的贡献较低，对社会的发展不能起到很大的促进作用。旅游非优区形成的影响因素包括旅游资源非优区、旅游区位非优区、旅游客源非优区、经济基础非优区和旅游认知非优区等几种情况。❶

李雪松和田里根据旅游活动的主体、介体和客体三大要素，构建了由认知屏蔽、利益屏蔽和引力场屏蔽等组成的旅游形象屏蔽的概念体系（图2-2），阐述了旅游形象屏蔽的产生机理。❷

---

❶ 杨晓峰.旅游优劣区类型划分及旅游非优区开发研究[D].兰州：西北师范大学，2007.
❷ 李雪松，田里.旅游形象屏蔽机理解析[J].旅游科学，2009，23（4）：26-30.

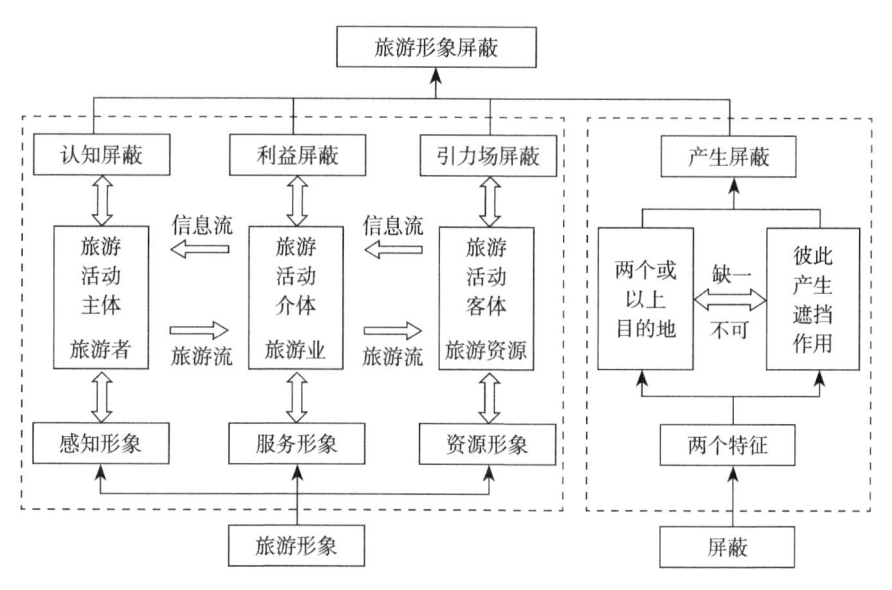

图 2-2 旅游形象屏蔽的概念体系

资料来源：李雪松，田里.旅游形象屏蔽机理解析[J].旅游科学，2009，23（4）：26-30.

（1）屏蔽现象在旅游主体中的产生机理——认知屏蔽

旅游主体指旅游者，旅游者往往依据旅游形象选择旅游目的地。发生在旅游主体的屏蔽现象，主要受首因效应和类化原则规律的影响：首因效应是指个体根据最初的信息形成的印象不易改变，甚至会左右对后续信息的解释；类化原则是指个体将所接收的信息纳入已预设好的范畴之中，将其视为同一类别。旅游者首次接触某类旅游目的地信息时，会逐渐构建出一个新认知结构，以整合该目的地信息，并且这些信息形成的印象不易改变，会左右后来获得相类似信息的解释，形成首因效应；如果旅游者将来再接触其他类似旅游目的地信息时，便会从已有的认知结构中提取相关线索，顺利将该信息同化，遮蔽了旅游者对后来旅游目的地的相关认知，即类化原则。由首因效应和类化原则造成旅游者对后来信息的同化，就形成了旅游主体在认知规律作用下的旅游形象屏蔽——认知屏蔽。

(2)屏蔽现象在旅游介体中的产生机理——利益屏蔽

旅游介体主要指旅游业,包括旅行社、旅游交通、旅游饭店和旅游购物,其空间行为主要受利益驱动,决定区域旅游业的空间形态。受大尺度的旅游空间行为的影响,旅游者到达目的地后,往往选择该旅游区的中心城市或较高级别的风景区暂住,因此不宜在旅游资源级别较低的景区,或非旅游中心城市选址。同时,韦伯的集聚指向论❶认为,多种企业在空间上的集中会产生聚集,这种集聚利益主要来自企业间的协作、分工和基础设施的共同利用。受选址规律和集聚效应的双重作用,寻求稳定回报和低风险的旅游投资,往往会选择较高级别和知名度的区域,放弃低级别和知名度低的区域,从而形成旅游介体在追求利益前提下的旅游形象屏蔽——利益屏蔽。

(3)屏蔽现象在旅游客体中的产生机理——引力场屏蔽

旅游客体主要指旅游资源或旅游吸引物,它最大的特性就是具有吸引力。旅游资源吸引力的产生是由于其周边存在吸引力场,就像地球会产生重力场,使地球上的物体受到吸引力一样。地球重力场强的大小取决于地球质量大小;而旅游资源吸引力场强的大小取决于旅游资源的质量,即旅游资源级别。级别越高,场强越大。引力场都是有方向的,地球的重力场指向地心,而旅游资源的吸引力场指向其中心。当在一定空间范围内存在两个或多个旅游吸引物时,它们的吸引力场会彼此交错,资源级别高的具有较强吸引力场强,对旅游者产生较大吸引力;反之,资源级别低的吸引力场强小,对旅游者产生较小吸引力。最终结果是旅游者放弃吸引力场强低的低级别旅游地而选择吸引力场强高的高级别旅游地,从而形成旅游客体在吸引力场强作用下的旅游形象屏蔽——引力场屏蔽。

俞飞认为,旅游者从了解旅游景区开始,在选择旅游景区、展开旅游活动过程中,表现出三个阶段的景区形象屏蔽,即原生性景区形象屏蔽、现实

---

❶ 阿尔弗雷德·韦伯. 工业区位论[M]. 李刚剑,等译. 北京:商务印书馆,2010.

选择性景区形象屏蔽、实地感知性景区形象屏蔽。同时，他得出了旅游景区形象屏蔽的主要分析因子：旅游者的景区区位感知、景区资源感知、景区线路感知、景区价格感知。❶

三、旅游目的地屏蔽的演化与突破

随着旅游活动的普及、旅游消费观念和结构的改变、交通运输的发展及部分热点地区旅游环境容量的饱和或超载，传统优势旅游地逐渐步入生命周期的巩固、停滞或衰落阶段，旅游业发展的空间格局正在发生着深刻的变化，被屏蔽的弱势旅游地也会发生演变与突破。

（一）旅游地屏蔽的演化

许春晓就提到了旅游资源优越区与非优区的可变现象。他认为，旅游资源的优越与非优并不是一成不变的，应有一个历史的范畴。随着旅游的普及，旅游者审美意识的转变，旅游条件的改善，非优区可能成为优越区；旅游资源优越区也可能因新奇感丧失，环境破坏而导致优越性消失。❷ 马晓龙、杨新军和贾媛媛指出，我国旅游市场的发育状况为弱势旅游地的发展提供了契机：一些热点旅游地环境容量已经饱和，游客人数增长给这些景点带来巨大环境承载压力；游客对市场选择出现明显分异；有较大人口规模的城市保障了周边弱势旅游地的重要客源；同时，在距离成本占全部旅游成本支出中比重日趋减少的情况下，游客出游空间有从小尺度向中、大尺度转移的趋势，出游空间的增长使游客出游时不仅局限于小范围，这为更多弱势旅游地的发展提供了机会。❸ 唐文跃和欧阳军认为，旅游非优区开发的有利条件主要有资源处

---

❶ 俞飞. 旅游景区形象屏蔽及景区相关对策研究 [D]. 北京：北京工商大学，2009.
❷ 许春晓. 旅游资源非优区适度开发与实例研究 [J]. 经济地理，1993，13（2）：81-84.
❸ 马晓龙，杨新军，贾媛媛. 旅游地空间竞争与弱势旅游地的发展研究 [J]. 干旱区资源与环境，2003，17（5）：113-117.

于原生态，未受到过多的人为破坏，文化形态古朴、自然等，也包括人们旅游偏好的转变带给这类地区的一些发展机遇等方面。❶

黄薇薇分析了边缘型旅游地顺向和逆向两种不同的动态演替模式。在旅游业发展早期，由于核心区极化效应和阴影效应的影响，边缘型旅游地会呈现逆向演替现象，即向更劣的方向演替，成为冷点旅游地；在旅游业发展的中后期，由于比附效应、后发展效应、游客旅游偏好改变，以及核心型旅游地扩散效应的共同作用，边缘型旅游地会呈现顺向演替现象，成为新的核心型旅游地。❷

1. 极化效应下的逆向演替

核心型旅游地是在区域旅游圈层的形成与发展中处于"中心"或"首位"的地区。其中，优越的资源条件与区位条件是"极化"的关键，政策导向是极化作用的催化剂。极化功能的强弱也与旅游区的经济实力呈正相关。另外，除受资源、区位、经济实力的影响，极化效应还受到政治、文化等因素的影响。

根据区域非均衡发展理论，核心旅游地作为旅游区域"中心"与"增长极"，不断产生"极化效应"，即各种旅游要素从其他旅游区域向核心区聚集，形成相对完备的基础设施、相对雄厚的资本、相对集中的消费市场及相对倾斜的优惠政策。

"极化效应"的出现，使原先就处于核心区阴影之下的边缘型旅游地在资金、项目、人才和政策等方面的支持力度更加缺乏，旅游业朝着更劣的方向发展，市场占有率相对萎缩，呈现逆向演替。在旅游业发展的早期，由于旅游者非理性的旅游需求，会大量涌向核心旅游地，核心区的"极化效应"尤为明显。如果不采取措施，边缘型旅游地的逆向演替会很快完成。如2001年，安徽省"两山一湖"旅游发展战略的实施使黄山、九华山、太平湖片区的极

---

❶ 唐文跃，欧阳军. 非优区旅游开发的一般规律初探 [J]. 江西财经大学学报，2004，14（6）：59-61.
❷ 黄薇薇. 边缘型旅游地的理论与实证研究——以安徽省宣城市为例 [D]. 合肥：安徽师范大学，2004.

化效应更加明显，而对周边的宣城市、安庆市甚至黄山市、池州市的其他景区则更加不利。

2. 扩散效应下的顺向演替

扩散效应是核心旅游地综合发展效益的外溢。区域非均衡发展理论认为，"增长极"在发展中还会产生"扩散效应"或"涓滴效应"，即旅游要素从核心旅游地向周边边缘型旅游地流动。

这种效应主要出现在旅游业发展的中后期。一方面，核心旅游地由于旅游环境容量饱和或超载，引起的旅游污染对景区景点的可持续发展造成了很大的威胁；另一方面，旅游者消费心理日趋成熟，由最初的非理性消费逐渐走向理性消费，一些核心旅游地附近的边缘型旅游地因特色鲜明，越来越受到消费者的青睐。

扩散效应的突出表现就是核心区的人才、资金、项目、技术的"外溢"。由于受空间、土地成本、劳动力成本、市场等因素制约，许多核心区的民营资本会投向进入成本低、资源组合较好的边缘型旅游地。

如果边缘型旅游地能够把握扩散效应所带来的旅游要素"外溢"的发展机遇，同时结合自身的产品优势，那么它的发展就会呈现顺向演替，即向优越区演替，甚至可能成为另一个核心区。例如，阳朔最初在桂林市旅游中的地位仅仅是漓江水上游览线路的终点和返程公路的起点，而现在阳朔已成为自然与人文景观并重的乡村旅游热点。

（二）旅游地屏蔽的突破

如果说旅游地屏蔽的演化趋向研究是为了适应时势变化而转变地位，那么旅游地屏蔽突破路径的探求就是采取积极主动的措施，加快转型升级，来破解旅游地屏蔽的困局。企业经营因素、政策因素等有可能超越资源、区位、知名度等原有属性因素，对旅游地空间竞争格局的形成发挥决定性作用，导致市场的重新分配。[1]

---

[1] 保继刚，侯灵梅.非市场竞争条件下喀斯特洞穴旅游竞争研究[J].旅游科学，2007，21（3）：52-58.

许春晓认为，旅游资源外在因素的优越集合及积极影响，可局部地弥补旅游资源的部分不足，此称补偿现象❶；旅游资源非优区的补偿现象包括便利性补偿、加工性补偿、联动性补偿、区位性补偿、宣传性补偿、富裕性补偿等类型，而补偿效果依附于旅游资源非优区本身的资源条件及旅游者的旅游消费需求。❷

1. 补偿效果表现在对旅游供给的优化上

随着经济社会发展水平的提高，导致旅游开发能力和水平均明显提高，旅游资源向旅游产品转化能力明显加强，进而补偿效果依附在旅游开发上的性质得以体现，具体表现在以下两个方面：第一，对旅游资源的充分开发和对旅游产品的深度加工；第二，对旅游业基础建设的强化。

2. 补偿效果表现在对旅游需求的优化上

社会进步使人们对生活质量的要求提高，当人们有钱又有闲时，对旅游消费需求明显强化，客观上需要众多数量和类型的旅游资源的充分开发，显然补偿效果依附在旅游消费需求的强化上的性质得以体现，具体表现在以下四个方面：第一，旅游消费力增大，刺激旅游资源非优区开发；第二，旅游消费结构改变，尤其是人们旅游消费心态发生重大变化的时候，不少原来并不优越的旅游资源，极有可能火热起来，形成一种转变型补偿；第三，旅游消费水平提高，追求多样化与消费个性化的特征日益强化，为旅游资源非优区的开发创造条件，形成一种多样化补偿；第四，旅游消费模式的变更，为新区开发提供条件。

旅游资源非优区并非一定不变，可以演进成旅游资源优越区，甚至突变成旅游资源优越区，但其直接激发因子并非补偿因子，是旅游资源的挖掘和

---

❶ 许春晓.旅游资源非优区适度开发与实例研究[J].经济地理，1993，13（2）：81-84.
❷ 许春晓.论旅游资源非优区的补偿类型与性质[J].湖南师范大学社会科学学报，2000，29（4）：67-71.

新增。❶他认为，旅游资源非优区的突变是指旅游资源非优区因旅游资源的突然增加，使区域旅游资源质量显著优化，以达到质变程度的现象，并提出了"发掘性突变""新增性突变"两种类型。❷旅游资源突变成为非优区开发的强大驱动力主要指一些考古成果的发现或新的旅游资源的认识和建设，如古文化遗址的发掘、南方许多地方大型地下溶洞的发现，深圳许多高品质人文景点的建立，都可能极大地推动当地旅游业的发展。

为此，隆学文和刘立勇提出旅游非优区开发的资源突变驱动、经济增长驱动、交通发展驱动、消费市场驱动、观念更新驱动、政策改革驱动等驱动机制。❸要轶丽和郑国分析旅游非优区发展的动力机制是以形象驱动作为其发展的内力，以区域联动作为其发展的外力，以交通补给作为其发展的基础，以政府主导作为其发展的有力保障。❹马晓龙、杨新军和贾媛媛提出改善弱势旅游地的环境；确定以接待城市（尤其是大城市）周边游客为主的市场战略导向；整合旅游资源，注重强弱组合；转变旅游地职能，开展多种服务；加强对外宣传和形象策划，提高旅游地知名度等发展弱势旅游地的措施。❺黄薇薇提出了边缘型旅游地产品特色化、形象驱动化、区域联动化、政府主导化的开发战略。❻唐文跃和欧阳军指出旅游非优区开发休闲娱乐场所，培育旅游吸引因素；适度开发，启动中短途旅游市场；区域旅游资源整合和区域内旅游合作；参与区域外部竞争与合作等发展道路。❼

---

❶ 许春晓.论旅游资源非优区的补偿类型与性质[J].湖南师范大学社会科学学报，2000，29（4）：67-71.

❷ 许春晓.论旅游资源非优区的突变[J].经济地理，1995，15（4）：102-108.

❸ 隆学文，刘立勇.旅游非优区开发策略[J].首都师范大学学报（自然科学版）[J].2002，23（4）：79-84.

❹ 要轶丽，郑国.旅游区位非优区的旅游业发展研究——以山西运城为例[J].旅游学刊，2002，17（5）：58-61.

❺ 马晓龙，杨新军，贾媛媛.旅游地空间竞争与弱势旅游地的发展研究[J].干旱区资源与环境，2003，17（5）：113-117.

❻ 黄薇薇.边缘型旅游地的理论与实证研究——以安徽省宣城市为例[D].合肥：安徽师范大学，2004.

❼ 唐文跃，欧阳军.非优区旅游开发的一般规律初探[J].江西财经大学学报，2004，14（6）：59-61.

张河清认为，西部民族地区的后发优势从地域特色、资源环境条件及国内外发展环境来看，主要体现在资源优势、特色产业优势、学习型后发优势、机遇型后发优势等各个方面。❶包军军和严江平也指出，屏蔽现象产生原因起初为景区旅游资源的优劣，屏蔽现象具有原生性；而在发展过程中，自身的调节学习与市场适应能力导致景区发展竞争中的优劣势地位演变，即屏蔽现象的主被动关系改变，则屏蔽现象具有转换性；自身的准确定位、吸引力重塑及主动的市场把握能力和学习能力，是破解屏蔽现象的关键。❷

对于区位条件较差、旅游基础设施和接待设施不足、市场知名度低的地区而言，翁瑾和杨开忠的研究表明下述策略有助于提高其市场份额。第一，强化旅游产品的地方特色，以凸显差异性，从而提升发展滞后地区旅游产品的不可替代性。第二，发展观光旅游比发展度假旅游能更快地提升目的地的接待规模。与度假产品相比，旅游者对观光产品有更强的多样性偏好，多样性偏好越强就意味着替代弹性越小，从而能更有效地提升市场份额；而接近客源市场的城市近郊区，发展休闲度假旅游比发展观光旅游能更有效地提升其市场份额。第三，在政府主导下全面推进旅游基础设施的改善并提升目的地的区域形象，这能够显著降低旅游吸引物开发的固定成本投入，从而降低实现盈亏平衡的游客接待量门槛。❸

但是，刘逸、黄凯旋、保继刚和陈凯琪也提出了旅游目的地市场营销和旅游产品开发差异化要适度的建议。第一，不要过度依赖营销和宣传的包装手段，而是应该客观务实地分析区位关系，从而明确区域市场竞争的基本态势；第二，在旅游项目拓展建设和产品升级的时候，要注意不要过分追求旅游产品的差异化，应该重点把握资源相关多样性这一原则，先

---

❶ 张河清. 西部民族地区旅游开发的迟发展效应与后发优势及创新对策[J]. 开发研究, 2005, 21（1）: 113-116.

❷ 包军军, 严江平. 旅游屏蔽理论定量研究——基于景区系统种群竞争模型[J]. 地域研究与开发, 2015, 34（2）: 115-119.

❸ 翁瑾, 杨开忠. 旅游系统的空间结构：一个具有不对称特点的垄断竞争的空间模型[J]. 系统工程理论与实践, 2007, 27（2）: 76-82.

分析该地区主要游客群体的特征,继而分析该游客群体的其他潜在消费偏好,再确立多样化的主题和方向,从而实现区域资源整合优化和旅游市场协作。❶

---

❶ 刘逸,黄凯旋,保继刚,陈凯琪. 近邻旅游目的地空间竞合关系演变的理论修正 [J]. 旅游科学,2018,32(5):44-53.

第三章　旅游地屏蔽生成机理的理论架构

旅游地屏蔽生成机理是众多旅游屏蔽影响因素共同作用的关系与过程。从20世纪70年代开始，旅游系统概念的提出并不断完善为区域旅游竞争研究提供了一个分析框架。[1]冈恩提出的旅游功能系统（Tourism Functional System），从旅游产品供给与旅游者需求之间的匹配关系构造了旅游系统模型。它由五个要素组成：吸引物集聚体（Attraction Complex）、交通（Transportation）、服务设施（Service-Facilities）、信息指引（Information-Direction）和旅游者（Tourists）。[2]如果旅游者偏好发生变化，旅行成本发生改变，开发了新的旅游资源，提供了新的服务，或者增加了新的促销，原来旅游系统的平衡状态就会偏移，系统中的其他要素也会发生相应的变化。

冈恩和瓦尔（Var）对旅游系统本身的功能和系统的复杂性做了进一步的研究和揭示，将之分为更加明确的供给与需求两大部分，其中供给子系统包括吸引物、交通、服务、信息和促销五项要素[3]，如图3-1所示。这也可以作为分析旅游地屏蔽机理的基本框架，因为从以往学者关于旅游屏蔽的研究总体来看，也都是从供给和需求两个方面来分析旅游地的屏蔽因素。

---

[1] 窦文章，杨开忠，杨新军.区域旅游竞争研究进展[J].人文地理，2000，15（3）：22-27.
[2] GUNN C A. Vacationscape：Designing Tourist Regions [M]. Austin：University of Texas，1972.
[3] GUNN C A，VAR T. Tourism Planning：Basics，Concepts，Cases（Fourth Edition）[M]. New York：Taylor & Francis，2002.

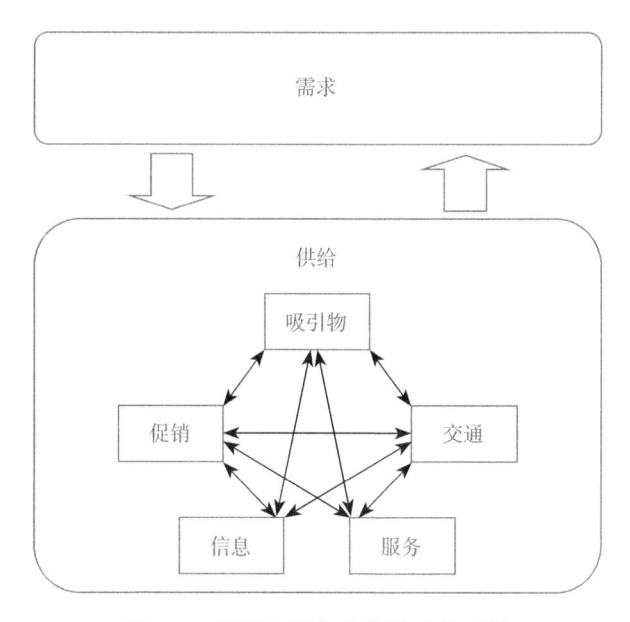

图 3-1　冈恩和瓦尔的旅游功能系统

资料来源：冈恩和瓦尔．旅游规划：理论与案例（第 4 版）[M]．吴必虎，吴冬青，党宁，译．大连：东北财经大学出版社，2005：25．

本章基于旅游功能系统，从资源禀赋（资源品质、资源密度、资源结构），旅游区位（交通区位、客源区位、经济区位），游客涉入（特异性、愉悦性、象征性）和信息传播（品牌形象、广告创意、媒体平台）多个层面构建旅游地屏蔽的框架体系，解析旅游地屏蔽的形成机制。正是由于强势旅游地和弱势旅游地在资源禀赋、旅游区位、游客涉入和信息传播各方面的差异，造成了旅游目的地的屏蔽现象，如图 3-2 所示。

其中，游客涉入因子来源于旅游需求，强调的是游客的心理动机状态。游客涉入和旅游需求在旅游研究中是相互关联、相互促进的两个概念。游客涉入根植于旅游需求，旅游需求是游客涉入这种心理和行为反应的基础和动因。游客涉入即游客由具体情境所引发的兴趣、动机、关注与投入的心理状态和行为反应，反映的是游客与旅游地之间的心理联系和互动程度。

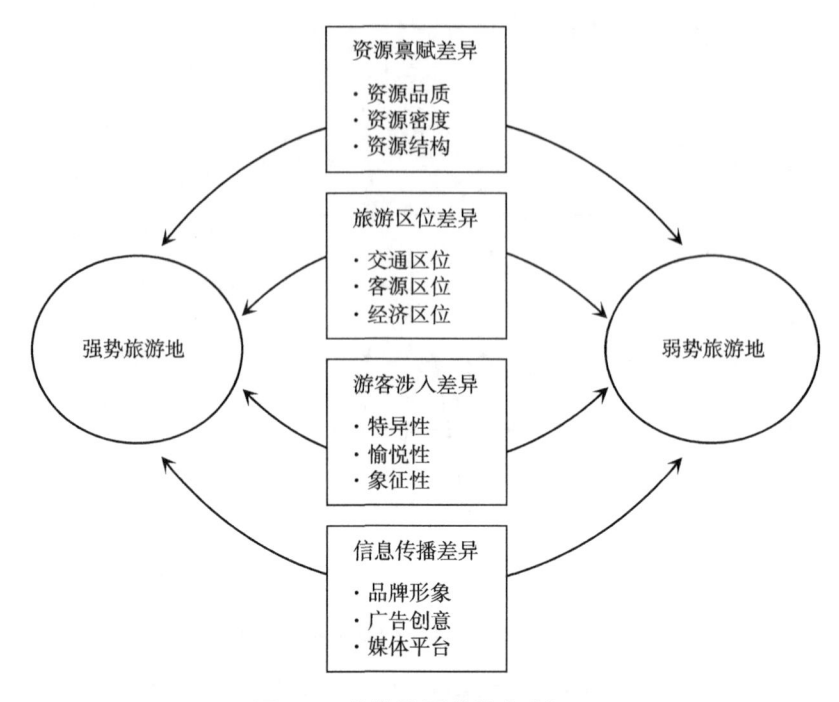

图 3-2　旅游地屏蔽的生成机理

旅游需求是游客为了满足自身生理、心理和社会需求而提出的各种期望和诉求。旅游需求促使游客产生对旅游客体的兴趣和关注，进而投入时间和精力去参加和体验旅游活动。之前的游客涉入研究，证明涉入的概念可以用到旅游情境中，用来解释目的地的选择行为。

第一节　旅游资源禀赋屏蔽因子

纵观我国旅游业的发展历程，旅游资源禀赋优异的地区往往能够率先吸引人们的目光，成为旅游业发展的先锋。如作为明清朝代帝都的北京及被誉为十三朝古都的洛阳和西安，它们都拥有丰富的古建筑遗存，自然而然地成为旅游业发展的重点与焦点。因此，旅游资源禀赋是一个地区发展旅游行业的前提，是区域旅游竞争力的核心要素之一，也是影响旅游空间竞争实力的最重要的物质基础。

《旅游资源分类、调查与评价》[1]对旅游资源的定义如下：自然界和人类社会中，凡对旅游者有吸引力、能激发旅游者的旅游动机，具备一定旅游功能和价值，可以为旅游业开发利用，并可产生经济效益、社会效益和环境效益的各种事物和现象，都可构成旅游资源。这里强调了旅游资源是旅游吸引力的根本来源。本部分将从旅游资源的品质、密度和结构三个方面阐述旅游地资源屏蔽的生成机理。

一、旅游资源品质

人们普遍倾向于游览旅游资源丰富、拥有高知名度和高质量景点的地区，高品质的旅游资源对于吸引游客具有显著的作用。旅游者的行为在很大程度上受到旅游资源品质的决定性影响，即旅游资源品质的高低直接关乎旅游目的地对旅游者的吸引力大小。高品质的旅游资源通常具备较高的观赏游憩价值、历史文化艺术价值、珍稀奇特程度及知名度和影响力中的全部或若干项特质。

在同一区域内，无论旅游资源是否具有相似性，考虑到旅游时间和成本的限制，根据旅游者的行为规律，等级高、品质高的旅游地一般都会对其他旅游地形成屏蔽效应。例如，人们首次来到北京，考虑游览的是故宫、颐和园、天坛等举世闻名的名胜古迹；首次来到西安游览的是秦始皇兵马俑、大雁塔和大唐不夜城；首次到敦煌游览的是莫高窟和鸣沙山月牙泉。这些景区往往占据了游客行程的主要部分，而其他相对知名度较低或特色不够鲜明的旅游目的地，在一定程度上被遮蔽了光芒。

当旅游目的地的资源类型雷同时，如邻近地区内存在甲、乙两个风景区，甲的资源等级和品质高于乙，那么乙风景区就不在旅游者的计划和决策范围内。例如，承德避暑山庄和北京颐和园均是清代皇家园林的代表，但是颐和

---

[1] 全国旅游标准化技术委员会．旅游资源分类、调查与评价（GB/T 18972-2017）[S]，2017-12-29.

园的历史文化价值和观赏性、影响力均高于避暑山庄，所以旅游者会优先游览颐和园。

尽管同一区域内，旅游资源和旅游产品各有特色，并不具有相似性，但是旅游品质较差的旅游地同样也会受到形象鲜明、资源品质高的旅游地的屏蔽。在一条旅游线路上，旅游资源级别高、旅游产品吸引力强、市场需求大的旅游地往往会成为主要目的地。例如，尽管京津冀三地的旅游资源各有不同，但北京的旅游资源品质明显高于天津和河北的，其他区域的游客，尤其是远道来的游客在选择旅游目的地时，会毫不犹豫地将北京作为首选。

二、旅游资源密度

旅游资源密度是指在一定地域内旅游资源集中的程度，是描述地区旅游资源的分布密集程度的指标。密度越高，意味着单位面积上旅游资源数量越多。旅游资源的数量对于地区旅游业的发展十分重要，当两个地区面积相同时，旅游资源的密度越高，旅游资源的数量也更为丰富。一个地区如果拥有丰富多样的旅游资源，如自然景观、人文景观、历史遗迹等，将显著提升游客旅游体验的深度与广度。在相同的时间内，旅游者可以将原本可能用于景点转移的时间转化为深入参与和体验各个景点的时间，旅游者就能够浏览更多的旅游景点，满足多样化的旅游需求。因此，一般而言，旅游者更倾向于前往旅游资源密度较高的旅游目的地。

当区域内自然和历史旅游资源数量相对匮乏时，可以通过人工建造旅游景观的方式有效补充和丰富旅游资源，进而推动当地旅游业的蓬勃发展。上海就是一个生动的例证，尽管其自然风光和文物古迹并不丰富，但是通过修建东方明珠电视塔和迪士尼度假区等标志性的现代人文景观而成为全球知名的旅游目的地。人造景观的成功不仅在于它们本身的高品质与独特性，更在于它们与地区文化的深度融合以及对于市场需求的精准把握。

三、旅游资源结构

旅游地的发展是一个多维度且复杂的过程，它不仅取决于旅游资源品质和旅游资源密度的高低，还取决于该旅游地在特定空间尺度内自身旅游资源类型的组合，以及与其他旅游地之间的资源类型异同关系，即旅游资源的结构。

具体而言，旅游地的空间竞争主要聚焦于同类型旅游地之间，在争夺客源时因资源相似性或替代性而展开激烈的竞争。相反，在同一地理区域内，不同类型的旅游地之间往往形成互补的关系，通过提供多样化的旅游体验，共同吸引并满足游客的多样化需求。旅游者的行为模式进一步加剧了这种空间竞争现象，在追求效用最大化的驱动下，旅游者在参观某一类型中资源品质较高的景区后，对其余同类型的景区将不再表现出强烈的兴趣，转而寻求不同类型的旅游体验。

而对于不同空间尺度的旅游市场，旅游地之间的竞争协作关系也是各有侧重。陈健昌、保继刚根据旅游者所涉及的空间大小，将旅游者空间行为划分为大尺度、中尺度、小尺度三种类型。大尺度旅游空间行为主要涉及跨城市、跨省或跨国之类的远距离旅游活动，中小尺度旅游空间行为则主要涉及城市周边、城市内部或某具体区域的旅游活动。❶大尺度空间范围的旅游者的特点是出游时间长、旅游景点多和活动范围广，不同类型的旅游地之间需要相互协作，发挥整体优势，提高区域整体的竞争力。中小尺度范围的旅游者特点是停留时间短、旅游地集中和活动范围有限，而不同类型的旅游地之间也多表现为竞争关系。

第二节 旅游区位屏蔽因子

区位理论是研究经济活动地理分布的核心理论，旅游区位概念的出现是

---

❶ 陈建昌，保继刚. 旅游者的行为研究及其实践意义 [J]. 地理研究，1988，7（3）：44-51.

将区位理论引入旅游业中,强调区位同有关旅游现象的相互联系。区位对旅游业的发展有至关重要的影响。良好的区位条件与合理的区位设计,能够显著提升旅游目的地的吸引力,吸引大量的游客,从而以较低的投资换取较高的旅游收入,推动旅游业的发展。以香港、上海和深圳等城市为例,虽然这些城市在自然和历史景观上并不占优势,但得益于得天独厚的区位条件,如发达的经济水平、便捷的交通网络、先进的城市基础设施,以及与国际市场的紧密联系,它们的旅游业都取得了显著成就。相比之下,拉萨、乌鲁木齐、哈尔滨、敦煌等城市尽管拥有高知名度的丰富旅游资源,但区位条件较差,如远离主要客源市场、交通不便、基础设施相对落后等,旅游空间竞争力受到了一定的限制。

关于旅游区位的理解,不同学者有着不同的见解。从微观角度来讲,旅游区位可以包括某一旅游地和其他旅游地及小尺度范围内客源地之间的空间地理位置关系,也可以包括区域内部各组成部分的交通状况。从宏观角度来讲,旅游区位还会受到区域经济发展水平、大尺度范围内旅游区域与客源地的关系,以及该旅游区域与外部的交通通达性状况的影响。下面将从交通区位、客源区位和经济区位三个方面阐述旅游地区位屏蔽的生成机理。

一、交通区位

交通区位即客源地到旅游地的空间距离及可达程度。在旅游活动中,旅游者的空间移动是不可或缺的前提,与旅游地的空间距离和交通条件是旅游者必须考虑的要素之一。真正影响旅游者做出旅游决策的并不是客源地与目的地的客观距离,而是旅游者的感知距离,即游客为了克服客观距离所付出的时间和经济成本的综合体现。因此,即使客源地与目的地之间的地理距离较远,只要旅游者在旅途中所需的时间和经济成本在其可承受范围内,他们仍愿意前往目的地旅游。良好的交通区位条件有助于缩小游客的感知距离,即旅游地的交通区位直接决定了旅游者前往目的地的便捷程度和经济成本，深刻影响着旅游者的出行决策和旅游目的地的吸引力。当旅游地拥有便捷的交通网络和高度的可进入性，旅游地客源市场的辐射广度会显著扩大。

可以从宏观和微观两个层次理解旅游目的地的交通区位。宏观的交通区位是指该旅游地在更大尺度范围的交通网络布局中所处的位置。位于交通网络关键节点的旅游地通常能够吸引更多的游客，从而具备更强的旅游竞争力。微观的交通区位是指在旅游地内部的交通网络状况，包括景区内部的道路布局、交通设施的完善程度及公共交通服务的便捷性等。

对于大尺度空间旅游者而言，飞机和高铁是其旅行首选的交通工具，因此缺乏高铁站和机场的旅游地在外部客源上易被交通网络更为发达的旅游地所屏蔽。例如，甘南藏族自治州拥有优美的自然风光和深厚的宗教文化底蕴，有被誉为"人间仙境，上帝的伊甸园"的扎尕那村落，作为摄影爱好者天堂的黄河第一湾，国家级自然保护区尕海湖，以及藏传佛教六大寺院之一的拉卜楞寺。但是目前该地区只有公路和小型机场通达，并没有高铁通过，游客们更多是选择自驾的方式前往游览，地处偏远而外部交通网络又不发达，是其旅游业发展受限的因素之一。

除了外部交通网络，区域内部交通网络同样至关重要。即使一个旅游地拥有丰富的旅游资源和良好的外部交通条件，但如果其内部交通网络不畅，游客在游览过程中遇到诸多不便，旅游地也难以得到旅游者的青睐。例如，山西临汾有着黄河壶口瀑布、云丘山、小西天、广胜寺、洪洞大槐树等众多自然风光景区和历史文物遗迹，但由于历史原因和经济条件的限制，临汾市通往主要旅游景点的道路等级普遍较低，路面狭窄，弯道多且急，并且这些道路也是拉煤车和运矿车辆的重要通道，高峰时期交通容易拥堵。特别是下雨天，由于道路排水不畅，泥泞不堪，游客往往无法顺利到达景区。并且，景区内道路也不通畅，游客进不来、出不去、散不开，导致"只从临汾过，不入景区游"的现象频频发生。

交通网络是连接客源地和旅游地的桥梁，其通达性和便捷性直接关系旅游资源的开发利用及旅游业的兴衰。当旅游地的交通设施落后和可达性不佳时，即使拥有优质的旅游资源，也难以得到有效开发和利用，导致旅游业发展受到严重阻碍。

二、客源区位

对于邻近客源市场的旅游地而言，即便旅游等级或独特性可能并不突出，但是由于其优越的地理位置，也往往会获得更多的市场关注和开发机会。客源区位对旅游地屏蔽的影响主要体现在以下两个方面。

一是距离主要的客源地较远。相关调查研究显示，中国旅游者的出游活动主要集中在距客源地 500 公里以内的范围，这一比例高达 80% 以上，突出了地理邻近在旅游决策中的重要性。以北京为例，其周边即便是一些不知名的景区，也往往能吸引大量的游客，造成人满为患的现象。这一现象并非完全是由旅游资源的吸引力所驱动，更多的是受到了邻近北京市区的地理优势的影响。根据我国目前游客出游水平判断，由于地域经济文化和人口密度的差异，总体而言东部沿海地区居民的出游能力强于中西部居民。西部的景区，如西藏的布达拉宫、甘肃的敦煌莫高窟，距离主要客源地市场过于遥远，游客相对于东部同等级的旅游地就较少。而相对来说，深圳华侨城欢乐谷主题公园这种后起之秀，由于背靠珠江三角洲，面向港澳台地区，距离主要客源市场较近，从而获得了显著的发展优势。

二是旅游地区域内客源消费能力相对较弱。旅游活动属于休闲活动的一种，与吃穿住行等人们的基本生活需求不同，并不作为日常生活的必需品，因此旅游消费具有一定的弹性和选择性。当旅游地所在区域的经济发展水平不高、本地居民整体消费能力有限时，如果本地旅游资源再缺乏新鲜感，他们的旅游需求和动机就会不足，旅游市场活跃度不够，而且他们选择旅游目的地就会更加谨慎，倾向于性价比更高的旅游目的地。

三、经济区位

区域的经济发展水平不仅是各行各业发展的基础,也是推动旅游业蓬勃发展的重要外部物质条件。

从经济区位对旅游需求的影响来看,地区旅游经济的发达程度直接决定着该地区旅游者的旅游需求和消费能力。例如,迪士尼在中国区的选址定在上海、香港,环球影城则选择在北京,这些地点的门票和游览费用相对较高,属于旅游地中价格顶端的类型。它们在选址建设时无疑将旅游地居民的消费能力纳入考量范围,以确保项目的可行性和营利性。

从经济区位对旅游供给的影响来看,一个地区的旅游业发展所依赖的基础设施建设水平、旅游接待设施设备水平、旅游企业的服务管理水平等,都必须以区域经济发展水平为依托。如果当地经济发展水平有限,即使旅游资源品质再高,考虑到客源地的消费能力和旅游地的开发建设难度及后期的维持保养等因素,旅游地也难以得到充分发展。

从负面影响的角度来看,经济发展水平较高的地区通常处于区域发展的核心位置,根据区域非均衡发展理论,一个旅游目的地区域的中心往往会作为一个增长极对周边地区形成"极化效应"。具体而言,该地区周边的旅游要素都会向中心区域汇集,从而使该地区成为一个旅游基础设施更加完善、招商引资能力更强、旅游消费水平更高的旅游地。这种资源的集聚会加剧区域旅游发展的不均衡性,导致原来欠发达的旅游地在资源、资金、技术、专业人才等方面处于更加不利的地位,从而形成旅游阴影区的"马太效应"。

第三节　游客涉入屏蔽因子

由于涉入(Involvement)因素在消费者心理与行为中起着重要的作用,解构涉入有助于探索消费者内心最真实的想法。涉入理论起源于谢里夫

（Sherif）和坎特里尔（Cantril）有关社会判断理论的研究成果《自我涉入心理学：社会态度和识别》。❶ 自我涉入是个体自我概念的组成部分，是一种态度结构，这种态度包括什么是重要的、有意义的和相关的，用于个体对自我和他人进行判断，并影响行为决策。克鲁格曼（Krugman）首次将涉入的概念引入营销学研究中，用"低涉入"的概念解释电视广告的营销效果。❷ 由此，出现了"消费涉入"的概念，它被定义为由特殊情境或刺激所引发的动机、激活和兴趣的心理状态，之后涉入理论在消费者态度和行为研究中逐步拓展开来。塞林（Selin）和霍华德（Howard）最早将涉入理论应用于休闲、旅游研究领域，认为休闲涉入是个体参与休闲、游憩活动时获得的愉悦与自我表现程度。❸

哈维茨（Havitz）和迪芒什（Dimanche）提出15个研究命题引导休闲和旅游涉入研究，认为旅游涉入是个体对旅游休闲活动的思考在其行为上的反映，这些行为活动由旅游休闲产品及活动引发，并且是基于旅游者动机或兴趣的个体潜在心理状态。❹

关于涉入的测量，劳伦特（Laurent）和卡普费雷（Kapferer）编制出包含重要性、愉悦性、符号或象征价值、风险重要性、风险可能性的消费者涉入概况量表（Consumer Involvement Profiles Scale）。❺ 在旅游涉入的构成方面，近些年国内外也多有研究，如李（Lee）等从吸引力、自我表达和核心生活方式三个维度测量游客涉入，并从构念层面检验游客涉入对目的地认知形象和

---

❶ SHERIF M, CANTRIL H. The Psychology of Ego-Involvements [M]. New York: John Wiley and Sons, 1947.

❷ KRUGMAN H E. The Impact of Television Advertising: Learning without Involvement [J]. Public Opinion Quarterly, 1965, 29（3）: 349-356.

❸ SELIN S, HOWARD D. Ego Involvement and Leisure Behavior: A Conceptual Specification [J]. Journal of Leisure Research, 1988, 20（3）: 237-244.

❹ HAVITZ M E, DIMANCHE F. Propositions for Testing the Involvement Construct in Recreational and Tourism contexts [J]. Leisure Sciences: An Interdisciplinary Journal, 1990, 12（2）: 179-195.

❺ LAURENT G, KAPFERER J. Measuring Consumer Involvement Profiles [J]. Journal of Marketing Research, 1985, 22（1）: 41-53.

情感形象的影响❶；刘妍妍构建了历史文化街区游客涉入的四个维度：自我表现性、感知吸引力、参与获得感和生活中心性。❷

总结国内外的相关文献，游客涉入的维度有吸引力、生活中心性/重要性、愉悦/乐趣、自我表现/象征性/符号价值/社交价值、风险感知等，本部分针对旅游地屏蔽的研究主题，选取特异性、愉悦性、象征性三个维度阐述旅游地游客涉入屏蔽的生成机理。这里调整后的游客涉入因子"特异性"，是因为游客对于旅游目的地总是有求新求异的兴趣、动机和倾向，突出了其吸引力的独特性。

一、特异性

游客涉入的首个因素就是特异性。特异性指的是旅游产品所具备的能够吸引游客并区别于其他产品的独特吸引力。人类天生具有探索未知的好奇心，从古人对遥远地平线的眺望与神话传说的编织，到如今人们热衷探索太空，揭开宇宙的奥秘，无一不是受好奇心的驱使。旅游领域也不外如此。例如，特种旅游，包括滑雪、攀岩、漂流、潜水、冲浪、热气球、滑翔、越野、狩猎、户外拓展，以及到高山、峡谷、沙漠、森林、洞穴、冰川等人迹罕至区域的探险旅行等，由于其旅游环境具有浓烈的原始自然性，旅游活动具有极强的不确定性和挑战性，给参加者带来了充足的新鲜感和刺激性，满足了游客对探索未知和体验神秘色彩的需求。现代游客更倾向于追求新奇、与众不同、能够带来深刻记忆和独特感受的旅游项目，追求与日常生活迥然相异的全新体验，这直接影响了游客对于旅游目的地的选择。

旅游产品产生特异性的核心实质在于旅游景观的差异性，也是旅游吸引

---

❶ LEE S，SCOTT D，KIM H. Celebrity Fan Involvement and Destination Perceptions [J]. Annals of Tourism Research，2008，35（3）：809-832.

❷ 刘妍妍. 历史文化街区游客涉入、地方依恋与游后行为意愿的关系研究 [D]. 杭州：浙江工商大学，2019.

力产生的基础。这种差异性不仅体现在自然景观的多样性上，如住在内陆的人渴望看海，住在平原的人想去山区，从小生活在城市的人喜欢去体验农家乐，而且更深刻地蕴含在各地独特的历史背景、民俗风情、宗教信仰等文化元素之中。旅游地的文化特征和游客自身所处的文化环境差异越大，对游客所产生的吸引力也越大。当游客置身于一个与自身文化背景截然不同的环境时，特异性能够激发游客的好奇心和探索欲。游客不仅能够获得异质性和新奇感，还能在对比与反思中深化对不同文化的认识与认同，从而丰富个人的文化知识和拓宽个人的视野。

二、愉悦性

愉悦性是指旅游产品或体验为游客提供欢欣、喜悦的心理满足的能力，其关键在于旅游产品能否有效地触动游客内心，产生强烈的感染力。旅游涉入中的愉悦性不仅体现在游客对美好事物外在美的欣赏与认同，即感官层面的价值，更深层次地展现在游客深度参与和亲身体验中所获得的情感共鸣和心灵触动。

在旅游过程中，游客会根据个人的审美标准去评判所见所感，当游客遇到他们认为美丽的景观或有趣的事物时，他们会从内心深处产生认同，这是旅游审美过程中的愉悦性的直观体现。然而，愉悦性更为核心的组成部分是情感上的寄托，它不仅是游客在旅游过程中暂时性的心理享受，更是游客与旅游地之间建立深厚情感连结和归属感的关键所在。例如，当游客参与一些乡土文化活动时，因为能深入体验当地的历史文化与风土人情而心情舒畅，所以会对旅游地产生"地方依恋"。这种游客和旅游地之间的情感连结，不仅能够提升游客的满意度和忠诚度，使游客对旅游地产生更加积极的评价，还能够增强旅游地的吸引力与竞争力，为旅游地带来持续发展的动力。

当游客游览过众多同类型的旅游地时，即使旅游地本身具有极高的审美价值，也可能因为内容的重复性和形式的单调性而让游客产生审美疲劳。然而，情感上的愉悦却完全不同，即使是同类型的旅游地，由于其所承载的文化内涵和所创造的情绪氛围各不相同，游客也能在体验过程中感受到全新的情感冲击。

三、象征性

象征性代表了产品对于消费者的一种符号意义，体现了消费者展现自我形象和社会地位、表达个性和价值观，以及获得社交群体认同的程度。旅游消费是典型的意义消费，游客追寻的是人生中离不开但日常生活中偏偏缺失的各种"意义"。因此，游客涉入的象征性就是指旅游者在旅游过程中，通过选择特定的旅游产品或服务，来体现自身的形象、个性、价值观、社会地位等象征性意义。例如，"不到长城非好汉"这一说法，便说明旅游者登上长城有证明自己是英雄好汉的心理，将其视作自身勇气与毅力的象征性成就。

旅游者不仅关注旅游产品或服务的实际功能，更重视其所能带来的精神力量和象征价值。例如，选择参与户外探险活动代表着游客对冒险和挑战的渴望，选择参观历史文化遗址则是游客对历史和文化的尊重与热爱。特别是如今一个热门话题或现象的兴起，能够迅速成为全民关注的焦点，并激发无数人的探索和模仿。像淄博烧烤和天水麻辣烫的火爆，游客消费的原因不仅是满足口腹之欲，更是彰显社群潮流的符号象征。通过参与热门的旅游活动并在社交媒体上分享自身旅游经历，游客能够以此作为与他人沟通的桥梁，向他人展示自己的生活态度、品味和风格，进而在社交圈中树立自身形象，明确自身身份和地位。这种基于共同兴趣和价值观建立的社交联系，不仅为游客提供了展示自我、实现个人价值的平台，也加强了游客之间的互动和共情。

旅游产品的象征性符号意义影响了游客的旅游动机和选择偏好。时代的变迁使人们心目中普遍认可的旅游符号也在不断改变，从最初的山水观光、古迹游览，到追求繁华都市，再到向往田园风光，以及如今的休闲、娱乐文化，而这也给旅游阴影区带来了突破屏蔽的机会和可能性。

第四节　信息传播屏蔽因子

　　游客对于旅游地的认知偏差是旅游形象屏蔽产生的原因之一，这种认知偏差由信息的传播造成。游客的旅游决策是一个将旅游地的相关信息进行加工和处理的过程。游客会通过各种渠道收集有关旅游地的信息，在海量的信息中根据自身的兴趣和需求进行筛选，并结合时间成本、交通成本和经济成本选择出更符合自身期望和偏好的旅游地。然而，信息传播并非总是准确无误、全面深入的，可能存在偏差或不足，导致游客对旅游地产生一定程度的认知偏差。为应对这一问题，旅游地需要不断优化营销策略，尽可能向游客提供全面且详细的旅游信息。

　　品牌形象是旅游地吸引力的核心体现，通过信息传播，品牌形象能够深入人心，激发游客的旅游欲望。广告创意是信息传播中的亮点，它通过独特的创意和视觉冲击力，引起游客的关注，提升旅游地的知名度。而媒体平台则是信息传播的重要载体，它决定了信息传播的广度和深度，影响游客对旅游地的认知态度。鉴于信息传播过程中存在的这些挑战，下面将从品牌形象、广告创意、媒体平台三方面阐述旅游地信息传播屏蔽的生成机理。

一、品牌形象

　　旅游地在信息传播过程中被屏蔽很大程度上源于其品牌形象塑造和传播策略上的不足。在塑造品牌形象时，旅游地如果不能充分挖掘和利用自身的独特资源和文化基因，那么品牌形象在消费者心中就会显得模糊，缺乏鲜明的特色，和同类型的旅游地相比毫无差异，难以吸引潜在游客的注意和兴趣。

　　独特、鲜明的品牌形象不仅体现在品牌标识、宣传口号等表面元素上，更体现在品牌所传递的价值观念、文化内涵等方面，进而让游客对旅游地形成深刻印象和认同感。例如，"约会哈尔滨，冰雪暖世界"是近年来哈尔滨冰雪季的主题口号，它巧妙生动地展现出哈尔滨冰雪旅游带给游客的浪漫、梦幻、激情与温暖的感觉。"北国冰城"哈尔滨通过举办国际冰雪节、冰雪大世界、雪博会等一系列冰雪活动，将城市装扮成美轮美奂的冰雪童话世界，吸引了大量国内外游客前来体验冰雪的魅力。同时，哈尔滨还注重提升旅游服务质量，通过暖心服务给游客留下了甜蜜的、难忘的"北国冰城"回忆。哈尔滨也凭此文旅推广营销案例获评文化和旅游部 2023 年国内旅游宣传推广十佳案例的第一名。

进一步来说，即使旅游地已经树立了鲜明的品牌形象，也必须紧跟市场趋势，及时调整和更新品牌形象，以适应新的市场需求和游客的偏好转变。比如，"一山一水一圣人"的旅游口号自 20 世纪 80 年代开始由山东提出，作为山东主要文旅资源品牌的概括曾名噪一时。2007 年起，"好客山东"这一新口号更加深入人心，集中体现了山东质朴、热情、豪迈的风土人情，又大获成功。相反，如果未能及时重塑品牌形象，这种滞后性不仅会降低品牌形象对游客的影响力，还可能导致游客对旅游地产生负面印象，认为其缺乏创新和活力。

二、广告创意

旅游地的宣传广告应该在内容和形式上都表现出十足的新颖性、创意性。

首先，广告信息的精炼度是提升广告效果与吸引消费者注意力的关键因素。在信息过载的时代背景下，消费者对于广告信息的处理能力极为有限。若广告内容过于冗长、复杂或缺乏明确的重点，将极易导致消费者的注意力分散与认知疲劳，从而降低广告的传播效果。

其次，广告创意成功也离不开对目标市场的精准定位。旅游市场中消费者需求多样且复杂，不同消费群体对于旅游目的地的选择标准存在显著差异。因此，在制定广告创意时，必须明确目标市场的核心诉求、兴趣点及消费习惯，以确保广告内容能够精准投放并有效激发其旅游欲望。如河北的旅游宣传标语"这么近,那么美,周末到河北",就是顺应京津冀协同发展给河北旅游市场带来的新的发展机遇,聚焦京津及周边省份周末短途旅游市场,以通俗易懂的话语、朗朗上口的韵律、更具亲和力的召唤,引起了广泛关注和热烈反响,吸引了更多游客前来河北旅游。

最后,广告的形式正朝着更加多元化、互动化和个性化的方向发展。传统的广告形式如海报、电视广告等,因科技进步和新媒体的发展而日益单一,难以满足现代消费者的需求。而充分利用现代科技手段的先进案例,如成都的大熊猫3D裸眼广告大屏。大熊猫仿佛要从屏幕中走出来一样,还会做出各种动作,与游客进行互动,为游客带来了前所未有的视觉体验,也增强了游客的参与感、趣味性、吸引力和传播效果俱佳,进而提高了旅游地的知名度和美誉度。

旅游地的宣传广告不仅要在文案构思和视觉呈现上展现出新颖性,更要深入挖掘旅游地的核心资源与独特卖点,与旅游地的品牌形象保持一致,通过创意性的表达方式,凸显其不可替代的文化内涵与地域特色。如果广告创意仅停留于表面形式,未将旅游地的独特魅力与核心价值深度融合,将难以引发消费者的情感共鸣与探索兴趣,甚至可能因缺乏实质性的吸引力而被市场所忽视。

三、媒体平台

媒体平台已成为信息传播的重要渠道,它们不仅承载着广泛而迅速的内容传播任务,还深刻影响着公众的认知、态度和行为。信息传播渠道的单一性、单向性和时滞性共同限制了旅游地的市场影响力。

首先,新兴媒体平台不仅拥有庞大的用户基数和高度活跃的用户群体,还具备强大的内容传播和社交互动功能,对于提升旅游地的知名度和影响力具有显著作用。旅游地往往过度依赖于官方信息发布渠道,而忽视了社交媒体、短视频平台、直播平台等多元化信息传播媒介的广泛影响力。若旅游地未能充分利用这些平台,其信息传播的范围和效果将受到严重限制。

其次，媒体平台上旅游地和平台用户的互动与反馈也十分重要。有效的用户互动不仅能够增强用户的参与感和归属感，还能够为旅游地提供宝贵的用户反馈，指导其进行服务改进和策略调整。然而，许多旅游地在这一环节上存在明显不足，未能建立起完善的用户互动机制，如未及时回复用户留言、未有效处理用户投诉，以及未利用用户反馈进行持续改进等。这种缺乏双向沟通的状态不仅降低了用户的满意度和忠诚度，还可能引发负面口碑的传播，进一步损害旅游地的品牌形象和市场地位。

最后，媒体平台上旅游地的内容与服务更新，信息的时效性和新颖性对于吸引用户关注至关重要。然而，许多旅游地未能紧跟市场趋势和用户需求的变化，未持续更新发布新内容，导致信息显得陈旧和缺乏吸引力。这些不足不仅影响了用户的体验和满意度，还限制了旅游地在媒体平台上的竞争力和影响力。

第四章　旅游地屏蔽突破的研究设计

为了能够科学规范地推进研究，本章对整体采用跨案例比较研究法，以及在探索游客涉入因子时采用隐喻抽取技术分析法，而开展研究的路线设计和操作程序做详细的介绍。这两种方法的使用规程较为复杂，技术要求较高，特此说明。

第一节　旅游地屏蔽突破的跨案例研究设计

一、案例研究方法选取

案例研究是一种深入探讨和解释复杂现象、揭示内在规律和机制的研究方法，通过详细分析一个或多个案例来理解其背景、原因、过程和结果，回答"怎么样"和"为什么"的问题，并且有助于将抽象理论转化为可操作的实践指导。案例研究适用于特定情境下多维因素的复杂交互和动态变化的情况，以及理论还没有建立或不够完善的研究场景，特别是当难以通过量化数据或大规模实验来实现时。

案例研究具有研究的深度，但也需要具备一定的广度，以便在更广泛的范围内进行推广和应用。相比单案例研究，多案例研究在效度和理论推广方面更有优势。多案例研究一般分为案例内分析和跨案例分析两个步骤。案例内分析关注每个案例的详细描述和独特模式，而跨案例分析则对两个或两个以上的案例进行对比和分析，识别出其中的相似性和异质性，以寻求跨案例的普适性和构念间的潜在联系。

对于本书而言，旅游目的地的屏蔽与突破是一个动态复杂现象，需要描述、解析和归纳其状况、原因与做法，因此适宜采用案例研究方法。而不同类型的旅游地屏蔽突破可能存在一些差异，所以只有通过多案例研究，特别是跨案例分析，形成对比，才能有效说明问题，得出更加完善的一般性结论。

二、案例选择

多案例研究遵循复制逻辑，包括逐项复制和差别复制。逐项复制选择具有相似特征的案例，验证它们是否能产生相同或相似的结果；差别复制则是选择具有不同特征的案例，观察它们是否能产生与前一研究不同的结果，以此来修正、丰富和拓展理论。在一个多案例研究中，研究者可能会先选取2~3个相似案例进行逐项复制，再选取4~6个具有不同特征的案例进行差别复制。通过逐项复制和差别复制的相互印证，研究者可以更容易地发现共存于多个案例之间的模式，并消除随机性的关联。

同时，对多案例研究也遵循理论抽样的原则。与概率抽样不同，理论抽样不依赖于随机原则，而是根据研究目的和理论框架来选择案例，因此具有很强的针对性。此外，研究者可以根据研究过程中不断涌现的新的理论概念和假设，灵活地调整抽样对象和范围，反复比较和验证数据，迭代和深化对研究问题的理解，逐步构建和完善理论框架。

而且，多案例研究以理论饱和作为是否新增案例的评判依据。当所选择的案例分析单元蕴含的信息能够说明构念之间的相互关系和逻辑时，就没有必要增加更多的案例进行重复佐证。同样，当新收集的数据不再能为已有的理论或概念提供新的信息和见解时，就认为已经形成了充足的因果关系证据链和稳健的理论框架，达到了理论饱和度。

本书首先查阅、收集具有旅游地屏蔽突破特征的众多案例，并将这些案例分成了文化遗产型、自然风光型和人造景观型三类，建立了案例备选库；然后按照典范意义较强、知名度较高、资料可得性较好的标准，原计划选取三个文化遗产型案例地进行逐项复制,再选取三个自然风光型和三个人造景观型案例地进行差别复制;在研究开展的实际过程中,根据理论抽样的原则,动态调整了原来选择的案例地,并且在对每个类型的两个案例地进行研究之后,第三个案例地的资料已不能增加新的、有意义的理论要素,由此判断已经达到理论饱和,所以最终呈现了文化遗产型旅游地(浙江嘉兴乌镇、北京恭王府),自然风光型旅游地(河南焦作云台山、重庆武隆喀斯特旅游区),人造景观型旅游地(陕西咸阳袁家村、北京古北水镇)六个旅游地的案例分析。

三、案例资料收集

案例研究遵循多重证据来源和"三角验证"的原则,也就是说,通过不同的途径收集资料,并且这些资料能够相互印证,形成稳定的验证关系,以保证研究结论的可靠性和有效性。它强调案例资料的多样性和一致性,要求广泛搜集多种来源的资料,并确保所有资料最终能指向同一结论。

本书采用文档搜集、实地调研、直接观察等方法获取了丰富、翔实的案例资料,具体来说包括以下方面。

第一,官方资料。景区发布的企业宣传材料、官方网站资料、上市公司年报等。

第二,媒体报道。通过百度、微信等搜索到的关于景区的网络媒体报道。

第三,研究报告和文章。由文旅研究机构或个人推出的行业、景区分析报告及专题文章。

第四,学术文献。通过中国知网、万方、维普等检索到的期刊论文和学位论文。

第五,网络游记和评论。在携程、马蜂窝、去哪儿等旅游网站上获取的游客游记和评论。

第六,实地感官信息。通过实地调研、直接观察、亲身体验旅游地的景观、环境、活动与服务等获得的直观信息和感受。

四、案例资料整理与分析

由于本书涉及的资料形式包括文档文献、官方及媒体的报道、调研报告等，因此在收集资料之后，需要对这些资料专门进行有序地汇总、整理和保存，创建案例研究的资料库，形成完整的证据链。

在资料整理之后的案例分析是案例研究最为重要的部分，包括案例内分析和跨案例分析。首先，本书分别对浙江嘉兴乌镇、北京恭王府、河南焦作云台山、重庆武隆喀斯特旅游区、陕西咸阳袁家村、北京古北水镇六个旅游地进行了独立的案例内分析，梳理案例地各自的发展阶段，认识和描述旅游地屏蔽突破的现象，探讨资源禀赋、旅游区位、游客涉入和信息传播因子的作用机理，并总结不同时期每个旅游地屏蔽的突破路径。其次，在案例分析的基础上，将六个案例的逻辑链条进行对比分析，检视跨案例的异同点，抽取与研究主题密切相关的变量，抓住其本质特征和内在规律，归纳出更为完善的理论框架，进而提出区域旅游空间竞争中弱势旅游地屏蔽的突破路径。

第二节 游客涉入因子隐喻抽取的研究设计

一、隐喻抽取方法选取

对于消费者的研究一般采用问卷调查、个人访谈等方法，但这些方法不能真正了解消费者潜意识中隐藏的看法、感受、情绪、需求、动机、价值观等。扎尔特曼隐喻抽取技术（Zaltman Metaphor Elicitation Technique，ZMET）由哈佛大学商学院教授杰拉尔德·扎尔特曼（Gerald Zaltman）在 20 世纪 90 年代创立，是一种通过文字描述及图像背后的隐喻和视觉符号，深入、有效地探究消费者认知和动机的质性研究方法。

该方法于 1995 年在扎尔特曼和库尔特（Coulter）所著的论文《看见消费

者的声音——以隐喻为基础的研究方法》中正式提出。[1]基于主流心理学认识的大部分沟通是非语言的、思想以图像的形式出现、隐喻是思维的基本单位、感官图像作为隐喻、心智模式是故事的表征、深层思维结构可触及、理性与感性混合七个前提，ZMET结合非文字语言（图像）和文字语言（深度访谈），以受访者为主体出发，选择人类原始的沟通方式"图像"为传播媒介，借由图像中视觉符号的隐喻功能，诱发出消费者心中深层的想法与感觉，抽取受访者认知中的构念（Construct）元素与构念之间的联系，并建立一张网状的心智地图（Mental Map）来呈现对特定议题认知的结果。

ZMET突破了传统调查法的局限，以受访者自创的图像为素材，进行个人深度访谈，为难以准确把握的消费者深层心理特征提供了显性而开放的刺激环境，能够唤起受访者潜意识里的观念、想法和感受，从而挖掘其行为的内在需求和动机。

消费者涉入（Consumer Involvement）是个人认知产品或服务与其内在需要、兴趣和价值观的攸关程度，是由具体情境所引发的动机、关注与投入的心理状态和行为反应，因此适合用隐喻抽取技术来深入理解消费者行为背后的驱动因素。本书在研究旅游地屏蔽突破的游客涉入因子时，采用扎尔曼特的隐喻抽取技术探索游客旅游消费观念、兴趣和偏好的转变，寻求旅游地屏蔽突破的机会。

二、隐喻抽取研究步骤

隐喻抽取技术的操作方法整体上分为招募受访者、引导式访谈、识别关键主题、数据编码、构建共识地图、观察共识地图、说明重要的构念和构念关系七步，其中引导式访谈又分为十个步骤，详述如下。

---

[1] ZALTMAN G, COULTER R H. Seeing the Voice of the Customer : Metaphor-Based Advertising Research [J]. Journal of Advertising Research, 1995, 35（4）: 35-51.

（一）招募受访者

调研一般需招募 10~20 名受访者。研究人员向受访者说明研究意图和主题，并请受访者在 7~10 天内通过各种途径收集能够表达其对研究主题想法和感受的图像 8~10 张，随后分别约受访者进行访谈。

（二）引导式访谈

相比传统的开放性或结构性访谈，半结构性的引导式访谈更加有效和可靠，更能深入了解受访者的相关信息。对每名受访者的一对一访谈大约需要两个小时，并将访谈内容全部录音，以便后续进行整理。引导式访谈是隐喻抽取技术的核心部分，可细分为十个步骤，但具体采用哪些步骤要根据研究问题的性质和数据的使用方式而定。

1. 说故事

人的记忆和沟通都是以故事为基础的。受访者展示若干图像，讲述他们在访谈前的准备期内想到的故事，表达自己的亲身感受。

2. 讲述遗失的议题和图像

访问者询问受访者是否还有未找到的代表性图像，同样按照说故事的方式对其加以阐释，补充所有相关的感受。

3. 分类整理

受访者被要求按照自己理解的意义将所有图像分为几组，并为每组图像命名，这有助于建立主要论点或构念。

4. 构念抽取

运用凯利方格技术（Kelly Repertory Grid Technique）和攀梯法（Laddering Technique）来抽取受访者思想和行动的构念。这两种手段相互补充，凯利方格技术可以诱发更多的构念涌现，攀梯法则能够凸显各个构念之间的关联。

5. 选择最有代表性的图像

受访者选取一张与研究主题和内容关系最密切、最能表达其想法的图像，并对其作出解释。

6. 讲述相反意义的图像

受访者选取一张与研究主题和内容意义相反的图像，同样进行阐释。

7. 阐释其他感官图像

受访者使用听觉、触觉、嗅觉、味觉等其他感官知觉，来传达什么能够或不能够代表所探讨的主题。

8. 绘制心智地图

通过上述步骤已经得到了相当数量的构念，让受访者用分类和连线的方式表示他理解的这些构念的相互关系，产生心智地图；也可以由研究者根据访谈记录，画出重要构念之间的关系图，再由受访者确认。

9. 总结图像

请受访者在纸上或在头脑中描绘一张具有总结性质的图像，来表达研究主题的核心想法。

10. 创建短文或短视频

最后，受访者写下一段短文或者制作一段视频短片，来帮助沟通与论题有关的重要概念。

（三）识别关键主题

访谈完毕后，研究人员回顾访谈记录，依据从所有受访者得到的构念，识别出关于研究对象的关键主题。

(四) 数据编码

在确立关键主题之后，研究人员对具有因果关系的成对构念（Paired-Construct）进行数据编码。

(五) 构建共识地图

为使研究结果具有普遍意义，按照"多数人的多数想法"这一原则，将超过 1/3 的受访者提及的构念，以及超过 1/4 受访者提及的成对构念进行连接，绘制共识地图。

(六) 观察共识地图

随机选择一个受访者的访谈记录，观察该受访者与前后编号相邻的其他受访者所抽取构念之间的差异，以了解共识地图中构念的覆盖率。

(七) 说明重要的构念和构念关系

通过视觉和其他感官知觉、数码图像、视频等方式描述重要构念和构念之间的关系，来了解受访者的隐喻。

以上是标准的 ZMET 的操作步骤，但其过程过于繁杂冗长，所以在实际使用中，谢彦君等按研究顺序将整个过程简化：样本选取、深度访谈、分类整理及构念抽取、构念内在关系分析、终结构念提取等阶段[1]；孔令怡等将研究过程简化为样本选取、说故事（深度访谈）、构念抽取、构念内在关系分析、绘制共识地图等阶段[2]。本书对 ZMET 的研究步骤进一步合并、精炼为受访者选取、访谈构念抽取与整理、绘制共识地图这三步。

---

[1] 谢彦君，陈焕炯，潘莉，等. 东北地区乡村旅游中典型元素的识别与分析——基于 ZMET（隐喻抽取技术）进行的质性研究 [J]. 北京第二外国语学院学报，2009，31（1）：41-45，6.

[2] 孔令怡，吴江，魏玲玲，等. "旅游凝视"视域下凤凰古城旅游典型意象元素的识别与分析——基于隐喻抽取技术（ZMET）的分析方法 [J]. 旅游学刊，2018，33（1）：42-52.

三、隐喻抽取研究实施

在隐喻抽取技术分析法实施的过程中，执行受访者选取、访谈构念抽取与整理、绘制共识地图三个步骤，具体阐述如下。

（一）受访者选取

对于合适的访谈对象，本书研究者认为，愿意将旅游经历记录并分享的游客是最佳人选，他们一般会接受访谈并能够表达出内心最真实的感受。因此，研究者首先在携程、马蜂窝、去哪儿三个网站上查找有关乌镇、恭王府、云台山、武隆、袁家村、古北水镇六个案例地的游记，并以时间临近、内容丰富、图文并茂作为筛选标准，试着联系这些游记的作者，并向可能的受访者讲明来意与研究主题。

在征得对方的同意后，告知受访者有7天的时间回顾自己曾写过的游记内容和照片，并且翻看过往在旅游时留下但并未上传至游记中的照片，准备要讲述的故事。在此过程中，要求受访者在经过认真思考后，自主收集和选取心目中最能体现自己对于某景区感觉与想法的照片。照片主要由受访者自行拍摄，研究者不参与选片过程，也不会驱使和诱导受访者做出选择，给予受访者自由表达想法的权利与空间。

每个案例地最终确定10名游客作为受访者，受访者的性别、年龄、职业和现居地等人口基本特征随机分布。同时，考虑到受访者来自全国各地、访谈时间协调和个人隐私保护等因素，采用远程网络语音访谈的方式更具可行性。而且，在当前网络虚拟空间的环境下，受访者会更加愿意且敢于表达自己内心深处的感受和想法，这使通过网络语音访谈搜集到的资料更加真实可靠和丰富多元。

（二）访谈构念抽取与整理

一个星期后进行正式访谈，时间约为90分钟。在访谈过程中，请受访者逐一对他们所准备的照片进行描述，回忆对某个景区的旅游体验，尽量全面地讲述所看到的景物、参与的活动、品尝的美食等内容，并询问这些内容如何反映其对研究主题的认知。

在访谈结束后，将访谈录音转换为文字，从访谈记录里一句句地抽取构念，并对含义相似或相近的构念进行合并，每个案例地最后汇总为80个构念。

（三）绘制共识地图

根据整理后的访谈资料和相关构念，按照"超过1/3的受访者提及的构念""超过1/4受访者提及的成对构念"这些标准，选取共同构念，绘制共识地图，以显示大多数受访者大部分的想法。

共识地图中有初始构念、连接构念和终结构念三种构念。椭圆形的构念是初始构念，是受访者根据自己准备的图片并讲述旅游经历的开端，包括景物、活动、设施和服务等。长方形为连接构念，连接着初始构念和终结构念，是受访者在说故事的过程中，当提到初始构念时，对景物、活动、设施、服务等的描述、形容或评价。终结构念，用菱形表示，是受访者自身的心理需求、想法动机和感受反应。终结构念并非一定从受访者的访谈资料中提取，而是对连接构念的进一步归纳、抽象和升华。

最后，对于创建的共识地图，说明其中重要构念之间的逻辑关系，以及深度挖掘到的案例旅游地引发的游客涉入因素。

第五章　文化遗产型旅游地屏蔽突破的案例研究

　　文化遗产型旅游地承载着丰富的历史、文化和艺术价值，被视为人类文明的瑰宝，以不同的形式记录着社会发展历程和成果，包括历史建筑、古迹遗址、艺术品、文献档案等物质文化遗产，以及表演艺术、民俗活动、节庆仪式、口头传说、文化知识等非物质文化遗产，对于传承历史文明、弘扬民族文化、促进社会进步具有重要意义。文化遗产型景区经常会举办各种文化展览、文化体验、教育学习、休闲娱乐活动，近年来更是通过文化创意产品开发和数字化技术呈现等方式，增强了游客的价值认同感和沉浸式体验。但是，由于珍贵且脆弱的文化遗产保护的需要、文化遗产空间规模对于旅游活动的制约、过度商业化导致文化原真性受损的争议，以及跨领域合作和大量研发投入所带来的创新难度和成本等，需要在保护与开发、传承与创新、渐进式创新和激进式创新之间寻找平衡，以便在严重同质化、缺乏吸引力的众多文化遗产旅游项目中率先突围，进一步打破强势旅游地的屏蔽而立足。本章以浙江嘉兴乌镇和北京恭王府为案例研究对象，探讨文化遗产型旅游地屏蔽的突破路径。

第一节　浙江嘉兴乌镇旅游地屏蔽突破的案例研究

一、乌镇旅游地屏蔽突破的案例描述

　　乌镇位于浙江省嘉兴市桐乡市北端，地处富饶的杭嘉湖平原中心、江浙

沪"金三角"之地，拥有7000多年的文明史和1300年的建镇史，是典型的中国江南水乡古镇，坐拥中国首批十大历史文化名镇、中国十大魅力名镇、国家5A级旅游景区、中国古城镇文化（遗产）旅游目的地、全国美丽宜居小镇、全国环境优美乡镇、茅盾文学奖永久颁奖地、世界互联网大会永久会址等多项称号，享有"中国最后的枕水人家""鱼米之乡""丝绸之府"之誉。二十多年间，乌镇通过创新实践，从一个默默无闻的水乡小镇转变为中外知名的文旅景区，成为全球古镇保护开发中成功运作的典范，被联合国专家考察小组称为"乌镇模式"。

浙江是文化底蕴浓厚的旅游胜地，有诸多风景名胜。西湖首屈一指，以其秀美的自然风光和深厚的人文底蕴，与杭州这座历史名城交相辉映。此外，千岛湖、雁荡山、普陀山、天台山、江郎山……个个美不胜收，都是"诗画江南，山水浙江"的最好注脚。还有灵隐寺、岳王庙、六和塔、鲁迅故里、宋城千古情等人文景观，无一不是声名远扬。而遍及全国的平遥、丽江、凤凰、大理、周庄、婺源、宏村、西递等古城、古镇、古村落的光芒，也一度掩盖了乌镇的风采。

相较于这些景点，20世纪90年代初的乌镇还只是一个隐匿于江南众多水乡中的普通小镇，年接待游客量仅有万余人。乌镇虽拥有江南水乡典型的特征，但在当时，面对周庄、同里等几个先开发的古镇的竞争，其知名度并不高。进入21世纪后，乌镇通过精心规划与大力开发，以水为脉，以桥为骨，不仅保留了水乡古镇的原汁原味，还融入了现代文化与艺术元素，并迅速成为国内外游客竞相前往的大热门景区。特别是近些年，乌镇通过举办乌镇戏剧节、世界互联网大会等节事活动，大幅度提升了其国内国际的影响力和知名度，后来者居上，如日中天。现今，乌镇的游客量与营业收入已连续多年稳居全国古镇前列。2023年乌镇景区共接待游客772.07万人次，营业收入达到17.84亿元，力压其他江南古镇，犹如旅游界一颗璀璨的明珠。

回顾乌镇从平淡无奇到大放异彩的发展历程，可以分为观光小镇奠基期、度假小镇营造期和文化小镇拓展期三个阶段，如图5-1所示，并详述如下。

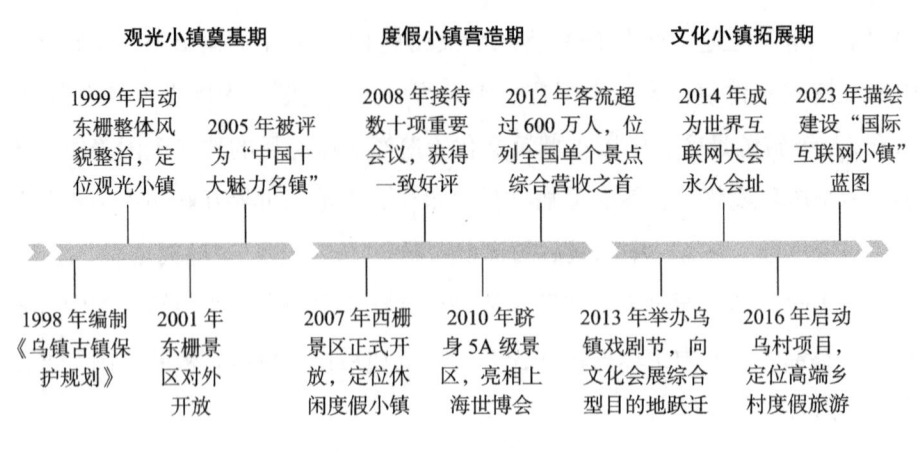

图 5-1 乌镇景区的发展历程

观光小镇奠基期
- 1999年启动东栅整体风貌整治，定位观光小镇
- 2005年被评为"中国十大魅力名镇"
- 1998年编制《乌镇古镇保护规划》
- 2001年东栅景区对外开放

度假小镇营造期
- 2008年接待数十项重要会议，获得一致好评
- 2012年客流超过600万人，位列全国单个景点综合营收之首
- 2007年西栅景区正式开放，定位休闲度假小镇
- 2010年跻身5A级景区，亮相上海世博会

文化小镇拓展期
- 2014年成为世界互联网大会永久会址
- 2023年描绘建设"国际互联网小镇"蓝图
- 2013年举办乌镇戏剧节，向文化会展综合型目的地跃迁
- 2016年启动乌村项目，定位高端乡村度假旅游

（一）乌镇的观光小镇奠基期（1998—2006年）

在20世纪90年代末的江南古镇之中，周庄、同里、西塘等已经积累了5~10年的发展基础，形成了一定的市场竞争力。而彼时的乌镇却屋旧人稀，破败凋零，两条路摆在面前可供选择：一条是走工业化道路，一条是吃旅游饭。经过综合考察之后，乌镇选择了后者，从此开启了古镇保护与开发之路。

1998年，乌镇委托上海同济大学城市规划设计院编制《乌镇古镇保护规划》，将整个古镇划分为绝对保护区、重点保护区、一般保护区和区域控制区四个不同等级的保护区域，明确了乌镇保护和旅游开发的整体发展方向。1999年，乌镇东栅区块保护开发工程经过周密调查，制定了《乌镇古镇首期整治保护总体规划》和详细的修复与整治方案，这标志着乌镇保护开发迈出了重要的第一步。2003年，又启动了乌镇古镇保护二期工程，即西栅景区保护开发项目。

起初，乌镇定位为"观光古镇"，对东栅老街的保护侧重于整体风貌整治，力求保留江南泽国特有的传统风貌，主打"原汁原味"，践行"修旧如故，以存其真"的理念。通过拆除不符合古镇气息的现代建筑，修缮古建筑，提升整体风貌感，重现江南水乡古镇的风貌。同时，借助茅盾故居，延续与发扬了地方名人的文化精神。"我的家乡乌镇，历史悠久……漫长的岁月和迢迢千里的远隔，从未遮断我的乡思"，这是茅盾笔下一段饱含深情的文字。在文

学巨匠茅盾的诸多作品中，乌镇这座千年古镇散发着世外桃源般的气息，吸引了大量游人前来参观体验。此外，乌镇还重点挖掘了传统手工艺文化，恢复了传统作坊，再现了传统节日和民俗活动，如传统香市、皮影戏、花鼓戏、蓝印花布、酒作坊、烧饼铺等，为小镇增添了魅力。与此同时，乌镇还制定了"一店一品"、景区所有商品平价销售等策略，传统观念中景点票难买、饭难吃、乱收费等现象在乌镇几乎没有，这很好地保证了顾客的满意度。

2001年，乌镇东栅景区正式对外开放，当年的游客量就达到了67万人次，是之前的50倍。2002年6月，乌镇景区成功创建为国家4A级旅游景区。2002年，乌镇全年接待游客215万人次，其中海外游客14.6万人次，成为当年浙江省唯一一个接待海外游客超10万的单个景区。[1] 乌镇保护开发方式的有效探索，受到了专家和同行的肯定，获得了联合国颁发的"2003年亚太地区遗产保护杰出成就奖"，同年乌镇被命名为"中国历史文化名镇"。2005年，乌镇又被评为"中国十大魅力名镇"和"欧洲游客最喜爱的中国旅游景区"。

这一时期，乌镇的主要目标人群为本地及周边地区的游客，以及对古镇文化感兴趣的国内其他地方的游客，营销方式上主要侧重于初步的品牌推广。第一，通过节事活动营销，乌镇旅游逐渐进入游客的视线。2000年，第六届茅盾文学奖颁奖仪式的举办，让乌镇受到了广泛关注。2001年4月，乌镇举办了首届中国·乌镇香市暨江南水乡狂欢节，吸引了大量游客和媒体的关注，展现了乌镇江南水乡的品牌形象。2001年10月，乌镇购得了杭州西湖博览会国际烟花大会的冠名权——"乌镇文化之韵"，让中外宾客和杭州市民一夜间记住了乌镇。此外，这一年乌镇借助上海APEC会议高官参观的机会，大力推介乌镇，提高了其在国内外的知名度。第二，乌镇通过媒体渠道进行宣传推广，扩大其品牌影响力。2002年12月，中国历史文化名城保护专家委员会委员阮仪三，带领凤凰卫视、苏州电视台的工作人员来到乌镇，对"乌镇模式"的保护方法进行实地拍摄和采访，进一步提高了乌镇的知名度。第三，

---

[1] 陈亚萍，陈为民. 探寻高质量发展的乌镇模式全域旅游发展的"桐乡样本"[N]. 浙江日报，2018-12-04.

乌镇独辟蹊径，采用影视广告植入的方式传播。2003年7月，大部分外景在乌镇拍摄的电视剧《似水年华》首播，这是乌镇通过影视进行营销的重要起点。《似水年华》播出后，乌镇的美景和文化通过荧屏展现在了全国乃至全球观众的眼前，极大地提升了乌镇的知名度和美誉度。

（二）乌镇的度假小镇营造期（2007—2012年）

2007年，西栅景区正式开放，这是乌镇二期开发工程的硕果。乌镇一期保护工程的成功，保护了乌镇宝贵的历史风貌和遗产，同时也给乌镇的地方经济发展带来了蓬勃生机。但由于其面积只占乌镇总面积的1/4左右，乌镇还有大量的经典明清建筑群尚待保护修复，加上受地理环境的限制，无法为游客提供更完善的服务，所以乌镇从2003年春开启二期西栅历史街区工程，这是一次更大范围、更深层次的保护。整个工程历时四年，相继投入资金超过13亿元人民币，于2006年年底基本完工。在保护开发的过程中，乌镇不仅完成了对大量历史建筑的修复与保护工作，更在留存历史文化原生态风貌的基础上，通过巧妙的构思、恢宏的建筑和精致的景观来展现江南水乡的新姿态，并在保留当地文化和传统习俗的基础上开展夜间旅游活动，在全国范围内率先走出了历史街区保护和再利用的可持续发展之路。西栅景区的正式开放开启了乌镇的跨越式发展阶段，2007年全年实现营业收入1.58亿元，东栅、西栅景区接待游客首次突破200万人次。

不同于东栅观光型景区的日游模式，西栅定位为"休闲度假商务游"，重点在于民宿、酒店和餐饮等，打造独具特色的夜游和住宿模式，创新性地以建设休闲度假旅游目的地为目标，提出了"历史街区再利用"的概念。具体来看，西栅的开发将历史街区以旅游功能为主进行改造，建设各类风格的民居特色客房、各种档次的度假酒店，调整了西栅老街所有建筑的内部结构，配备现代化生活设施，通过丰富的夜生活和美景吸引游客住下来，向他们提供休闲度假产品。同时，修复名人故居以提升游客的文化精神感受，如2005年开始木心故居改造，2007年修建王会悟纪念馆、孔另境纪念馆。此外，不断挖掘传统民俗文化，推出"每月一节"活动，其中乌镇长街宴、香市、童玩节、乞巧节、中秋祭月等已形成独特品牌，对游客产生了持续的吸引力。西栅开放后，整个景区呈现动静分离的格局，酒店、民宿、餐饮、商店和民俗活动等功能布局更加合理，适应不同顾客的观光游览、休闲度假、商务会议等需求。

第一，在这个时期，乌镇以传统媒体为主阵地，辅以互联网等方式进行宣传推广。首先，在纸质媒体上，尤其是在权威官方媒体上，进行广告投放。乌镇不但借助《光明日报》《中国经济时报》《浙江日报》等主流媒体进行相关报道，而且常作为《大都市》等具有较高知名度的杂志的拍摄地，借助知名杂志进行宣传。此外，还通过印发旅游手册进行品牌宣传，印发对象除了游客和旅行社，还包括各类旅游交易会的与会者。

第二，开展以电视广告为主，多种媒体平台同步交互式投放的策略。2012年春节，从除夕到大年初三连续4天，中央电视台10次直播乌镇，乌镇传统中国年成为展示千年古镇和江南民俗风韵的名片。在地方电视台中，主要是依托东方卫视，与上海电视台结盟进行高频率的宣传。宣传物料也在携程旅行网、新浪旅游频道等网站和论坛上同步播映。此外，在上海机场、地铁口和重点社区、街巷设立广告牌。同时，通过参加上海旅游节等节庆活动，加快文化旅游业主动接轨上海的步伐，在上海打响乌镇品牌。2008年，乌镇开创了与中国工商银行的联合营销，合作推出以乌镇小桥、流水为外观形象的"牡丹乌镇休闲联名卡"，并专门定制了乌镇旅游刷卡优惠活动，成为第一个将旅游形象印在银行卡的景区，收到了良好的宣传和促销效果。

第三，继续影视广告传播之路。2007年，西栅景区对外开放时，乌镇拍摄了一组以刘若英为主角的旅游品牌宣传片《生活在梦里的乌镇》。2010年，乌镇宣传片《来过便不曾离开》是2007年宣传片的延续，女主角的形象气质及较高的公众影响力使乌镇获得了极佳的宣传效果。乌镇还是很多影视剧的外景地，以及国内古镇题材专题片的拍摄地，如《天下粮仓》《美丽无声》《乾隆王朝》《一江春水向东流》等均在此取景，乌镇的知名度在进一步全国范围内提高。

在经营、管理和服务上，乌镇采用统一经营、标准化管理、精细化服务的方式。乌镇制定了严格完善的制度及明确、细致的质量和价格标准，并在运营中持续考核。对细节的追求也是乌镇"强悍"管理模式的重要组成部分，它注重景区服务的每一个细节，力求使游客拥有美好的体验。正是对服务细节的关注和对规章制度的严格执行，让乌镇的服务品质能够做到可控制、可管理，从而孕育出了乌镇极致客户体验的业内口碑，源源不断地吸引着大量国内外游人前来观光度假。

在这个阶段，乌镇通过东栅、西栅的互补联动，不断巩固传统观光市场，激活休闲度假市场。2007年，乌镇入选《中国世界文化遗产预备名单》，被授予"中国十佳古镇"称号。2008年，西栅相继接待了包括麦肯锡大型年会、中法文化遗产保护论坛、茅盾文学奖颁奖典礼、世界航空界年会在内的数十项重要大型会议，获得了各方的一致好评。2010年，乌镇跻身5A级旅游景区。同年，乌镇以"历史遗产保护和再利用"为主题，在上海世博会城市最佳实践区向来自240多个国家的近8000万名游客展示自己。受益于世博会巨大客流的拉动，这一年乌镇景区累计接待游客达575万人次，创历史新高。2012年，乌镇已成功由"东栅引导西栅"的阶段过渡到"西栅高速增长反作用于东栅"的阶段。这一年，乌镇景区客流超过600万人次，位列全国单个景点综合营收之首，交出了一张漂亮的成绩单。

（三）乌镇的文化小镇拓展期（2013年至今）

随着古镇旅游进入高速发展期，江南地区古镇间的同质化竞争现象日益凸显。无论是建筑风格、文化内涵，还是旅游项目、客源市场，都呈现出高度的相似性，这使乌镇在众多江南古镇中难以突出其独特的魅力与差异化优势。为了探索乌镇发展的新路径，乌镇进入了文化小镇的拓展阶段。围绕"文化引领、创新驱动、多元化拓展"的核心战略，乌镇以文化为魂、戏剧为媒、互联网为翼、多元化拓展为径，通过戏剧节提升文化影响力，融合会展经济与互联网产业，同时深挖乡村旅游与疗养、婚庆市场，实现了从休闲度假古镇向文化会展综合型目的地的跃迁。

第一，举办乌镇戏剧节。2013年，乌镇以戏剧为文化突破口，成功举办了乌镇戏剧节，自此走上了文化小镇的升级之路，实现了从度假小镇到文化小镇的华丽转身，也极大地提升了乌镇的文化软实力和国际影响力。从乌镇举办戏剧节开始，旅游收入和客流量逐渐超过了江南其他古镇，成为江南六大古镇之首。

第二，打造会展经济。2014年，乌镇成为世界互联网大会永久会址。借此契机，乌镇将会展经济与乌镇特色深度融合，开始全面打造"会展乌镇"，推动乌镇向国际交流会展地转型。

第三，启动乌村项目。2016年，乌镇积极探索与乡村旅游的融合，启动了乌村项目，定位高端乡村度假旅游，为游客提供面对面的"管家式"综合服务。自乌村开发以来，乌镇的营业收入由2016年的11亿元上升至2017年的13亿元。2023年，乌村荣获"乡村旅游振兴标杆项目"奖。

第四，建设互联网小镇。乌镇紧抓互联网产业发展机遇，推动景区向"国际互联网小镇"战略升级。2016年，创建国家级乌镇互联网创新发展试验区；2020年，建设"乌镇之光"超算中心；2023年，描绘建设"国际互联网小镇"蓝图，为乌镇的长远发展注入新的活力。

第五，开拓疗养、婚庆市场。乌镇逐步进军疗休养市场和高端婚宴市场，拓展景区业态。2012年，乌镇启动国际健康生态休闲产业园，被誉为中国最成功的养老度假小镇；2015年，浙江乌镇打造智慧养老综合服务平台；2020年，获浙江省首批职工疗休养基地，推出泛光夜游、SPA、瑜伽、推拿等多项活动。2019年，伊甸园铂金酒店开业，定位高端婚宴市场，打造奢华的一站式婚礼体验，正式进军婚礼服务产业，次年还举办了全球结婚产业潮流峰会；2023年，第一届春季潮婚节启幕，打造江浙沪的世纪婚礼中心。

在这个时期，乌镇将网络营销置于战略高度。国外市场通过脸书（Facebook）、照片墙（Instagram）、优兔（YouTube）等新媒体平台，国内市场通过微博、微信、抖音等新媒体平台，运用内容营销、影视营销、IP组合、明星效应等扩大"粉丝"群体，加上多样的广告投放等营销手段，全面提高了乌镇的品牌影响力和受众关注度。

首先，在新浪微博上，微文内容主要是相关活动介绍、古镇新闻分享、景区和美食照片、相关合作商家推广等。微博发布了刘若英《心的乌镇，来过，未曾离开》宣传片，单条微博4小时覆盖超过2400万人次。❶其次，在热播综艺中，植入乌镇场景及体验活动，保持景区品牌知名度和市场热度不减。2017年，乌镇宣传片《心的乌镇》发布；2019年，乌镇景区代言人刘若英的新片发布，同年6月《极限挑战5》于乌镇西栅录制节目。此外，还有《跑男》在第一季的第二期选择乌镇西栅昭明书院、日月广场作为拍摄地；《高能少年团》在乌镇青毓秀牌坊、张恒兴花灯铺来了一场趣味十足的乌镇"任务游"；在《完美的餐厅》中，众多明星化身普通餐饮创业者，在乌镇和乌村独立完成餐厅经营的各种事项。各类综艺节目带来的巨大流量，给乌镇带来了强劲的宣传力度和良好的宣传效果。第三，乌镇通过积极培育短视频、直播等新兴方式，进行精准营销。在抖音等短视频平台上，以短视频和实景直播展现乌镇的自然风光、餐饮美食、传统文化、旅行住宿等，同时伴随讲解和推介，让用户更全面、更详细地了解景区风景及游玩看点，营造一个让人静下心来的"乡愁圣地"和具有独特人文色彩的异质空间。到2023年，乌镇官方抖音账号月销售额超过了400万元，位居景区类抖音账号月销售额榜首。

在销售渠道方面，乌镇景区形成了以乌镇官网、E乌镇预订网、淘宝旗舰店自主网络销售为主，第三方网站合作为辅的营销模式。搭建电子商务平台，除原有的淘宝、在线旅游服务平台OTA外，新增京东商城、Agoda、工商银行融e购等销售平台，并开发自有的微信服务号和乌镇旅游App，开通了门票、住宿、套餐和相应消费项目的预订和支付功能。

同时，乌镇在服务质量上也下足了功夫。它注重提升旅游从业人员的专业素养和服务意识，引入智能化、人性化的服务设施，如智慧旅游系统、无

---

❶ 桐乡旅游.《似水年华》15周年 刘若英重回乌镇做形象代言人[EB/OL].（2017-07-18）[2024-11-16]. http://txnews.zjol.com.cn/.

障碍设施等，推出了全国首个"智慧景区"服务，以确保每位游客都能享受到便捷、舒适和贴心的服务。

二、乌镇旅游地屏蔽突破的案例分析

（一）乌镇的资源禀赋分析

1. 乌镇的资源品质

乌镇因其独特的江南水乡风貌和深厚的文化底蕴成为国内外游客心驰神往的旅游胜地。乌镇的最大魅力在于其完整的水乡古镇风貌，小桥流水、白墙黛瓦、石板小巷，每一处都透着江南水乡特有的温婉与静谧。特别是乌镇的水上交通工具——江南摇橹船，成为乌镇旅游的标志。除了水乡景观，乌镇的建筑风格也独具特色，以黑白两色为主色调，属于典型的徽派建筑。其次，乌镇名人众多，如昭明太子、张扬园、鲍廷博、茅盾、丰子恺、孔另境、木心等。其中，茅盾和木心则是乌镇文化底蕴的集中体现。茅盾是中国现代文学的奠基人之一，他的故居位于乌镇东栅，是一座典型的江南民居建筑，内部陈列着茅盾先生的生平事迹和文学作品，是了解中国现代文学发展的重要场所。木心先生是一位才华横溢的画家、文学家和诗人，其美术馆位于乌镇西栅，展示了他的艺术成就和生活轨迹。另外，从2013年举办戏剧节开始，乌镇每年都会邀请众多国内外知名戏剧团体和青年戏剧人前来演出。剧目种类以特邀剧目、青年竞演、古镇嘉年华、小镇对话、戏剧集市为主，涵盖了经典剧目、实验戏剧、先锋作品等多种类型。戏剧节的成功举办，不仅提升了乌镇的文化品位，也为戏剧艺术的交流与传播搭建了重要平台，为乌镇注入了活力和灵魂。综上可知，乌镇是一个以整体江南水乡风貌为特色，以文化艺术为内涵，动静相宜、古今交融的文化型旅游景区，江南摇橹船、茅盾故居、木心美术馆、乌镇戏剧节等是其中的亮点。

然而，乌镇在江南六大古镇之中，其原始的旅游资源品质在早期并不出众。20世纪80年代，周庄率先抓住国家改革开放的机遇，积极进行旅游开发，成功开启了古镇旅游的先河。紧接着，江苏、浙江的同里、甪直、西塘和南浔等古镇也纷纷投入旅游业。放眼全国，五千年的中国文明在中华大地播撒下了颗颗明珠，不乏像景德镇、朱仙镇、镇远古城、凤凰古城、大理古城、芙蓉镇和婺源古村落群等著名的古城镇、古村落，更何况还有平遥古城、丽江古城、福建土楼、开平碉楼和西递宏村皖南古村落等世界文化遗产。这些古迹无一不拥有悠久的历史文化和浓郁的地方特色，因此开发稍晚的乌镇即便拥有众多保存完好的古建筑和典型的水乡风貌，也并不具有不可替代的绝对优势。

乌镇地处我国经济最为繁荣的江浙地区，人才辈出，敢想敢拼，富于创新的精神和探索的勇气，走出了一条独特的乌镇旅游发展之路。一方面，乌镇对自有的江南文化资源进行深度保护与开发，使其文化底蕴得以彰显。另一方面，乌镇注重文化的引入与拓展，把乌镇戏剧节经营成了紧随德国柏林戏剧节、法国阿维尼翁戏剧节、英国爱丁堡艺术节等国际知名戏剧节的中国品牌，并开拓了休闲、度假、文艺、会展、疗养和婚庆等多个旅游市场，为游客创造了别样体验。

2. 乌镇的资源密度

乌镇域内十字型的水系将乌镇划分为东栅、西栅、南栅、北栅景区，目前经过旅游开发向公众开放的是东栅和西栅景区。东栅景区于2001年对外开放，景区面积约1.98平方公里，是观光型景区，以游览景点和观赏民俗表演为主，商业较为繁华；西栅于2007年对外开放，面积约4.92平方公里，是集观光、休闲、度假和商务于一体的综合水乡风情和人文体验型景区，幽雅安静，适合游客居住过夜。

东栅景区主要包括茅盾故居、高杆船、宏源泰染坊、逢源双桥、江南百床馆、染店弄、江南木雕馆、林家铺子等景点；西栅景区主要包括木心美术馆、草本染色作坊、昭明书院、水上剧场、诗田广场、益大丝号、乌锦作坊、乌将军庙、孔另境纪念馆、茅盾纪念堂、茅盾陵园、王会悟纪念馆等景点。在游览顺序上，官方推荐游客先游览东栅体会原汁原味的江南水乡风貌，再到西栅看夜景、尝美食，主打慢生活体会乌镇文化底蕴。整个景区景点分布紧凑，内部交通便利，可在1~2日完成观光游览体验。

3. 乌镇的资源结构

旅游小镇主要采用自然观光型、历史文化型、休闲度假型等以资源为主导的发展模式，近年来，随着旅游产业不断融合，旅游小镇由资源主导型向多元融合型发展。乌镇在传统江南小镇古典风貌的基础上，发展为度假乌镇、文化乌镇、会展乌镇，并不断向智慧乌镇、康养乌镇迭代升级。乌镇在旅游资源结构上形成了多元化、立体化的体系，这些资源相互支撑、相互促进，共同推动了乌镇的发展。

乌镇通过修缮和重建古建筑，恢复了原有的历史建筑群和水系，形成了独特的"整体风貌"，但它不满足于成为一个简单的观光景点，而是致力于打造一个集文化体验、休闲度假、商务会展和智慧康养于一体的综合性旅游目的地。大规模的投资建设使乌镇完善了基础设施，提升了旅游接待能力。更重要的是利用这些设施，乌镇还精心策划和举办了一系列文化活动和会展项目，如乌镇戏剧节、国际互联网大会等。2016年开启的乌村项目定位于"体验式的精品农庄"，通过打造田园风光、观光农业和丰富民宿体验活动等，完善了乌镇全域旅游的功能布局，为游客提供了非凡的乡村旅游体验。此外，乌镇还引入了婚礼、疗养等高品质项目。一些高端酒店和度假村提供专业的婚礼策划和服务，让新人在古色古香的环境中举办难忘的婚礼，为长三角地区的"大幸福产业"贡献力量。依托悠闲的自然环境和丰富的文化内涵，乌镇创建了国际健康生态休闲产业园，集健康医疗、养生养老、休闲度假于一体，为游客提供了身心放松和休养的理想场所。

乌镇通过外部资源的深度挖掘与融合创新，构建了丰富的旅游资源体系，打造了特色旅游项目和文化体验空间，提升了整体旅游格调，树立了江南水乡古镇新典范，迎合了各类游客的喜好，激发了游客多次游览的兴趣，调整了收益模式，完成了由传统观光游览向深度文化体验的升级。

（二）乌镇的旅游区位分析

1. 交通区位

（1）外部交通的通达性

乌镇隶属浙江嘉兴桐乡市，地处长江三角洲的南翼，东临上海、西接杭州、北靠苏州、南濒杭州湾。乌镇距离桐乡市区13公里，距离嘉兴、湖州分别为27公里和45公里，距离杭州、苏州均为80公里，距离上海140公里，地理位置得天独厚。

在历史长卷中，乌镇周围河流纵横交织，京杭大运河依镇而过，因水运商贸而兴，造就了曾经的经济繁盛。然而到了以公路运输为主的时代，乌镇交通状况并不好。1985年，乌镇才修了第一条通往外界的路，而且非常颠簸，人们戏称"汽车跳，乌镇到"，足以让人感受到乌镇交通条件的落后。直到1992年，乌镇才打通前往江苏的公路，是桐乡最后一个通公路的乡镇。

自20世纪90年代以来，乌镇周边交通基础设施得到了显著提升。县道姚太线贯穿乌镇镇区，是景区向外打开的第一扇大门。通过姚太线与省道盐湖公路、国道320公路、318公路及多条高速公路相接，乌镇被纳入了"沪杭苏1小时"经济圈。1998年年底至2010年年初，沪杭高速公路、沪渝高速公路、乍嘉苏高速公路、申嘉湖高速公路、沪昆高速公路相继建成通车，将乌镇与上海、杭州、苏州等大城市紧密连接在一起。特别是沪杭高速公路的开通，极大地缩短了乌镇与上海之间的车程，使上海成为乌镇旅游的重要客源地。在高速铁路方面，乌镇所在桐乡高铁站于2010年投入使用，沪昆高铁、杭州机场高铁、沪乍杭铁路、水乡旅游线均规划其中，大幅提升了乌镇对外交通的便利性。

2008年，杭州湾跨海大桥正式开通，利用杭州湾跨海大桥的便捷交通条件，从乌镇可以快速到达浙江省的其他城市。同时，乌镇与上海虹桥国际机场、杭州萧山国际机场等周边机场也建立了紧密的合作关系，开通了直达或中转的机场巴士服务，进一步增加了乌镇与周边城市的联系和互动，为游客提供了便捷的交通服务。

（2）内部交通的便游性

乌镇对内部交通进行了精心规划和优化，东栅、西栅景区之间，步行约20分钟，乘坐公交车仅需8分钟。同时，设置了多个游客服务中心和导览标识，为游客提供咨询和指引服务。

20世纪90年代末至21世纪初，乌镇开始重视内部路桥的规划与建设，逐步对古镇内的青石板路、桥梁等基础设施进行修缮和维护，以确保游客能够安全、舒适地步行游览。2000年，为了减少对古镇环境的影响，乌镇开始引入环保的交通工具。最初是人力三轮车和电瓶观光车等低碳环保的代步工具，穿梭于古镇的街巷之间，为游客提供了便捷的出行方式。随着科技的进步和环保理念的深入人心，乌镇又购置了更为先进的电动观光车，并配备GPS调度监控系统，实现车辆的智能化管理和调度。此外，乌镇还注重提升交通配套设施和服务水平。景区内设有多个停车场和换乘中心，方便游客自驾前来或换乘景区内的交通工具。同时，景区还加强了交通安全管理，以确保游客安全无忧地在景区游览。

2. 客源区位

乌镇的客源区位优势在于它坐落于长三角腹地。长三角地区人口众多、经济发达，居民的出游能力和消费水平高，为乌镇提供了广阔的客源市场。

20世纪末至21世纪初，乌镇尚属小众景点，客源市场主要局限在周边的杭州、嘉兴、湖州、苏州、无锡、常州等浙江省、江苏省的部分城市，以及邻近的安徽和上海等地。随着公路、铁路等交通网络的不断完善，乌镇交通愈发便捷，乌镇逐步将客源市场推广到全国。

在乌镇的客源市场中，一级市场，即核心市场，主要由浙江、江苏和上海等经济发达、旅游需求旺盛的地区构成，成为乌镇国内旅游市场的重要组成部分；二级市场广泛分布于广东、河南、山东及北京等远距离经济强省，这些地区的游客基数大、游客支付能力强、游客的旅游意愿强烈，是乌镇市场拓展的重点方向；三级市场则涵盖了东北、西北、西南等全国各地的人群，它们是新的增长点。此外，乌镇还对欧洲、日韩、东南亚等地的国外游客具有较强的吸引力。

3. 经济区位

乌镇所在的桐乡市作为浙江省的"工业强市"，其经济发展和产业布局展现出了巨大的创新活力。随着世界互联网大会乌镇峰会的永久落户，桐乡市敏锐地抓住了数字经济发展的机遇，成功吸引了大量高新技术企业入驻。作为全国智能汽车产业链条最完备的县级市，桐乡10年间逐步构建起"龙头＋配套"的高集聚度整车及零部件的产业生态。

嘉兴的制造业发达，在汽车制造、电子信息、高端装备制造和生物医药等领域具有明显的技术优势和市场份额，并拥有一批具有国际竞争力的企业和品牌。在2023年工业和信息化部所属研究机构发布的先进制造业百强市榜单中，嘉兴市排名全国第21位、全省第3位。同年，《财经》杂志发布的中国"民富"50强城市排行榜，嘉兴市排名在全国各大城市的第12位，浙江省的11个城市全部上榜。

而浙江省经济发展多年以来稳居全国第4位，雄厚的经济基础、工业实力和众多人才也为乌镇的产业转型升级提供了强大的支持。正是依托桐乡、嘉兴、浙江这三级经济区位的保障，乌镇才得以建成集旅游集散、公共出行于一体的"公、铁、水、空"综合服务枢纽，投入巨资开发出动人的江南画卷和时尚的生活场景，吸引到具有强大和持续消费能力的大量高端旅游客群。

（三）乌镇的游客涉入分析

20世纪末，我国旅游业的兴起让乌镇开始意识到自身独特的价值——江南古镇的风貌与韵味，并捕捉到了当时游客对于探索传统水乡文化、体验古色古香生活的需求。随着国民收入水平的提高和消费观念的变化，人们对高品质休闲度假旅游产品的需求日益增强，这为乌镇景区的业务转型与拓展带来了前所未有的机遇和挑战。乌镇充分利用独有的江南水乡资源和历史文化资源，引导客源市场需求，构建多元化、高品质的旅游产品体系，既巩固了传统的古镇观光旅游市场，又拓展了休闲度假市场、商务会议市场、乡村旅游市场、疗养市场和婚庆市场，契合了现代游客对高品质、个性化、潮流型旅游产品的追求，引领了古镇旅游的新风尚。

在建设东栅时，为了不打扰乌镇居民，没有修建酒店和夜游项目，因此，游客多以一日观光游为主，游客黏性较低。为了留住游客，吸引更高端的游客，乌镇向休闲度假小镇转变，更加注重"舒适和华丽"。2019年，乌镇的游客中有80%是散客，而各种民居特色客房、度假酒店、会议中心和商务会馆可以满足不同游客对休闲度假的需求。

乌镇的客源市场主要是年龄在18~45岁之间的中青年人群，普遍受教育程度较高，收入水平也较高。为满足年轻游客对水乡风貌、文化体验的需求，乌镇策划了一系列新颖、欢快、时尚的活动，无论是乌镇戏剧节还是世界互联网大会，都贴近现代年轻人的热点，而平日里"古镇生活体验"等沉浸式活动也赢得了广泛的青睐与好评。近期还有结合虚拟现实技术的"数字水乡"项目，让游客在虚拟世界中体验乌镇的历史变迁和文化特征。

为了进一步探究乌镇的游客涉入因素，下面基于隐喻抽取技术对访谈资料进行提炼，以获得乌镇游客由具体情境所引发的兴趣、动机、关注与投入的心理状态和行为反应。

1. 受访者选取

本书共选取了10名乌镇的游客作为受访者。受访者的性别、年龄、职业和现居地等人口基本特征，如表5-1所示。

2. 访谈构念抽取与整理

本书结合攀梯法整理了10名受访者的访谈记录，受访者依据他们提供的照片所讲述的故事及提取出的构念，见表5-2。受篇幅所限，表5-2只列出了5位受访者说故事的部分内容及其提及的构念名称。

表 5-1　受访者的人口基本特征

编号	性别	年龄/岁	职业	现居地
P1	男	25	企业职员	宁波
P2	女	22	学生	杭州
P3	女	29	企业职员	上海
P4	女	33	公务员	南京
P5	男	23	学生	开封
P6	男	41	企业高管	南昌
P7	男	26	企业职员	武汉
P8	女	37	教师	北京
P9	女	24	学生	上海
P10	男	45	私营企业主	苏州

表 5-2　说故事与构念抽取

受访者	说故事	构念抽取
P1	乌镇是一座有着悠久历史的江南古镇，分为东栅、西栅两大景区。古旧的门楣残雕，斑驳的原木装饰等，都仿佛在向来往的人们诉说那悠悠的历史，千年的过往。在典型的江南水乡，水与桥是其最主要的基调，也是最为浓墨重彩的风景。沿着河岸走到西栅尽头，再坐着摇橹船返回。来来回回、曲曲折折的青石板路，高低不一的石桥，都被悠久的时光磨得锃亮光滑。乌镇的美在于夜景之美。夜晚漫步乌镇，静谧安闲，悠远古朴。三天两晚的乌镇之行很快就结束了，在这里体验到田园生活的惬意，也有小桥流水的诗意，认识到不一样的江南水乡，玩得非常开心	乌镇、悠久、历史、江南、古镇、东栅、西栅、古旧、水乡、水、桥、风景、河岸、摇橹船、青石板路、石桥、时光、夜景、夜晚、漫步、静谧、安闲、悠远、古朴、三天两晚、体验、田园生活、惬意、小桥流水、诗意、开心
P2	东栅景区主要是以游览观光为主的景区，展示的是江南古镇生活的方方面面，切实反映江南水乡居民原本的生活常态。比起西栅浓重的商业氛围，我更喜欢东栅的宁静质朴。漫步在东栅的老街，自己仿佛又回到了那个车马慢的年代。如果你是一位文学爱好者，那么你肯定知道文学大师茅盾和木心了，而他们的纪念馆和故居就坐落在东栅的老街上。在西栅景区内可以体验到更多的人文古镇的风情，与各类文化的结合。木心先生的绘画与文学作品，国内外艺术家的艺术展作品，一年一度的乌镇戏曲节，都与乌镇这个古镇水乳交融，交相辉映。西栅夜景很美，晚上的乌镇让人沉醉其中。西栅打造的是以休闲度假、商务旅游为主的旅游模式。进入西栅，感觉比东栅更加现代和辽阔，经过重新整修和设计，承接着国际会议的召开	东栅、游览观光、江南、古镇、生活、水乡、居民、西栅、商业氛围、宁静、质朴、漫步、老街、很慢、年代、文学、茅盾、木心、纪念馆、故居、体验、人文、风情、文化、绘画、艺术展、乌镇戏曲节、夜景、晚上、沉醉、休闲度假、商务旅游、现代、辽阔、整修、设计、国际会议

续表

受访者	说故事	构念抽取
P3	在召开世界互联网大会时,参观了几个会议大堂,或气势恢宏,或大方典雅,整体现代时尚,细节之处又不失中国风,软硬件都是高配,令人惊艳。乌镇大剧院2013年建成使用,这座外部以厚重京砖及窗棂装饰的建筑充满了设计感。它傲然挺立于水上,既现代,又不失乌镇特有的人文气息。大剧院不远处是木心美术馆,它收藏着乌镇的过去与将来、传统与现代,将乌镇之美以更丰富的文化形式表达出来	世界互联网大会、大堂、气势恢宏、大方典雅、现代、时尚、中国风、软硬件、高配、惊艳、乌镇大剧院、设计感、水上、人文、气息、木心美术馆、传统、现代、丰富、文化
P4	乌镇戏剧节是一个成功的人造乌托邦。戏剧节最大的特色和核心还是围绕着青年竞演,因为乌镇戏剧节就是为青年人准备的,让所有怀揣戏剧理想的人在此相遇,为他们提供了一个自我挑战、自我突破、互相学习、大师指点、向往更高的绝佳机会。戏剧是一件美好的事情,人们在戏剧中表达真诚、善良、自由和爱。戏剧和音乐、电影、市集、美食、展览、潮玩相遇,酝酿浪漫与惊喜。剧场不要用来社交,要用心灵进行社交	乌镇戏剧节、乌托邦、青年竞演、青年人、戏剧、理想、挑战、突破、学习、机会、美好、真诚、善良、自由、爱、音乐、电影、市集、美食、展览、潮玩、浪漫、惊喜、社交、心灵
P5	提起乌镇,在脑海中掠过的往往是江南水乡。但在乌镇乌村,这一切又都有了升华。作为一个被流水环绕的亲子度假村,这里的一切在本身的宁静优雅中又增添了无数的温馨。清爽的水汽与温暖的氛围相互交融与升华,让这里的一切都变得美妙了起来。这里的一切,都充满了江南村落小巧精致的特点,让人一进入就有一种"采菊东篱下,悠然见南山"的淡雅清新之感。这里仿佛是一处遗世独立的桃花源,阡陌交错中却又处处弥漫着家长的招呼与孩童银铃般的笑声,自有一种温馨之感,沁人心脾。而且这个暑假乌村有三款不同主题的夏令营,对于生活在城市里的娃,带她进个村,做一回小村民,体验下自然有趣的乡野生活,想必会是成长中独特的回忆	乌镇、江南、水乡、乌村、升华、流水、亲子、度假村、宁静、优雅、温馨、清爽、水汽、温暖、氛围、美妙、村落、小巧精致、淡雅、清新、桃花源、阡陌交错、沁人心脾、暑假、主题、夏令营、城市、小村民、体验、自然、有趣、乡野、生活、成长、独特、回忆

对含义相似或相近的构念进行合并,如将"夜晚""夜景""夜游"合并为"夜游";将"人文""文化"合并为"文化";将"会议""展览"合并为"会展"等。经过整理,最终得到80个构念,如表5-3所示。

表 5-3　受访者提及的全部构念

编号	构念	编号	构念	编号	构念	编号	构念
1	乌镇	21	木心美术馆	41	宁静	61	温馨
2	江南古镇	22	乌托邦	42	古典	62	有趣
3	西栅	23	文艺	43	惬意	63	戏台
4	东栅	24	乡野生活	44	诗意	64	灯会
5	乌村	25	亲子	45	书院	65	剧场
6	摇橹船	26	夏令营	46	酒店	66	精彩
7	青石板路	27	村委会	47	婚礼	67	老街
8	小桥	28	一价全包	48	沉醉	68	热爱
9	流水	29	田园	49	传统	69	社交
10	文化	30	体验	50	现代	70	热闹
11	艺术	31	回忆	51	时尚	71	便利
12	茅盾故居	32	夜游	52	浪漫	72	高端
13	木心纪念馆	33	市集	53	设计感	73	干净
14	乌镇戏剧节	34	采摘	54	沁人心脾	74	童年
15	商务旅游	35	原汁原味	55	年轻	75	心灵
16	休闲	36	慢节奏	56	美好	76	演出
17	互联网大会	37	时光	57	水乡	77	愉悦
18	会展	38	度假	58	青春	78	独特
19	乌镇大剧院	39	历史	59	自然	79	惊喜
20	文学	40	漫步	60	安全	80	清新

3. 绘制共识地图

共识地图是每位受访者心智模式的集合，可以直观地显示出多数受访者对某一研究主题的共同认知、感受和看法。绘制共识地图的关键是找到起始构念、连接构念和终结构念之间的内在关联性，画出它们之间的逻辑关系。根据共识地图构建的原则，本研究筛选出 41 个共识构念。其中包括初始构念 23 个、连接构念 13 个和终结构念 5 个，并绘制乌镇游客涉入的共识地图（见图 5-2）。

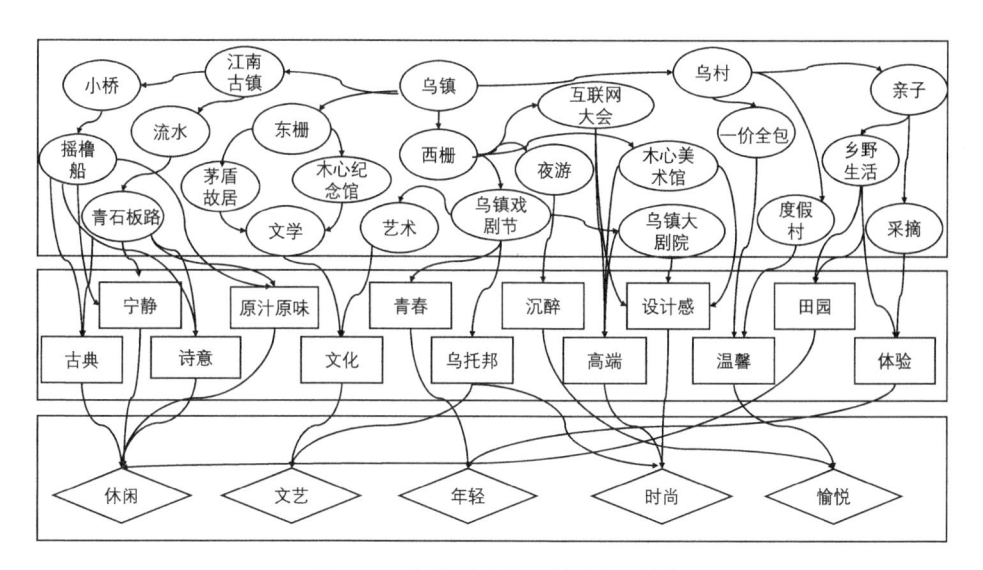

图 5-2　乌镇游客涉入的共识地图

共识地图将构念之间建立起联系，形成了一套完整的逻辑链条。例如，游客观赏"江南古镇""小桥""流水"时，感到"古典""宁静""诗意"和"原汁原味"，以及带孩子参与"乌村"的"亲子"活动，通过"采摘"感受"田园"风情，最终获得了"休闲"的体验；游客进入"东栅"，参观"茅盾故居""木心纪念馆"时，品味"文学"，欣赏"艺术"，最终获得了"文艺"的体验；游客在"西栅""夜游"时"沉醉"其中，在"乌村""度假村"感到"温馨"，最终获得了"愉悦"的体验；游客参加"乌镇戏剧节"，感悟"青春""乌托邦"，最终获得了"年轻""文艺""时尚"的体验。由此，乌镇引发的游客涉入因素可以归结为"休闲""文艺""年轻""时尚""愉悦"。

（四）乌镇的信息传播分析

乌镇在不同时期的旅游宣传口号，展现了其迷人的魅力和不断变化的旅游形象。起初，"一样的古镇，不一样的乌镇"这句话强调了乌镇与其他古镇的区别，突出了乌镇在保护历史风貌和遗产方面的独到之处。乌镇一期和二期保护工程的成功，使乌镇在保持古朴风貌的同时，也具备了现代化的旅游设施和服务，为游客提供了更好的旅游体验，乌镇也因此崭露头角。

随着古镇旅游市场的日益成熟，游客的需求也从单纯的观光转变为更加追求深度的文化体验和情感共鸣。乌镇通过修缮古建筑、复原传统的生活场景、举办文化节庆活动等方式，为游客提供了浓厚的民俗文化氛围。"来过，未曾离开"这句口号，通过富有诗意的表达，给人留下了深刻的印象、珍贵的回忆和难以割舍的情感。许多游客多次故地重游，品味乌镇的历史文化、自然风光和独特气质。

进入新时代，人们对于旅游产品的需求更加个性化和多样化。乌镇在保持传统文化基调的同时，通过引入戏剧节、现代艺术展览、创意市集、主题民宿等新型业态，积极增添充满感染力的现代元素，给游客带来了新鲜感，引领了景区的新风潮，成功打造了集休闲度假、文化会展于一体的综合型旅游目的地，塑造出"古镇新风"的旅游形象。

乌镇在信息传播方式上，巧妙地融合了传统媒体与新媒体的优势，构建了全方位、多层次的宣传矩阵。在传统媒体方面，乌镇通过电视广告、杂志、影视剧植入等手段，实现了品牌的高频次曝光与深度渗透。特别是与上海电视台的紧密合作，精准定位目标市场，并利用机场、地铁、社区等广告位，强化了专门的地域性传播。同时，通过参与国际活动及知名影视剧的取景，乌镇不仅在国内市场稳固了品牌地位，还逐步打开了国际市场的大门。而在新媒体领域，乌镇紧跟时代步伐，充分利用微博、微信、抖音等社交平台，实现了品牌形象的快速传播。微博上的活动推广与戏剧节宣传，不仅吸引了大量"粉丝"关注，还通过精准的内容营销增加了用户黏性；微信公众号则通过模块化设计，提供了便捷的信息查询与预订服务，增强了用户体验；借助抖音等平台更是形成了"短视频宣传推广+直播详解+产品销售"为一体的运营模式，促进了产品交易的转化。

为了检验乌镇旅游信息传播的有效性，即官方投射旅游形象与游客感知旅游形象的一致性，下面借助 ROST CM6.0 软件对乌镇景区官方发布的信息和游客网络游记、评论的文本内容,分别进行词频分析、语义网络分析、类目分析,并做比较。

1. 乌镇旅游投射形象分析

本书运用"八爪鱼采集器"抓取乌镇景区官方网站、官方微博、官方微信公众号的文本内容,其中包括官方网站文本197篇,官方微博文本268篇,官方微信公众号文本235篇,共计184 985字。

(1)乌镇旅游投射形象的词频分析

本书利用ROST CM6.0软件对以上的网络文本进行分词处理和词频分析,在去除无用的词汇与合并相近的词汇后,得到排名前100的乌镇旅游投射形象的高频特征词,如表5-4所示。

表 5-4 乌镇旅游投射形象的高频特征词

序号	特征词	频次	序号	特征词	频次	序号	特征词	频次	序号	特征词	频次
1	文化	395	26	年轻	57	51	安全	22	76	小镇对话	12
2	艺术	361	27	青年竞演	56	52	一价全包	22	77	悠闲	11
3	戏剧	307	28	夜游	56	53	定制	22	78	艺术展	11
4	乌村	281	29	茅盾故居	52	54	美学	21	79	疗养	11
5	西栅	258	30	蚕花	50	55	文艺	21	80	江苏	11
6	乌镇戏剧节	228	31	枕水	49	56	文创	20	81	水剧场	11
7	古镇	227	32	昭明书院	49	57	年代	20	82	狂欢	11
8	世界互联网大会	195	33	宁静	45	58	时尚	20	83	文明	11
9	文学	185	34	便捷	43	59	设施	20	84	会议	10
10	会展	184	35	酒店	41	60	诗人	19	85	民宿	10
11	江南	158	36	灯会	41	61	田园	19	86	美丽	9
12	体验	150	37	乌镇大剧院	39	62	京杭大运河	19	87	自由	9
13	建筑	132	38	木心美术馆	38	63	愉悦	18	88	传统	9
14	特色	110	39	婚礼	35	64	乌锦	17	89	木雕	8

续表

序号	特征词	频次	序号	特征词	频次	序号	特征词	频次	序号	特征词	频次
15	历史	104	40	摇橹船	34	65	乌托邦	16	90	亲子	8
16	水乡	103	41	高端	34	66	陶醉	16	91	高效	8
17	茅盾	100	42	古韵	34	67	王会悟	16	92	村委会	7
18	东栅	88	43	特展	28	68	戏台	16	93	乌将军庙	7
19	非遗	87	44	蔬菜	26	69	小桥流水	16	94	叙昌酱	7
20	雅致	75	45	古镇嘉年华	24	70	惬意	15	95	诗田广场	7
21	乡村	75	46	益大丝号	24	71	诗意	14	96	稻田泳池	7
22	木心	68	47	浪漫	24	72	青春	14	97	高速公路	7
23	水上集市	64	48	特邀剧目	23	73	梦想	13	98	小麦	6
24	互联网国际会展中心	60	49	氛围	23	74	草木本色染坊	13	99	白莲塔	6
25	浙江	59	50	孔另境	23	75	戏剧集市	12	100	月老庙	6

为了更加直观地了解官方投射的乌镇旅游形象，本书对高频词进行可视化操作，生成乌镇旅游投射形象的高频词云图，如图 5-3 所示。

图 5-3 乌镇旅游投射形象的高频词云图

（2）乌镇旅游投射形象的语义网络分析

为了深入探究乌镇旅游投射形象中各特征词之间的相互关系和关联度，本书对高频词进行语义网络分析，生成乌镇旅游投射形象的语义网络图，如图5-4所示。

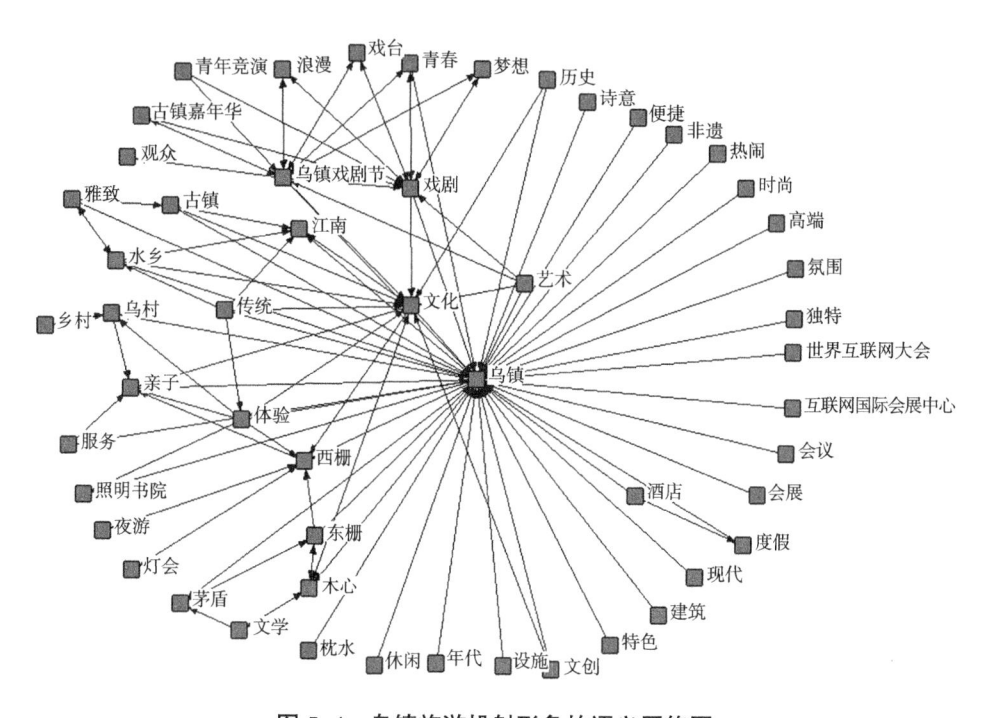

图5-4　乌镇旅游投射形象的语义网络图

2. 乌镇旅游感知形象分析

本书运用"八爪鱼采集器"抓取携程、马蜂窝、去哪儿三个网站上关于乌镇游记的文本内容，其中包括携程网文本236篇，马蜂窝网文本125篇，去哪儿网文本135篇，共计115 490字。

（1）乌镇旅游感知形象的词频分析

本书利用ROST CM6.0软件对以上的网络文本进行分词处理和词频分析，在去除无用的词汇与合并相近的词汇后，得到排名前100的乌镇旅游感知形象的高频特征词，如表5-5所示。

表 5-5　乌镇旅游感知形象的高频特征词

序号	特征词	频次	序号	特征词	频次	序号	特征词	频次	序号	特征词	频次
1	西栅	658	26	乌镇戏剧节	76	51	值得	38	76	戏台	22
2	乌村	455	27	高速公路	74	52	高端	38	77	婚礼	20
3	古镇	343	28	餐饮	67	53	惬意	38	78	古韵	19
4	东栅	297	29	表演	66	54	水上集市	36	79	会议	18
5	江南	279	30	早上	64	55	茅盾	34	80	木雕	18
6	夜游	230	31	热闹	64	56	茅盾故居	34	81	青年竞演	17
7	杭州	228	32	度假	62	57	好看	34	82	白莲塔	16
8	体验	196	33	美丽	60	58	古典	32	83	幸福	15
9	文艺	185	34	蔬菜	60	59	开心	32	84	氛围	15
10	戏剧	181	35	浪漫	58	60	麦田餐	32	85	稻田泳池	14
11	文化	176	36	浙江	57	61	木心美术馆	31	86	草木本色染坊	12
12	特色	166	37	青春	55	62	枕水	31	87	快乐	11
13	建筑	150	38	安静	53	63	展览	30	88	古镇嘉年华	11
14	苏州	150	39	夏令营	53	64	温馨	30	89	乌将军庙	11
15	历史	143	40	村委会	50	65	安全	29	90	世界互联网大会	11
16	上海	138	41	客房	46	66	水果	29	91	月老庙	10
17	艺术	130	42	田园	43	67	文学	29	92	亲子	10
18	水乡	127	43	乌镇大剧院	43	68	传统	28	93	特邀剧目	9
19	灯会	125	44	一价全包	42	69	摇橹船	27	94	林家铺子	9
20	早餐	115	45	采摘	42	70	向往	27	95	白水鱼	9
21	美食	100	46	年代	41	71	高铁	23	96	蚕花	9
22	享受	93	47	木心	40	72	悠闲	23	97	水剧场	8
23	民宿	87	48	京杭大运河	40	73	淡雅	23	98	时尚	7
24	酒店	84	49	舒适	40	74	昭明书院	23	99	戏剧集市	7
25	小桥流水	84	50	夏日	39	75	蓝印花布	23	100	乌锦	6

为了更加直观地了解游客感知的乌镇旅游形象，本书对高频词进行可视化操作，生成乌镇旅游感知形象的高频词云图，如图5-5所示。

图5-5　乌镇旅游感知形象的高频词云图

（2）乌镇旅游感知形象的语义网络分析

为了深入探究乌镇旅游感知形象中各特征词之间的相互关系和关联度，本书对高频词进行语义网络分析，生成乌镇旅游感知形象的语义网络图，如图5-6所示。

3. 乌镇旅游投射形象与感知形象的比较

对比乌镇旅游投射形象与感知形象的高频词、语义网络图，可见两者突出的词语均为"西栅""乌村""东栅""江南""古镇""水乡""乌镇戏剧节""建筑""体验""特色""文化"等，并且整体呈现出高度的相似性和一致性，基本说明乌镇旅游的宣传点和游客的关注点都是古镇观光、文化体验和休闲度假，投射形象与感知形象有较高的重合度。

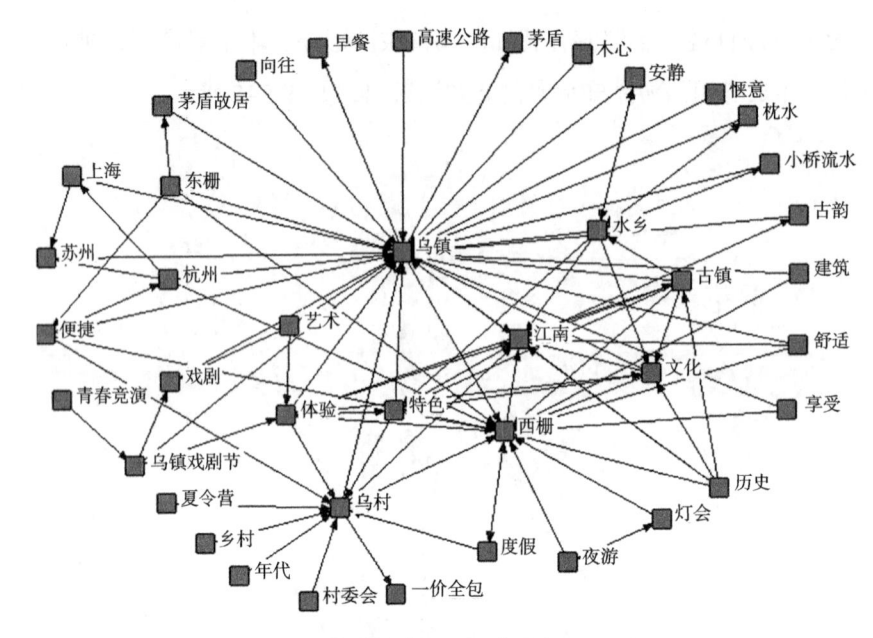

图 5-6　乌镇旅游感知形象的语义网络图

为了进一步详细比较乌镇旅游投射形象与感知形象的异同点，下面对两者进行类目的比较分析。根据乌镇旅游形象的高频特征词，结合旅游目的地形象构成要素，可以将乌镇旅游投射形象与感知形象置于自然环境、人文景观、旅游事件与活动、旅游设施与服务、旅游特征与氛围5个主类目下的13个次类目进行比较，如表5-6所示。

表 5-6　乌镇旅游投射形象与感知形象的类目比较

主类目	次类目	累计频数	频数占比/%	投射形象高频词	累计频数	频数占比/%	感知形象高频词
自然环境	山水	585	10.33	江南、水乡、枕水、小桥流水	1056	14.42	江南、水乡、枕水、小桥流水
	动植物			小麦、蔬菜			蔬菜、水果
	时节、气候与天气			无			早上、夏日

续表

主类目	次类目	累计频数	频数占比/%	投射形象高频词	累计频数	频数占比/%	感知形象高频词
人文景观	历史文化遗迹	1827	32.26	古镇、历史、文学、茅盾、木心、昭明书院、摇橹船、益大丝号、诗人、京杭大运河、王会悟、乌将军庙、月老庙、孔另境	2431	32.20	古镇、历史、文学、茅盾、木心、昭明书院、摇橹船、京杭大运河、乌将军庙、月老庙
	当代建筑场所			乌村、西栅、建筑、东栅、乡村、互联网国际会展中心、乌镇大剧院、木心美术馆、茅盾故居、灯会、夜游、草木本色染坊、诗田广场、稻田泳池、白莲塔、设施			乌村、西栅、建筑、东栅、乌镇大剧院、木心美术馆、茅盾故居、灯会、夜游、草木本色染坊、林家铺子、稻田泳池、白莲塔
旅游事件与活动	文艺节庆	1314	23.2	戏剧、乌镇戏剧节、青年竞演、古镇嘉年华、特邀剧目、戏台、戏剧集市、小镇对话、水剧场	585	7.99	戏剧、乌镇戏剧节、青年竞演、古镇嘉年华、特邀剧目、戏台、戏剧集市、水剧场、表演、夏令营
	会展			世界互联网大会、会议、会展、特展、艺术展、婚礼			世界互联网大会、会议、展览、婚礼
	非遗民俗			蚕花、乌锦、木雕、非遗			蚕花、乌锦、木雕、蓝印花布
旅游设施与服务	票务、导游等管理与服务	343	6.06	一价全包、定制、高效、村委会	1367	18.67	村委会、一价全包
	交通、安全与卫生			浙江、江苏、便捷、高速公路、安全			浙江、高速公路、安全、杭州、苏州、上海、高铁
	住宿、餐饮与购物			酒店、民宿、水上集市、叙昌酱、文创			酒店、民宿、水上集市、早餐、客房、麦田餐、白水鱼、美食、餐饮

续表

主类目	次类目	累计频数	频数占比 /%	投射形象高频词	累计频数	频数占比 /%	感知形象高频词
旅游特征与氛围	特征	1594	28.15	文化、艺术、特色、文艺、年轻、年代、田园、古韵、文明、美丽、高端、传统、疗养、青春、雅致、宁静、诗意、美学	1884	25.72	文化、艺术、特色、文艺、年代、田园、古韵、美丽、高端、传统、青春、安静、度假、古典
	氛围			悠闲、亲子、乌托邦、浪漫、梦想、愉悦、陶醉、时尚、氛围、狂欢、惬意、自由、体验			悠闲、亲子、浪漫、时尚、氛围、惬意、体验、享受、热闹、采摘、温馨、值得、好看、向往、开心、淡雅、快乐、幸福、舒适

注：频数占比 = 各类目高频词累计频数 / 高频词总频数 ×100%。

从类目分析来看，乌镇旅游的投射形象与感知形象在自然环境、人文景观和旅游特征与氛围方面，累计的频数比例大体一致。而且，在自然环境方面，两者都强调"江南""水乡""小桥流水""枕水"等；在人文景观方面，两者都有"古镇""乌村""西栅""建筑""东栅""乌镇大剧院""木心美术馆""茅盾故居""灯会""夜游""草木本色染坊""稻田泳池""白莲塔"等；在旅游特征与氛围方面，两者都有"文化""艺术""特色""文艺""田园""古韵""传统""青春"等，基本达到了官方预期。

然而，在旅游事件与活动及旅游设施与服务方面的投射形象与感知形象之间却存在明显差异，具体表现为官方在旅游事件与活动上投射的"戏剧""世界互联网大会""会展"等文艺节庆、会议展览活动及"非遗""民俗"活动形象大大高于游客的感知形象，而官方在旅游设施与服务上的投射形象，却明显低于游客对于"导游""交通""住宿""餐饮"等的感知形象。

探究其原因，首先官方宣传中所提到的"乌镇戏剧节""世界互联网大会""水剧场""非遗"等节事会展和主题活动，往往未能让游客实际体验到。

由于这些活动是安排在每年和每天的特定时间，多数游客没赶上，同时由于活动火爆且场次有限，很多有兴趣的游客也无法抢到门票。游客在日常游览中对手工艺等"非遗"项目的接触也相对有限，许多人在游记中提到"未能看到传统技艺的展示"，反映了游客与官方宣传之间的差距。

官方在旅游设施与服务上的投射形象高于游客感知形象，是因为乌镇营销的主要着眼点放在了特色建筑、文化活动等旅游资源上，对旅游基础设施与服务提供得较少，而游客的攻略或游记一般都介绍得比较全面，会从"行、游、食、宿、购、娱"等各方面进行详细描述。

三、乌镇旅游地屏蔽突破的案例总结

在乌镇焕发光彩之前，也同其他众多江南小镇一样掩映在江南烟雨之中，得不到世人的太多关注。然而，乌镇在旅游开发和推广方面的不断创新和努力，促进了乌镇旅游业的繁荣发展，实现了对周庄、西塘等先行者的超越，成为行业效仿的标杆，叫响了世界典范级的"乌镇模式"。

回顾乌镇景区的成长轨迹，剖析其旅游屏蔽的破解之道，可以总结出乌镇的关键成功因素：在观光小镇奠基期，乌镇侧重于江南水乡、传统手工艺等文化遗产的保护与恢复，显著提升了古镇的整体风貌感，为游客提供了不一样的当地生活体验；在度假小镇营造期，乌镇迎合了高端游客休闲度假、商务会议等需求，通过对历史街区大投入的改建、再利用，创造了营利性较高的夜游和住宿模式；在文化小镇拓展期，乌镇针对目前高品质、个性化、潮流型的消费特征，引入了乌镇戏剧节、国际互联网大会等文化、会展品牌产品，开发了乡村旅游、疗养旅游、婚庆旅游等多元业态；同时，在各个阶段通过影视广告植入、明星代言、宣传口号、新媒体平台等营销传播的手段，激发了游客对乌镇的好奇心，成功使乌镇的形象深入人心，并使乌镇在全国古镇中脱颖而出，声名远播。在不同时期乌镇旅游屏蔽的突破路径如图5-7所示。

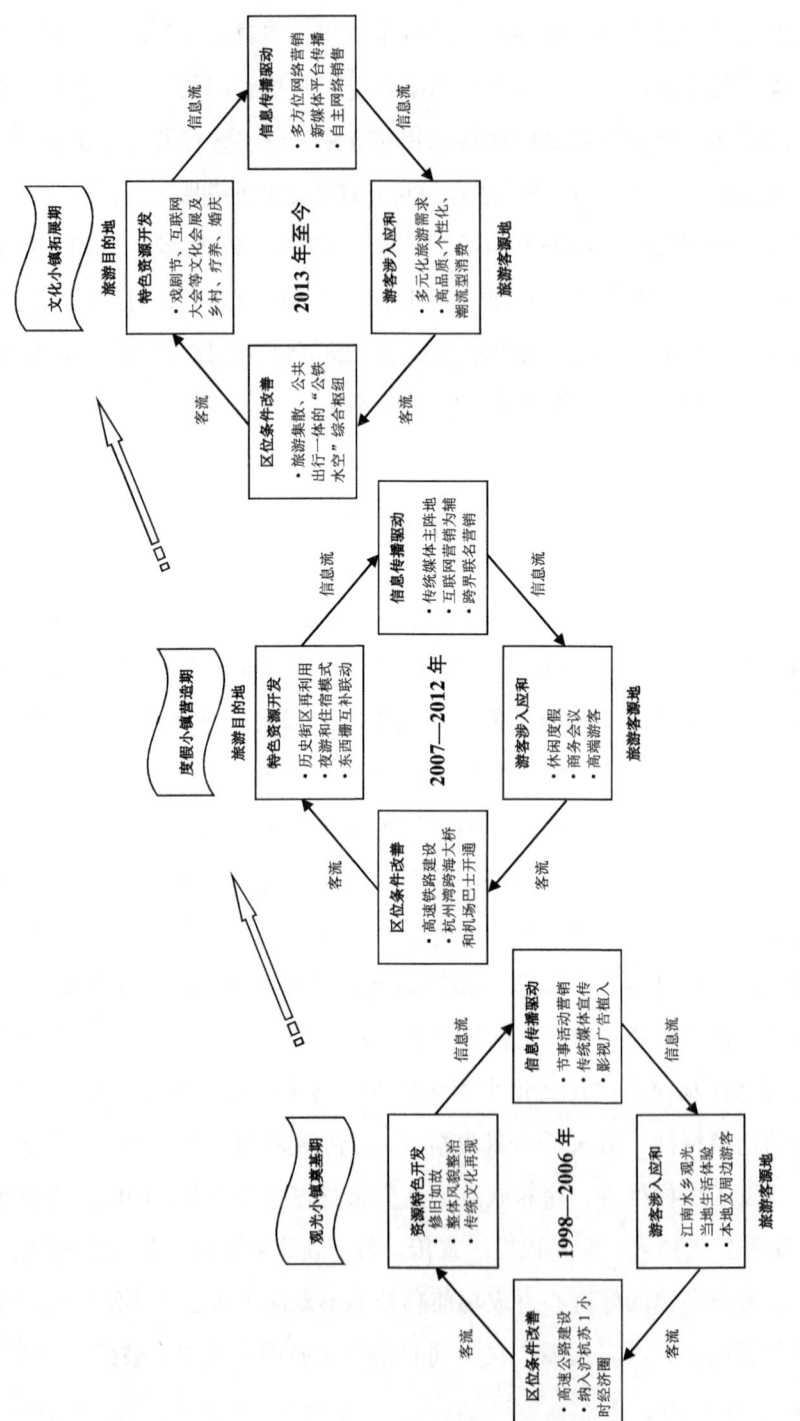

图 5-7 不同时期乌镇旅游屏蔽的突破路径

第二节　北京恭王府旅游地屏蔽突破的案例研究

一、恭王府旅游地屏蔽突破的案例描述

恭王府坐落在北京市西城区，是一座集历史、文化和艺术于一体的清代王府建筑群，为全国重点文物保护单位、国家 5A 级旅游景区、国家非物质文化遗产展示保护基地、国家一级博物馆、北京保存最为完整且唯一对社会开放的清代王府，历来有"一座恭王府，半部清朝史"等美誉。

恭王府始建于 1777 年，原为乾隆朝权臣和珅的私宅，后历经和珅获罪而死、嘉庆赐宅庆王永璘的更迭，1851 年又被咸丰赐予恭亲王奕䜣，始称恭王府。中华人民共和国成立初期，大多数人都没有注意到古建筑的保护问题，恭王府也是破败不堪。从 1982 年恭王府的腾退修缮工作正式开始至今，历经四十多年的保护修复与创新，恭王府从门可罗雀到门庭若市，再次开启新时代的繁荣与生机，走出了一条独具特色的文化事业与文化产业互动发展的道路，形成了集文化保护、研究、展示、收藏、宣传和游览于一体的综合性文化旅游模式，在国内外的知名度不断提升，受到越来越多海内外广大民众的认可和接受。

想当初，与京城众多的文化遗产相比，恭王府只是其中一个不起眼的"小"单位。北京，作为中国的首都，不仅文化底蕴深厚，各类旅游资源也十分丰富。故宫、天坛、颐和园、长城、十三陵、北海公园等名胜古迹，每一处都承载着历史的厚重与文化的辉煌，共同绘制出"古都北京，文化中国"的壮丽画卷，每天吸引着成千上万的中外游客。相较于这些景区，20 世纪末至 21 世纪初，恭王府还只是一个隐匿于北京什刹海之中的王府遗址，每年的游客数量有限。尽管它拥有清代王府建筑的典型特征，但在当时，其建筑规制与历史积淀无法与故宫、天坛、颐和园的皇家气派相提并论。从 1988 年恭王府花园开放到 2003 年文化部恭王府管理中心成立的很长一段时间里，恭王

府曾经有过两天售出一张门票、一年收入五万元的惨淡光景。即使是派人守在故宫北门向游客散发恭王府旅游传单，也无人问津。

但进入 21 世纪以来，恭王府通过科学规划与保护修缮，不仅保留了清代王府的原有风貌，更融入了现代博物馆等功能，迅速成为国内外游客了解清代历史文化的重要窗口。特别是近年来，恭王府通过各类文化展览、学术研讨会及具有王府特色的活动等，其国内国际影响力显著提升，成为京城文化旅游的一张新名片。自 2008 年全面开放以来，恭王府每年游客接待量保持在 300 万人次以上，恭王府已成为北京继故宫、长城等文化遗产地之外，又一处重要的旅游目的地。为了保障文物安全，创造优良的参观环境，恭王府实行了预约参观制度，合理控制客流量，目前每年游客接待量保持在 400 万人次左右。

回顾恭王府从默默无闻到声名鹊起的发展历程，可以划分为三个阶段，即腾退修缮开放期、文化空间构建期与研究展示传播期，如图 5-8 所示，并详述如下。

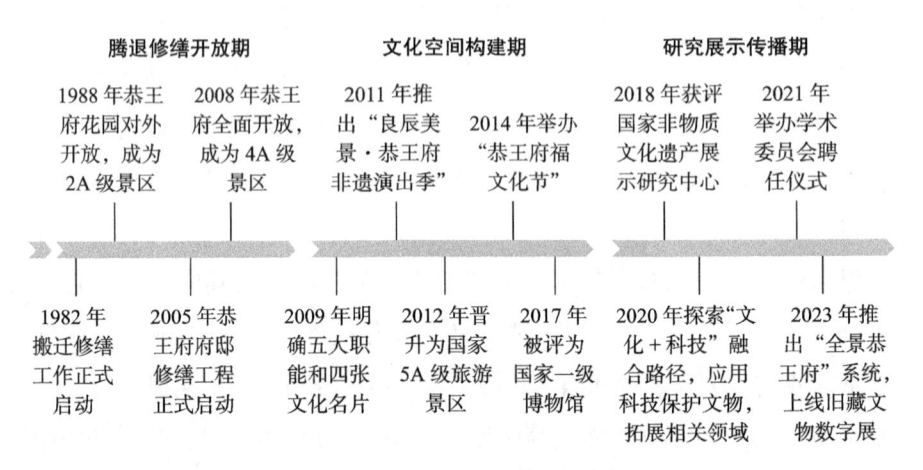

腾退修缮开放期
- 1988 年恭王府花园对外开放，成为 2A 级景区
- 2008 年恭王府全面开放，成为 4A 级景区
- 1982 年搬迁修缮工作正式启动
- 2005 年恭王府府邸修缮工程正式启动

文化空间构建期
- 2011 年推出"良辰美景·恭王府非遗演出季"
- 2014 年举办"恭王府福文化节"
- 2009 年明确五大职能和四张文化名片
- 2012 年晋升为国家 5A 级旅游景区
- 2017 年被评为国家一级博物馆

研究展示传播期
- 2018 年获评国家非物质文化遗产展示研究中心
- 2021 年举办学术委员会聘任仪式
- 2020 年探索"文化+科技"融合路径，应用科技保护文物，拓展相关领域
- 2023 年推出"全景恭王府"系统，上线旧藏文物数字展

图 5-8　恭王府景区的发展历程

（一）恭王府的腾退修缮开放期（1982—2008 年）

京城文化圈中，故宫、天坛、颐和园等名胜古迹早已屹立数百年，积淀了深厚的历史底蕴，形成了强大的市场影响力，吸引着国内外游客的目光，

成为京城旅游的热门之选。然而，新中国成立之初在北京，上有以"故宫文化"为代表的皇家文化，下有以"胡同文化"为代表的百姓文化，处于中间阶层的"王府文化"却鲜有人问津，王府旅游一直游离于世人的视野之外。此时的恭王府，犹如一座被遗忘的宝藏，等待着被发掘。

1962年，周恩来总理视察恭王府时做出了"要将恭王府保护好，将来有条件时对社会开放"的指示，并将考古人员意外在王府后花园秘云洞内发现的"福字碑"命名为"天下第一福"。后来，在谷牧、李岚清等党和国家领导人的积极推动和文化部的多方协调下，恭王府的拯救修缮工作得以持续推进。❶

1982年，恭王府被列为第二批全国重点文物保护单位，秉承"先易后难，先花园后府邸，边搬迁、边修复、边开放"的原则，开始腾退恭王府内的办公单位、占地住户，修缮工作也正式启动。1988年，恭王府花园基本完成腾退和修缮工作并率先对外开放，被确立为2A级景区，标志着其保护与利用工作的初步成果。开放仅一个月，恭王府花园便接待各界参观者4000余人次，此后游客数量持续增长，特别是在"黄金周"期间，每天都有一万多名游客慕名而来，多时更是达到了数万人次。随后，腾退工作转向府邸建筑，经过近25年的漫长历程，2006年，最后一家占用单位搬出，恭王府府邸修缮前的腾退工作才算正式完成。

在搬迁腾退工作基本完成后，恭王府迎来了府邸的修缮工作。2003年，恭王府"多福轩"的修缮工程在得到联合国教科文组织世界遗产中心的资助后，率先实施了古建修复工作。同年，着眼于保护和利用珍贵的民族文化遗产，文化部确立"历史、文化、旅游"的定位，决定建设一座以王府文化为特色的国家级博物馆。2004年，恭王府成立"府邸古建修缮办公室"，专门负责恭王府文物保护修缮工程的管理和实施，委托资金咨询公司和项目管理公司，确保修缮资金合理使用和工程高质量完成。2005年，"恭王府府邸文物保护修缮工程"正式启动，经过近3年的努力，终于在2008年奥运会前夕得以完成，实现了恭王府的全面开放。

---

❶ 28年，恭王府腾出来了 [EB/OL].（2006-11-20）[2024-12-15]. http://wglj.jiaozuo.gov.cn.

在该阶段，恭王府采取了多项营销举措，显著提升了其知名度和影响力。第一，恭王府借助电视媒体提升知名度。随着《宰相刘罗锅》和《铁齿铜牙纪晓岚》等清宫题材电视剧的热播，恭王府作为和珅府邸的历史背景深入人心，吸引了大量对历史感兴趣的游客。第二，恭王府积极开展高规格的外交和文化交流活动。它接待了新加坡总理李光耀、美国总统布什的夫人、日本首相桥本龙太郎及夫人、俄罗斯总统叶利钦的夫人等众多国内外政要名人，提高了恭王府的国际知名度，也为其带来了更多的文化交流与合作的机会。第三，恭王府注重商标保护和品牌建设。它对以"福"文化为代表的无形资产进行了商标注册，每年平均60%的经济收入来源于此，并推出了一系列游览活动和产品，如"王府游园""王府夜宴""王府戏苑"和"王府茶苑"等。第四，恭王府进行门票改革并提价。它采用光盘式的门票，既提高了文化含量和收藏价值，增加了文化产业收入，又达到了自我宣传的效果。

（二）恭王府的文化空间构建期（2009—2017年）

2008年，恭王府正式全面开放，恢复了王府的完整格局，建成了一座以王府文化为特色的国家级博物馆，成为我国唯一的清代王府文化研究中心、文献典藏中心、文物收藏中心和生活展示中心，被评为国家4A级旅游景区，标志着这座拥有二百多年历史的王府迎来了新的篇章。

为了解决文化内涵挖掘不足、无形资产利用不充分、硬件设施与展览内容匮乏，以及旅游市场环境不规范、游客体验不佳等问题，突出文化特色，活化文化遗产，拓展社会功能，构建多元化的活态文化空间，2009年恭王府从单一的旅游经营、古建修缮转向以业务建设和开放为主的全面发展，明确了五大职能，即文物保护、旅游开放、博物馆业务建设、优秀传统文化展示和文化产业发展，并主打四张文化名片，即以王府文化为核心的历史牌、以《红楼梦》与恭王府关系为核心的文化牌、以"福"文化为核心的民俗牌、以和珅传奇经历为背景的旅游牌。

在文物保护方面，恭王府投入大量资金对文物进行保护、修复。通过接受捐赠、回购、拍卖等方式，将流失在外的文物重新收集回恭王府，使这些文物得到了更好的保护和展示。

在旅游开放方面，恭王府的府邸与园林展示了清代王府的典型生活场景，使游客能够直观地感受到当时王府的生活氛围。2012年，恭王府成功晋升为国家5A级旅游景区，进一步提升了其服务质量和旅游体验。

在博物馆业务建设方面，2013年举办"恭王府府邸修缮实录展"；2014年举办"恭王府历史沿革展""神音禅韵——恭王府宗教生活展"等常设展览。2017年，恭王府被国家文物局授予国家一级博物馆称号，实现了从公园到博物馆、从旅游景区到文化空间、从经营开放到公共服务的转变。

在优秀传统文化展示方面，恭王府力求成为传统文化艺术的展示平台和传习中心。2011年，恭王府推出"良辰美景·恭王府非遗演出季"，邀请昆剧演员、古琴演奏者等进行传统艺术表演。同年，恭王府还重启了历史悠久的"海棠雅集"，弘扬传统的诗词文化。2012年，首届"京韵留香"京剧演出季在恭王府大戏楼上演。2014年，举办"恭王府福文化节"等活动。其他如"丹青记忆、守望家园——中国文化遗产美术展""锦绣中华——中国非物质文化遗产服饰秀"等，也都是展示和传播非物质文化遗产的重要平台。

在文化产业发展方面，恭王府的文创产品蕴含丰富内涵，带来了可观的经济收入。通过举办"文化旅游商品设计大赛""旅游纪念品大赛"等比赛，恭王府动员社会力量来提升旅游文创产品的开发设计水平，成功开发出千余种"福"字文化产品，如"福"元素皮制挂轴、古钱币挂件、福寿糕等。2012年，恭王府拓展"品牌授权"经营新模式，创新合作方式，积极引进合作单位，进行了恭王府酒、福文化家具和恭王府家居等项目的开发。2016年，恭王府与国漫品牌"阿狸"相互授权，推出"小王爷阿狸"这一IP，举办"和阿狸缘聚恭王府"主题展。

在营销宣传方面，在全国1000多列高铁、动车组上的"美丽中国"栏目中播放恭王府的形象宣传片。2013年，"恭王府——北京最大的四合院"形象宣传片登陆美国纽约时代广场、美国旧金山机场、英国伦敦希思罗机场、法国巴黎戴高乐机场、德国法兰克福机场联播大屏。2015年，恭王府官方旗舰店在天猫上线。最初两周内，由影视演员李晨代言的"天下第一福"福气包产品在网店销售3638件，其余36个上线销售品种中，有实际销售额的达到29个，市场认可度突破80%。恭王府还开通了官方网站、官方微博、微信服务号等自媒体平台，显著提升了其作为文化遗产地的品牌影响力和公众参与度。

（三）恭王府的研究展示传播期（2018年至今）

2018年文化和旅游部正式组建，文旅融合进入新纪元，恭王府继续深入探索文化遗产保护传承与活化利用的创新路径，打造活态文化空间，对博物馆功能进行拓展，实现博物馆的弹性扩容。

2018年，恭王府被确立为国家非物质文化遗产展示研究中心，推出国画、油画、传拓技艺、年画制作、王府建筑形制等方面的非遗探究式社会教育课程。此后，恭王府明确了其"以王府历史文化为研究展示传播核心的社区博物馆"的定位，并确立了"平安恭博、学术恭博、数字恭博、公众恭博"的建设目标。

在平安恭博方面，2019年国庆黄金周期间，恭王府试行全网售票，限制每日参观人数，以减轻古建筑压力并提升游客体验；2020年，正式实行全网售票及分时售票制度，以确保古建筑与游客安全，并联合政府医疗机构，引进急救服务，采购AED除颤仪，提升应急反应速度；2021—2023年，持续加强古建筑安全保护工作，进行全面检查和修缮，增设监控设备，加大巡逻力度，以确保游客安全。

在学术恭博方面，2019年，恭王府与多家单位签订合作协议，深化非遗保护与传承；2021年，恭王府举办学术委员会聘任仪式，聘请外部知名专家为顾问，深入开展学术研究，制定年度课题指南，面向社会组织课题申报，促进清代王府历史文化研究；2023年，恭王府与清华大学美术学院合作，共同开展研究；同年，举办首届王府历史文化学术研讨会，吸引众多专家学者参加，增强了博物馆文化形象和品牌认知度。

在数字恭博方面，2020年，恭王府探索"文化+科技"融合路径，运用科技手段进行古建筑保护，进行科学动态监测和数字化影像采集；2023年，推出"全景恭王府"系统并迭代升级，提供云端赏景体验，推进藏品数字化工作，上线"恭王府旧藏文物数字展"，实现文物"云端团聚"。

在公众传播方面，2019年，继续举办非遗展览、非遗演出季，还有各类传统文化活动，如"春分祈福""中秋寄唱"等，引领公众弘扬传统文化；2020年，举办"清俊雅正——陈吉书法艺术展"，以提升文化影响力；2021年，与北京国际设计周合作，举办文创设计大赛；2022年，宫廷金鱼特展在恭王府拉开帷幕；同年，与阅文集团合作，举办"阅见非遗"光影展；2023年，与景德镇御窑博物院、故宫博物院等机构合作，举办多场特展，同年推出"福文化馆"等沉浸式体验馆，举办"胸罗锦绣——恭王府旧藏丝绣珍品研究展"等特色展览活动，为观众提供丰富多彩的文化体验；2023年年底，"海畔老友——恭王府与什刹海的共同记忆展"也面向公众展出，这是恭王府"我的地盘你做主"社区互动策展模式的成功实践，由关注恭王府的什刹海周边居民、研究者等共同参与策划；同时，"恭王府·安善堂"传统生活美学馆也启动试运营，以"四季万福"为主题，为观众提供古今文人雅士的生活场景体验。

该阶段，恭王府在营销举措上紧跟时代潮流，充分利用新媒体和智能设备，创新文化传播方式。恭王府通过"两微一抖"等新媒体渠道，推出了"小福家族"IP形象及其系列表情包和"恭中人"系列漫画产品，并制作了"恭王府抖起来"等短视频，聚焦馆藏珍品，以新颖形式让文物"活起来"，生动有趣地展现了恭王府的历史文化，赢得了广泛好评。此外，恭王府还升级了英文网站，以国际化语言向世界传播王府文化。2020年的"良辰美景"昆曲古琴表演一改传统做法，把演出设在恭王府的室外园林中，实现了人与景互动、声与景互动，以及线上线下逾1100万观众"云互动"。2021年，官方微信公众号"粉丝"破200万，抖音"粉丝"增长81%，在网友线下打卡次数最多的博物馆排名中位居第二。

二、恭王府旅游地屏蔽突破的案例分析

（一）恭王府的资源禀赋分析

1. 恭王府的资源品质

自 20 世纪初以来，中国旅游市场的蓬勃发展让恭王府这一历史瑰宝逐渐显露出其独特的价值。恭王府的最大特色在于其完整保留了清代王府的风貌，是中国古建筑精湛技艺的典范。作为北京城内保存最完好且唯一对外开放的王府，其花园更是北京现存最完整、规模最大的清代王府园林，代表了这一时期的园林艺术巅峰。恭王府的建筑风格巧妙地融合了江南园林的灵秀与北方建筑的庄重，既展现了中国古典园林布局的精妙与造型的曲线美，又融入了西洋洛可可风格的繁华与富丽。府邸部分布局严谨，采用三路轴线、五进院落的设计，配以绿琉璃瓦屋顶，彰显了亲王府邸的尊贵规制。花园则布局精巧、四面环山，以太湖石为主峰，构成了一幅静谧而典雅的画卷。

其中，大戏楼、西洋门和福字碑被誉为恭王府"三绝"，成为恭王府旅游的标志性景观。大戏楼是中国现存最大的全封闭式清代戏楼，可容纳两百多人观戏，内部装饰精美，音响效果极佳。西洋门是一座具有西洋建筑风格的汉白玉石拱门，其形制仿自圆明园大法海殿的门，造型典雅精巧。福字碑位于滴翠岩下的秘云洞中，为康熙皇帝御笔所书，寓意"多子、多才、多田、多寿、多福"。

此外，锡晋斋作为恭王府中独具韵味的建筑，原为和珅的居所，其内饰以双层金丝楠木仙楼为主，这种木材千年不朽，工艺精湛，奢华程度与故宫的宁寿宫相比也毫不逊色，充分展示了恭王府建筑艺术的精湛与奢华。

恭王府文化底蕴深厚，它是研究清代历史、政治、文化和社会等方面的重要实物资料，对于了解清朝的社会制度、贵族生活、建筑艺术等具有不可替代的价值。恭王府的文化活动也丰富多彩，举办了一系列常设展览和临时展览，包括清代王府文化展、恭王府历史沿革展、恭王府与红楼梦专题展等，

展示了王府的历史文化和艺术魅力。此外，恭王府还收藏了大量的文物和艺术品，主要有明清家具、溥心畬书画、近年回流的王府旧藏及一些现当代艺术品和非遗作品。

2. 恭王府的资源密度

恭王府规模宏大，是清代规模最大的一座王府，分为府邸和花园两部分，南北长约330米，东西宽180米左右，占地面积6万多平方米。府内拥有各式建筑群落30多处，房屋众多，布局讲究，尽显王府的威严与气派。

恭王府以其精美的古建筑群为核心吸引点，包括银安殿、多福轩、嘉乐堂、葆光室、锡晋斋、乐道堂、后罩楼、大戏楼、秘云洞及花园等众多景点。恭王府花园又名萃锦园，占地面积2.8万平方米，内有50处景观，包括西洋门、蝠池、独乐峰、大戏楼、滴翠岩、邀月台、蝠厅等。此外，这些景点布局紧凑，错落有致，游客漫步其间时，能感受到"移步换景"的绝妙韵味。

3. 恭王府的资源结构

恭王府不满足于只是一个观光景区，而是要建成一个集文化保护传承、学术研究、展览展示、文物收藏和教育旅游于一体的综合性公共文化机构。

一方面，恭王府深度挖掘和整理自有文化资源，通过修缮保护、学术研究、展览展示等方式，深入挖掘历史文化内涵，打造"王府文化""福文化""和珅文化""红学文化"等文化品牌。在"王府文化"方面，恭王府通过复原性陈列、主题展览等，向游客全面展示了清代王府的历史文化。在"福文化"方面，除了康熙御笔的"福字碑"及处处藏福的建筑布局，还通过文创产品、福文化节等方式，将福文化发扬光大。在"和珅文化"方面，和珅的传奇人生和民间故事吸引了大量游客前来探寻。在"红学文化"方面，恭王府因被考证为《红楼梦》中大观园的原型而备受关注，成为红学研究的重要据点，举办了一系列相关学术活动，并复原了《红楼梦》中的场景。

另一方面，恭王府积极整合外部资源，举办文化展览，开发文创产品，承担起博物馆文化传承与创新的使命。自2008年以来，恭王府已成功举办众多文物展、艺术展、交流展、专题展、多媒体艺术展等。除独立策划主办外，恭王府还积极与外单位联合举办大规模、有代表性的专题艺术展，还包括小型个展和联展。比如，分别与景德镇御窑博物院、故宫博物院合作举办了"四时花开——景德镇御窑遗址出土明代瓷器恭王府博物馆特展"和"喜溢华庭——清代宫中少年生活文物展"。在个展和联展的选择上，坚持与具有扎实传统艺术理论功底和实践经验的学院派艺术家合作，推介有实力的中青年艺术家。在文创产品开发上，恭王府与多方合作，开发生活用品、互动短剧、数字产品等。例如，恭王府与国漫品牌"阿狸"的跨界合作，推出了联名文创产品，深受游客喜爱。

（二）恭王府的旅游区位分析

1. 交通区位

恭王府坐落于北京市西城区，与北京各大核心区域紧密相邻，地理位置得天独厚。它距离天安门广场5.4公里，距离故宫3.5公里，距离北海公园及南锣鼓巷3.1公里，具有绝好的与著名景区的邻近优势。受益于北京整体的旅游热度，恭王府成为众多游客到北京必去的景点之一。在旅游旺季，恭王府常常游客爆满，这为其带来了丰厚的门票收入及相关的游客消费收入。

改革开放以来，恭王府周边的交通基础设施经历了全面的改造。平安大街、地安门西大街等多条城市主干道贯穿其中。这些主干道与北京二环、三环乃至多条高速公路紧密相连，使恭王府区域轻松接入北京乃至全国的快速交通网络。特别是地铁线路的规划与建设，如北京地铁6号线、8号线等，不仅极大地缓解了地面交通压力，更为游客及居民提供了便捷高效的出行方式。

进入21世纪，北京高速铁路网的不断完善为恭王府的交通带来了极大的便利。北京站、北京西站、北京南站及北京北站四大火车站环绕其周围，京沪高铁、京广高铁等多条高速铁路线路在此交会。此外，北京大兴国际机场的建成，与首都国际机场共同形成了"双枢纽"格局，为国际游客到访恭王府提供了更为方便的空中通道。

2. 客源区位

恭王府的客源区位优势显著，它坐落于全国政治、文化中心——首都北京，这里人口众多，经济实力雄厚，居民的出游意愿与消费水平高，为恭王府提供了稳定且高质量的客源基础。

恭王府的客源地域分布广泛，在国内各地的游客中，京津冀地区、长三角地区、珠三角地区等经济发达、人口密集区域的游客占比较大。这些地区的人们收入水平较高，旅游需求旺盛，且交通便利，更容易前往北京游览恭王府。

恭王府作为北京的重要历史文化景点，对国际游客也具有很大的吸引力。来自欧美、日韩、东南亚等国家和地区的游客，出于对中国历史文化的浓厚兴趣，纷纷前来参观，感受中国传统文化的魅力。

3. 经济区位

北京具有强大的经济吸引力和辐射力，发达的经济使城市的旅游基础设施和配套服务不断完善，间接提升了恭王府的整体旅游体验。恭王府周边也形成了较为成熟的商圈：商业街、购物中心、特色小店、餐饮、住宿等，为游客提供了丰富的选择，延长了游客的停留时间，进一步促进了旅游经济的繁荣。

北京作为千年古都与时代新风的交汇之地，不仅积淀了深厚的历史文化遗产，更在新时期展现出蓬勃的文化创新活力，为恭王府举办各类文化活动提供了广阔的舞台。无论是展览、讲座还是演出，都能吸引众多文化爱好者与学者的参与。同时，北京丰富的文化资源也为恭王府提供了源源不断的创新灵感与动力。恭王府积极利用自身的优势资源，与周边文化景区、博物馆等展开深度合作，共同推动文化旅游产业的创新发展。

（三）恭王府的游客涉入分析

随着国民生活水平的提高，人们对富含文化底蕴、高品质旅游体验的需求日益增强，这为恭王府的转型升级提供了前所未有的机遇与挑战。从昔日王府花园到府邸，再到今日的博物馆、展览空间、非遗传承地，乃至恭王府的数字化蜕变，恭王府不断捕捉并引领着游客对于探索王府文化、体验传统与现代交融的需求。

如今，恭王府依靠丰富的展览和文化活动吸引了大量游客，这些游客普遍受过良好教育，拥有较好的收入水平，对文化旅游有着较高的兴趣和需求，更加注重参与度和体验感。例如，为了满足游客对王府文化、福文化等的深度需求，恭王府不仅策划了一系列新颖、富有创意的活动，如海棠雅集、恭王府福文化节、非遗演出季等，还设计了一系列带有福元素的文创产品，推出了应用虚拟现实技术的"数字恭王府"项目，来贴近现代年轻人的审美和兴趣点，让游客能够真切感受王府的历史变迁和文化魅力，赢得了游客广泛的青睐与好评。

恭王府充分利用其特有的王府文化资源，精准引导客源市场需求，逐步构建起集文化观光、非遗体验、高端展览、数字互动等多元化、高品质的旅游产品体系，不仅巩固了传统的旅游观光市场，还成功拓展了休闲体验市场、研学旅行市场、文化交流市场及数字旅游市场，满足了现代游客对高端化、个性化、潮流化文旅产品的渴望，迎合了文化遗产活化的新风尚。

为了进一步探究恭王府的游客涉入因素，下面基于隐喻抽取技术对访谈资料进行提炼，以获得恭王府游客由具体情境所引发的兴趣、动机、关注与投入的心理状态和行为反应。

1. 受访者选取

本课题共选取了 10 名恭王府的游客作为受访者。受访者的性别、年龄、职业和现居地等人口基本特征，如表 5-7 所示。

表 5-7 受访者的人口基本特征

编号	性别	年龄/岁	职业	现居地
P1	男	24	企业职员	北京
P2	女	22	学生	天津
P3	女	28	学生	上海
P4	女	34	公务员	广东
P5	男	25	企业职员	北京
P6	男	40	企业高管	山西
P7	男	28	企业职员	北京
P8	女	35	私营企业主	北京
P9	女	26	学生	江苏
P10	男	47	教师	河北

2. 访谈构念抽取与整理

本书结合攀梯法整理了 10 名受访者的访谈记录，受访者依据他们提供的照片讲述故事以及提取出构念（表 5-8）。受篇幅所限，只列出 5 位受访者说故事的部分内容及其提及的构念名称。

表 5-8 说故事与构念抽取

受访者	说故事	构念抽取
P1	恭王府，那可是清朝最大的王府，住过和珅、庆王永璘，还有恭亲王奕訢这些大人物，所以说"一座恭王府，半部清代史"。这座府邸建得那叫一个气派，花园也是美轮美奂，中西合璧的风格，看着就让人赞叹。这个地方不只是房子漂亮，更重要的是它背后的故事和文化。像那个福字碑，康熙皇帝亲手写的，摸一摸都能沾点儿福气。还有大戏楼，以前和珅在这里看戏，多讲究啊！而且，恭王府跟《红楼梦》还有关系，说是大观园的原型就在这。历代主人的故事，那更是说不完，每个都很传奇。来这里，你就像是穿越回了清朝，感受了一下那个时代的风华。康熙的字、溥心畲的画，还有那些诗词歌赋，都让这座王府充满了文化底蕴，绝对值得一去	恭王府、清朝、王府、和珅、庆王永璘、恭亲王奕訢、府邸、气派、花园、美轮美奂、中西合璧、赞叹、漂亮、故事、文化、福字碑、康熙皇帝、福气、大戏楼、讲究、红楼梦、大观园、历代主人、传奇、穿越、感受、风华、溥心畲、画、诗词歌赋、底蕴、值得

续表

受访者	说故事	构念抽取
P2	恭王府，可真是个宝藏地方！里面的建筑，一个个都透着历史的味道。大戏楼是全封闭式的，以前和珅在这看戏，那声音效果，绝了！还有那个天下第一福，康熙皇帝亲笔写的，排队摸福字的人，那叫一个多。多福轩、西洋门、后罩楼，这些名字听着就让人好奇。后罩楼有108间房，窗户都不一样，说是藏宝用的。锡晋斋是金丝楠木造的，很豪华。银安殿是王爷们办大事的地方，气派！蝠厅、葆光室、嘉乐堂，每个房间都有它的故事。滴翠岩，假山流水，看着就让人心静。这些建筑不仅是砖瓦堆起来的，它们还承载着历史，讲述过去的故事。来恭王府就像是走进了一本活的历史书，每一处都值得你细细品味	恭王府、宝藏、建筑、历史、大戏楼、和珅、天下第一福、康熙皇帝、福字、多福轩、西洋门、后罩楼、好奇、窗户、锡晋斋、金丝楠木、豪华、银安殿、气派、蝠厅、葆光室、嘉乐堂、故事、滴翠岩、假山、流水、心静、品味
P3	恭王府不仅是个看古建筑的地方，它还是一座文化民俗的大宝库。像那个海棠雅集，每年海棠花开的时候可美了，文人墨客都爱来这儿吟诗作画。还有非遗演出季，各种传统技艺在这儿亮相，年画、戏曲、古琴、戏剧，应有尽有，看得人眼花缭乱。特别是纳福文化节更是热闹，大家都来沾福气，摸一摸那个"天下第一福"，希望新的一年好运连连。恭王府还经常办些课堂活动，请专家来讲讲历史、文化，让孩子们也能学到不少知识。来恭王府不仅能看到漂亮的建筑，还能感受到浓浓的文化氛围，体验到传统文化的魅力。这地方真的是越品越有味儿	恭王府、古建筑、文化、民俗、宝库、海棠雅集、海棠花、美、文人墨客、吟诗作画、非遗、演出、传统、技艺、年画、戏曲、古琴、戏剧、应有尽有、眼花缭乱、福文化节、热闹、福气、天下第一福、好运连连、课堂活动、专家、历史、文化、知识、漂亮、氛围、体验、魅力、有味
P4	恭王府的展览可多了去了，文物也很丰富。一进展厅，你就能感受到那股子清代王府的文化气息，奢华又不失古典美。廉洁文化教育主题展，讲的都是古代清官的故事。还有那些研究展、特展，展品都是精挑细选的，有的还是头一次公开亮相。你看清代王府文化展，把王府的点点滴滴都展示出来了，就像是穿越回了那个时代。艺术展、联展也经常举办，各种艺术形式都在这里交汇，看得人眼花缭乱。来恭王府不仅能看到漂亮的建筑，还能通过展览了解到丰富的历史文化，一举两得	恭王府、展览、文物、丰富、展厅、感受、清代、王府、文化、气息、奢华、古典、廉洁、教育、主题展、古代、清官、暖暖、研究展、特展、展品、精挑细选、穿越、艺术展、联展、艺术、眼花缭乱、漂亮、建筑、历史
P5	去恭王府讲解服务可重要了，好的导游他们的讲解详细又生动，服务态度也好，耐心、幽默、热情，让你在游览的过程中不仅不累，反而觉得特别开心、愉快。门票预约也很方便，地铁、公交都能到的也有停车场。逛累了，园子里还有文创产品和特色小吃，可以边吃边逛，真是享受。听导游讲恭王府的历史故事，感觉学到了很多。而且氛围特别好，能让你真正融入那个历史环境中去。总之，去恭王府找导游讲解绝对值得，保证让你不虚此行	恭王府、讲解、服务、导游、详细、生动、耐心、幽默、热情、游览、开心、愉快、门票、预约、方便、地铁、公交、自驾、停车场、文创产品、特色小吃、享受、历史、故事、氛围、融入、值得、不虚此行

对含义相似或相近的构念进行合并，如将"美轮美奂""漂亮""美"合并为"漂亮"；将"福字碑""天下第一福"合并为"福字碑"；将"气派""讲究""豪华""奢华"合并为"气派"等。经过整理，最终得到80个构念，如表5-9所示。

表 5-9　受访者提及的全部构念

编号	构念	编号	构念	编号	构念	编号	构念
1	恭王府	21	康熙	41	后罩楼	61	愉悦
2	和珅	22	福气	42	活动	62	满意
3	庆亲王	23	文物	43	精致	63	表演
4	恭亲王	24	教育	44	金丝楠木	64	技艺
5	花园	25	红楼梦	45	特色	65	门票
6	流水	26	大观园	46	银安殿	66	预约
7	气派	27	展览	47	蝠厅	67	方便
8	品味	28	传奇	48	悠久	68	艺术
9	中西合璧	29	清朝	49	好奇	69	趣味
10	赞叹	30	时代	50	滴翠岩	70	震撼
11	漂亮	31	风华	51	知识	71	受益
12	故事	32	福文化	52	乾隆	72	精彩
13	文化	33	魅力	53	民俗	73	氛围
14	福字	34	丰富	54	海棠	74	穿越
15	多福轩	35	诗词歌赋	55	文创	75	讲解
16	西洋门	36	底蕴	56	非遗	76	服务
17	建筑	37	值得	57	传统	77	导游
18	历史	38	宝藏	58	年画	78	详细
19	大戏楼	39	好运	59	戏曲	79	生动
20	体验	40	热闹	60	古琴	80	耐心

3. 绘制共识地图

共识地图是每位受访者心智模式的集合，可以直观地显示出多数受访者对某一研究主题的共同认知、感受和看法。绘制共识地图的关键是找到起始构念、连接构念和终结构念之间的内在关联性，画出它们的逻辑关系。根据共识地图构建的原则，本书筛选出41个共识构念，其中初始构念25个、连接构念11个和终结构念5个，并绘制恭王府游客涉入的共识地图（图5-9）。

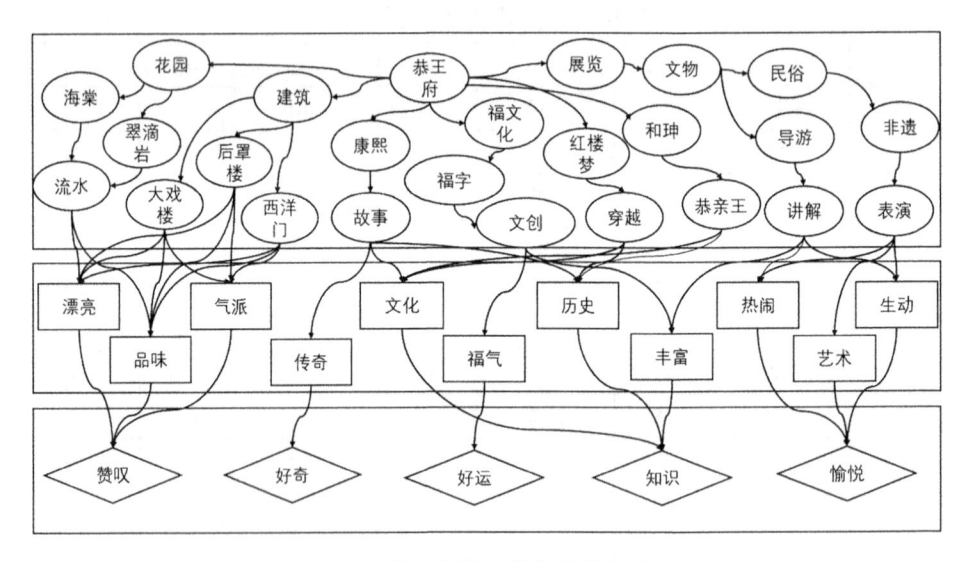

图 5-9 恭王府游客涉入的共识地图

共识地图在构念之间建立起联系，形成了一套完整的逻辑链条。例如，游客观赏"花园""海棠""滴翠岩""大戏楼""后罩楼""西洋门"时，感到"漂亮""气派"，有"品位"，不由得发出"赞叹"；游客听说了"康熙"写"福字"的"故事"，沉浸在"福文化"之中，选购"文创"产品，感受"传奇"色彩，期待"福气"临门，满足了"好奇""好运"的需求；游客漫步于《红楼梦》的原型景物里，仿佛"穿越"，并深入了解"和珅""恭亲王"等大人物，感受"历史""文化"的氛围，收获了"知识"；游客参观"展览""文物"，聆听"导游"的"讲解"，体验"民俗""非遗"，感到"丰富""热闹""生动"，产生了"知识"和"愉悦"的体验。由此，恭王府引发的游客涉入因素可以归结为"赞叹""好奇""好运""知识""愉悦"。

(四) 恭王府的信息传播分析

恭王府在不同历史时期的营销举措，始终围绕其独特的历史文化背景与深厚的文化底蕴展开，成功塑造了具有鲜明特色和高认可度的品牌形象。

在品牌传播初期，恭王府借势营销，通过热播电视剧，吸引了大量游客，使其在国内旅游市场中崭露头角。同时，恭王府积极开展对外文化交流活动，接待国内外政要名人，进一步增加了其曝光度。此外，恭王府还挖掘"福文化"要素，推出了一系列产品和活动，形成了独特的"福文化"品牌，并持续加强品牌建设和知识产权保护。

后来，恭王府在保持王府文化基调的基础上，紧跟新时代发展趋势，主动与市场接轨，全面利用传统媒体和新媒体，在国内外户外媒体上播放恭王府形象宣传片，开辟"两微一抖"等自媒体渠道，实现了品牌形象的快速传播和与游客的紧密互动。另外，通过线上直播、"全景恭王府"系统等，积极推进数字化传播方式，为游客提供了更加便捷、智能、逼真的旅游形象感官体验。

为了检验恭王府旅游信息传播的有效性，即官方投射旅游形象与游客感知旅游形象的一致性，下面借助 ROST CM6.0 软件对恭王府景区官方发布的信息和游客网络游记、评论的文本内容分别进行词频分析、语义网络分析、类目分析并做比较。

1. 恭王府旅游投射形象分析

本研究运用"八爪鱼采集器"抓取恭王府景区官方网站、官方微博、官方微信公众号的文本内容，其中包括官方网站文本 200 篇，官方微博文本 100 篇，官方微信公众号文本 150 篇，共计 137 815 字。

（1）恭王府旅游投射形象的词频分析

本研究利用 ROST CM6.0 软件对以上的网络文本进行分词处理和词频分析，去除无用的词汇与合并相近的词汇后，得到排名前 100 的恭王府旅游投射形象的高频特征词，如表 5-10 所示。

表 5-10 恭王府旅游投射形象的高频特征词

序号	特征词	频次	序号	特征词	频次	序号	特征词	频次	序号	特征词	频次
1	文化	443	26	文创	51	51	展厅	29	76	精致	12
2	展览	365	27	讲解	50	52	遗址	28	77	特展	11
3	博物馆	326	28	导游	50	53	活力	23	78	饮食	11
4	历史	267	29	趣味	50	54	乾隆	22	79	氛围	11
5	非遗	244	30	表演	50	55	漂亮	21	80	拓片	10
6	府邸	213	31	福文化	50	56	详细	20	81	锡晋斋	10
7	研究	199	32	年画	46	57	服务	20	82	银安殿	10
8	建筑	180	33	数字化	45	58	奢华	20	83	葆光室	10
9	讲座	179	34	恭亲王	44	59	福气	19	84	地铁	10
10	文物	159	35	康熙	43	60	精彩	18	85	公交	10
11	技艺	154	36	溥心畲	42	61	流水	18	86	自驾	10
12	艺术	147	37	大戏楼	40	62	福字碑	18	87	魅力	10
13	体验	100	38	藏品	40	63	戏曲	18	88	方便	10
14	花园	100	39	故事	40	64	古琴	17	89	淡季	10
15	教育	99	40	收获	40	65	多福轩	17	90	震撼	10
16	传统	88	41	红楼梦	36	66	皇家气息	16	91	嘉乐堂	10
17	和珅	87	42	学术	35	67	古典	16	92	联展	10
18	遗产	82	43	知识	34	68	底蕴	15	93	悠久	8
19	丰富	71	44	诗词	31	69	旺季	15	94	滴翠岩	8
20	民俗	64	45	年代	30	70	热情	14	95	秘云洞	8
21	什刹海	61	46	传奇	30	71	传承	14	96	藤萝	8
22	热爱	60	47	受益	30	72	西洋门	13	97	海棠	7
23	海棠雅集	60	48	假山	30	73	后罩楼	13	98	文艺	7
24	特色	55	49	活动	30	74	周汝昌纪念馆	12	99	和谐	6
25	清代	53	50	研学	29	75	庆亲王	12	100	蝠厅	6

为了更加直观地了解官方投射的恭王府旅游形象，本书对高频词进行可视化操作，生成恭王府旅游投射形象的高频词云图，如图 5-10 所示。

图 5-10　恭王府旅游投射形象的高频词云图

（2）恭王府旅游投射形象的语义网络分析

为了深入探究恭王府旅游投射形象中各特征词之间的相互关系和关联度，本书对高频词进行语义网络分析，生成恭王府旅游投射形象的语义网络图，如图 5-11 所示。

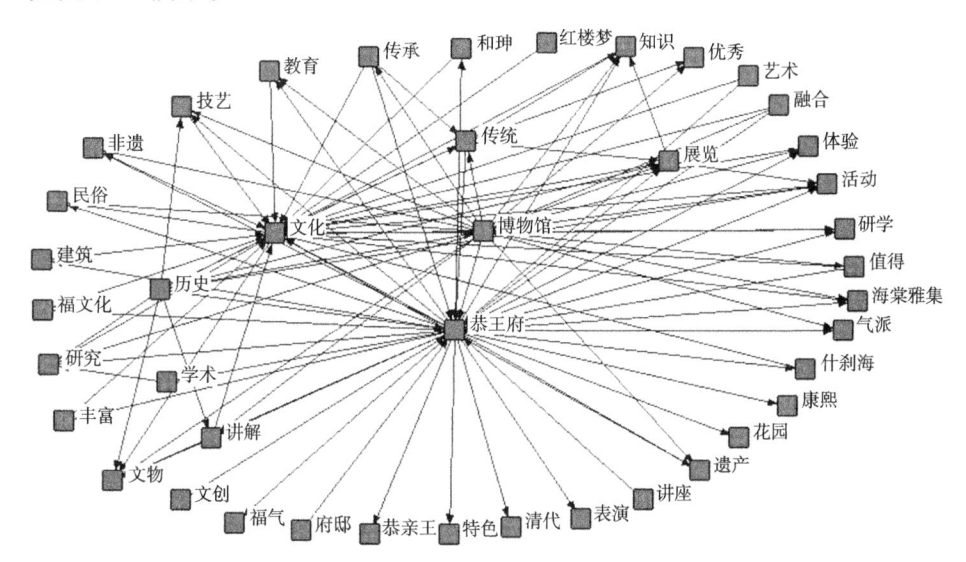

图 5-11　恭王府旅游投射形象的语义网络图

2. 恭王府旅游感知形象分析

本书运用"八爪鱼采集器"抓取携程、马蜂窝、去哪儿三个网站上关于恭王府游记的文本内容，其中包括携程网文本 150 篇，马蜂窝网文本 100 篇，去哪儿网文本 110 篇，共计 138 499 字。

（1）恭王府旅游感知形象的词频分析

本书利用 ROST CM6.0 软件对以上的网络文本进行分词处理和词频分析，去除无用的词汇与合并相近的词汇后，得到排名前 100 的恭王府旅游感知形象的高频特征词，如表 5-11 所示。

表 5-11　恭王府旅游感知形象的高频特征词

序号	特征词	频次	序号	特征词	频次	序号	特征词	频次	序号	特征词	频次
1	讲解	1078	26	传统	80	51	康熙	42	76	氛围	21
2	导游	802	27	恭亲王	80	52	特色	41	77	公交	21
3	历史	504	28	丰富	80	53	清晰	41	78	穿越	20
4	府邸	383	29	悠久	75	54	传奇	40	79	后罩楼	20
5	和珅	379	30	人山人海	75	55	态度	38	80	流水	20
6	博物馆	354	31	满意	74	56	奢华	37	81	底蕴	19
7	值得	320	32	福文化	73	57	宝藏	34	82	银安殿	18
8	体验	300	33	好奇	72	58	欣赏	33	83	庆亲王	17
9	服务	266	34	精彩	71	59	假山	32	84	多福轩	16
10	方便	232	35	什刹海	66	60	文创	32	85	淡季	16
11	建筑	221	36	展览	65	61	滴翠岩	30	86	冬天	16
12	花园	175	37	清朝	61	62	三绝	29	87	傅心畬	15
13	知识	170	38	品味	61	63	西洋门	28	88	亭台楼阁	15
14	详细	164	39	福气	60	64	魅力	27	89	大气	15
15	生动	136	40	精致	60	65	暑假	27	90	嘉乐堂	14
16	耐心	126	41	门票	58	66	地铁	27	91	周汝昌纪念馆	14
17	文化	124	42	享受	57	67	锡晋斋	26	92	展厅	14
18	艺术	112	43	胡同	56	68	趣味	26	93	受益	14
19	幽默	107	44	福字碑	54	69	咸丰	26	94	葆光室	13

续表

序号	特征词	频次	序号	特征词	频次	序号	特征词	频次	序号	特征词	频次
20	交通	101	45	轻松	54	70	震撼	25	95	乐道堂	13
21	热情	95	46	周到	53	71	壮观	24	96	饮食	12
22	藏品	95	47	愉悦	50	72	预约	24	97	夏天	12
23	认真	83	48	宏伟	50	73	酒店	24	98	旺季	11
24	教育	83	49	大戏楼	46	74	活动	24	99	红楼梦	10
25	好运	80	50	乾隆	44	75	福地	23	100	非遗	10

为了更加直观地了解游客感知的恭王府旅游形象，本书对高频词进行可视化操作，生成恭王府旅游感知形象的高频词云图，如图 5-12 所示。

图 5-12 恭王府旅游感知形象的高频词云图

（2）恭王府旅游感知形象的语义网络分析

为了深入探究恭王府旅游感知形象中各特征词之间的相互关系和关联度，本书对高频词进行语义网络分析，生成恭王府旅游感知形象的语义网络图，如图 5-13 所示。

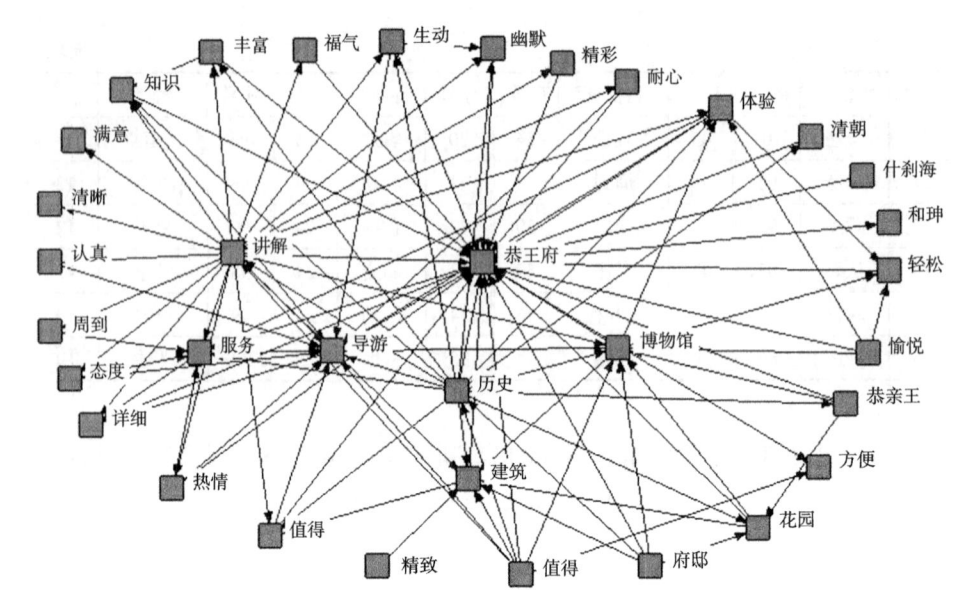

图 5-13　恭王府旅游感知形象的语义网络图

3. 恭王府旅游投射形象与感知形象的比较

对比恭王府旅游投射形象与感知形象的高频词、语义网络图，可见两者突出的词语均为"文化""历史""博物馆""和珅""府邸""建筑""花园""艺术""教育""知识""传统""丰富""福文化"等，并且整体也呈现出高度的相似性和一致性，基本说明恭王府旅游的宣传点和游客的关注点都是历史文化、建筑艺术和传统民俗等的知识教育体验，投射形象与感知形象有较高的重合度。

为了更详细地比较恭王府旅游投射形象与感知形象的异同点，下面对两者进行类目的比较分析。根据恭王府旅游形象的高频特征词，结合旅游目的地形象构成要素，可以将恭王府旅游投射形象与感知形象置于自然环境、人文景观、旅游事件与活动、旅游设施与服务、旅游特征与气氛5个主类目下的13个次类目进行比较，如表5-12所示。

表 5-12 恭王府旅游投射形象与感知形象的类目比较

主类目	次类目	累计频数	频数占比 /%	投射形象高频词	累计频数	频数占比 /%	感知形象高频词
自然环境	山水	95	1.75	假山、滴翠岩、秘云洞、流水	164	1.87	假山、滴翠岩、流水
	动植物			藤萝、海棠			无
	时节、气候与天气			淡季、旺季			暑假、淡季、冬天、夏天、旺季
人文景观	历史文化遗迹	1923	35.38	府邸、历史、和珅、花园、遗产、传统、清代、诗词、恭亲王、康熙、溥心畬、福文化、红楼梦、年代、遗址、乾隆、庆亲王、建筑、大戏楼、什刹海、多福轩、西洋门、后罩楼、锡晋斋、银安殿、蝠厅、葆光室、嘉乐堂、福字碑、故事	2866	32.66	历史、和珅、建筑、花园、府邸、福字碑、恭亲王、福文化、清朝、什刹海、胡同、三绝、西洋门、锡晋斋、乾隆、康熙、银安殿、溥心畬、咸丰、传统、庆亲王、红楼梦、多福轩、大戏楼、亭台楼阁、嘉乐堂、后罩楼、乐道堂、葆光室
	当代建筑场所	1923	35.38	博物馆、周汝昌纪念馆	2866	32.66	博物馆、周汝昌纪念馆
旅游事件与活动	文艺节庆	1486	27.34	海棠雅集、表演、活动	184	2.10	活动
	会展			展览、文物、讲座、藏品、展厅、特展、联展			展览、藏品、展厅
	非遗民俗			非遗、技艺、年画、戏曲、古琴、民俗、福字、拓片			非遗
旅游设施与服务	票务、导游等管理与服务	212	3.90	讲解、导游、服务	2483	28.30	讲解、导游、服务、门票、态度、预约
	交通、安全与卫生			地铁、公交、自驾			地铁、公交
	住宿、餐饮与购物			文创、饮食			酒店、文创、饮食

续表

主类目	次类目	累计频数	频数占比/%	投射形象高频词	累计频数	频数占比/%	感知形象高频词
旅游特征与气氛	特征	1719	31.63	文化、研究、艺术、教育、方便、丰富、特色、学术、奢华、皇家气息、古典、底蕴、传承、文艺、和谐、悠久、热情、数字化、研学、精彩、详细、漂亮、精致、知识、传奇、魅力	3053	35.32	知识、文化、艺术、丰富、方便、人山人海、周到、特色、奢华、精致、魅力、福地、悠久、壮观、精彩、教育、福气、宏伟、传奇、宝藏、底蕴、大气、详细、生动、耐心、幽默、热情、认真、清晰
	气氛			体验、趣味、热爱、收获、受益、活力、氛围、震撼、			值得、体验、满意、享受、轻松、欣赏、趣味、震撼、受益、氛围、好运、好奇、品味、愉悦、穿越

注：频数占比＝各类目高频词累计频数/高频词总频数×100%。

从类目分析来看，恭王府旅游的投射形象与感知形象在自然环境、人文景观和旅游特征与气氛方面，累计的频数比例大体一致。而且，在自然环境方面，两者都强调"假山""滴翠岩""流水""淡季""旺季"等；在人文景观方面，都有"历史""和珅""建筑""花园""府邸""福字碑""恭亲王""福文化""什刹海""西洋门""乾隆""康熙""银安殿""红楼梦""多福轩""大戏楼""博物馆"等；在旅游特征与气氛方面都有"知识""文化""艺术""丰富""方便""特色""奢华""精致""魅力""悠久""精彩""教育""传奇""底蕴""详细""热情""体验""趣味""震撼""受益""氛围"等，基本达到了官方预期。

然而，在旅游事件与活动方面，投射形象中的"海棠雅集""表演"等文艺节庆活动，"讲座""特展""联展"等会展活动，以及"年画""戏曲""古琴""拓片"等非遗民俗活动，在感知形象中没有被提及。这可能是因为这些活动受限于时间和场次，导致游客实际参观的机会很少。在旅游设施与服务方面，官方的投射形象远远低于游客感知形象，主要因为游客游记相比官方报道更强调门票预约、导游服务、交通出行、餐饮住宿等要素，虽然投射形象中也提到了"导游""讲解""服务""地铁""公交""文创""饮食"等高频词，但感知形象中这些关键词的提及频率更高。

三、恭王府旅游地屏蔽突破的案例总结

在恭王府闪耀于京城文化版图之前，它也曾隐匿于古都北京的繁华深处，未得到应有的关注。然而，因其位于首都的优越区位，特别是与故宫、景山、北海公园等名胜古迹的邻近优势，恭王府花园及府邸整修开放之后，借着当时热播的一些清宫剧，凭借和珅的传奇色彩与王府文化的神秘，在北京众多享誉已久的世界文化遗产中分得一杯羹。

此外，恭王府独辟蹊径，顺应人们民俗非遗休闲、知识教育研学、现代审美情趣的需求发展趋势，以"活态文化空间"的面貌，通过举办各类文化节庆活动、主题展览和艺术表演，进行中华优秀传统文化的展示、传习，以及别具一格的文创产品开发，让传统历史文化具有了"动""活""新"的特质，引得大量游客蜂拥而至。一时间，恭王府成为北京乃至全国的热门旅游目的地，树立起了遗址类博物馆的新标杆。

最近，恭王府又定位于"以王府历史文化为研究展示传播核心的社区博物馆"，确立了"平安恭博、学术恭博、数字恭博、公众恭博"的建设目标，继续探索传承与创新相结合的新道路，不断推出学术讲座、展览、非遗演出、虚拟现实（VR）全景恭王府等活动与项目，并以短视频、直播等社交媒体方式，广泛传播其品牌形象和文化价值。

具体在不同时期恭王府旅游屏蔽的突破路径如图 5-14 所示。

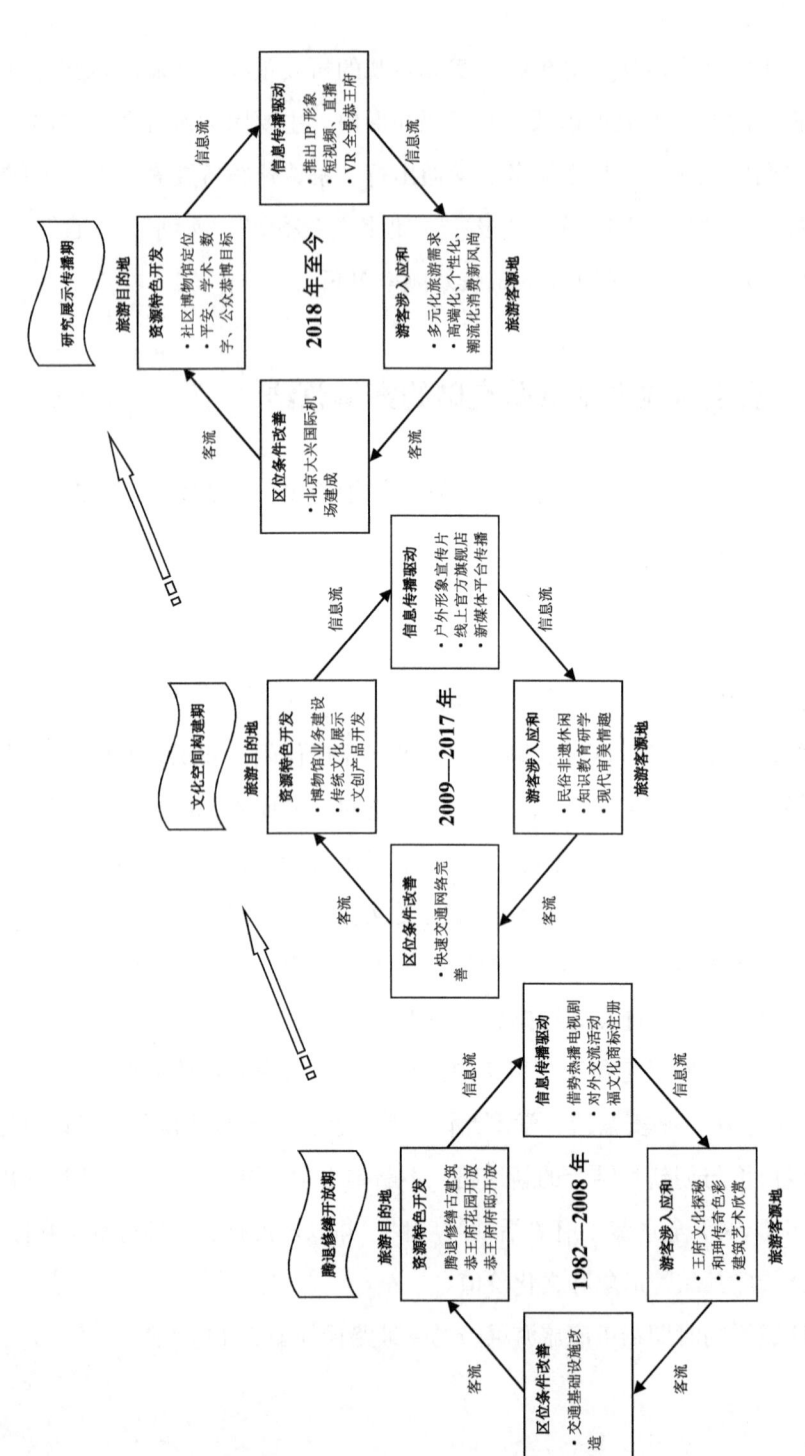

图 5-14 不同时期恭王府旅游屏蔽的突破路径

第六章 自然风光型旅游地屏蔽突破的案例研究

自然风光型旅游地以自然环境为旅游载体,以各种形态的山体、水域、气象、地貌、动植物景观等自然资源为主要旅游资源,辅以居民在自然环境中所形成的社会文化生活等人文资源。比如山岳、湖泊、河流、海滨、森林、草原、沙漠、石林、溶洞、瀑布、极光及其间的历史名胜古迹等,这类旅游地具有审美价值和参观乐趣。自然风光型景区主要以攀登、涉水、探险和考察等特色旅游项目为主,兼具观光、休闲、健身、娱乐和教育等功能,但受基础设施条件缺乏和生态环境保护的限制,旅游开发活动往往也无法尽如人意,所以在旅游地屏蔽突破的举措方面既需创意,也需谨慎行事。本章以河南焦作云台山和重庆武隆喀斯特旅游区为案例研究对象,探讨自然风光型旅游地屏蔽的突破路径。

第一节 河南焦作云台山旅游地屏蔽突破的案例研究

一、云台山旅游地屏蔽突破的案例描述

云台山位于河南省焦作市修武县,是太行山南部一个具有丰富水体景观、独特峡谷地貌、良好自然生态、悠久历史文化的山水风光型旅游景区,被评为全球首批世界地质公园、国家级风景名胜区、国家首批5A级旅游景区、国

家地质公园、国家自然遗产、国家森林公园、国家水利风景区、国家级猕猴自然保护区、全国文明风景旅游区、国家文化产业示范基地、中国旅游知名品牌，集1个世界级、10个国家级称号于一身。曾经焦作的煤炭挖掘使环境遭受严重破坏，而云台山的发展让焦作从一个资源枯竭的"煤炭之城"转变成为行业典范的旅游城市，铸就了"焦作现象"。

河南是文化大省，也是旅游大省，拥有众多的知名景区，而云台山却在其中脱颖而出，一鸣惊人。20世纪80年代，少林寺开启了河南旅游的第一个高峰，与嵩山的双剑合璧，更使其长期占据着河南景区的头把交椅。而作为河南第一个世界文化遗产的龙门石窟，也因其深远的文化影响力而成为河南的旅游名片。其他景区：殷墟、白马寺、清明上河园等，一个个耳熟能详；郑州、洛阳、开封等城市，座座举足轻重。与之相比，1985年云台山景区开发之前，它只是一处藏在深山人未知的山水秘境，2000年以前，云台山每年接待的游客数量不足20万人次。云台山以山称奇，以水叫绝，虽说有北方少见的丹霞地貌和水景资源，在中原大地确实是自然风景数一数二的景区，但是从全国范围来看，在黄山、泰山、华山、张家界、武夷山、九寨沟等一众名山之中并不起眼。然而，就是这样一个名不见经传的区域性普通景区，在跨入21世纪之后横空出世，名声大振，客流激增，现在力压嵩山少林寺、洛阳龙门石窟等老牌景区，游客人数、营业收入连续多年居于河南第一、国内前列，成为人们向往的旅游胜地。2023年，云台山景区共接待游客702万人次，实现综合收入6.5亿元，再创新高。

与众多资源枯竭型城市一样，云台山所在地焦作很长一段时间都面临着城市转型发展的困境。焦作正是抓住了大众旅游时代来临的机遇，准确把握了游客需求变化的导向，充分利用山水优势，深度挖掘文化内涵，通过近四十年大力的资源开发、项目建设和营销宣传，突破了传统的观光旅游模式，引领着当今休闲度假的潮流，才实现了从后起之秀到行业标杆的跨越式发展，创造了不可思议的"云台山速度"和"云台山效应"。

纵览云台山从"中原突围"到快速崛起，再到傲视群雄的发展历程，可以分为初始积蓄期、急速爆发期和转型升级期三个阶段，如图 6-1 所示，并详述如下。

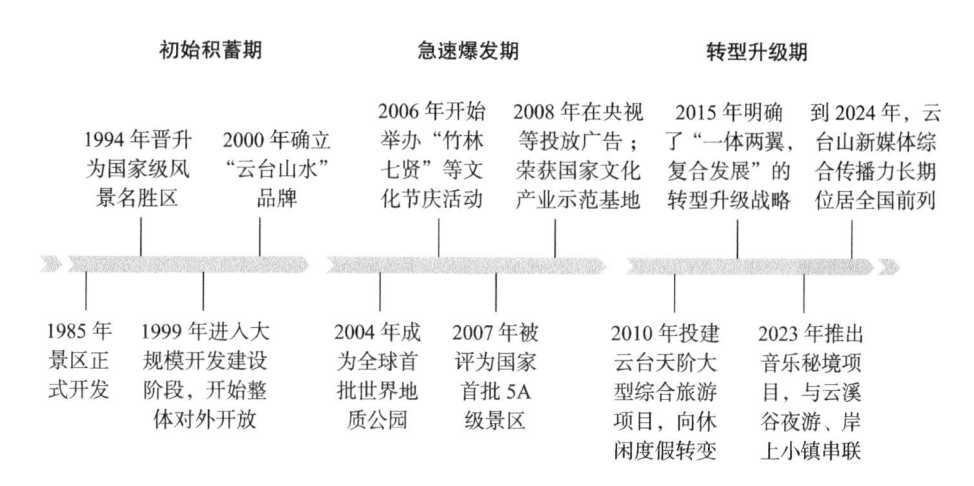

初始积蓄期	急速爆发期	转型升级期
1994 年晋升为国家级风景名胜区 / 2000 年确立"云台山水"品牌	2006 年开始举办"竹林七贤"等文化节庆活动 / 2008 年在央视等投放广告；荣获国家文化产业示范基地	2015 年明确了"一体两翼复合发展"的转型升级战略 / 到 2024 年，云台山新媒体综合传播力长期位居全国前列
1985 年景区正式开发 / 1999 年进入大规模开发建设阶段，开始整体对外开放	2004 年成为全球首批世界地质公园 / 2007 年被评为国家首批 5A 级景区	2010 年投建云台天阶大型综合旅游项目，向休闲度假转变 / 2023 年推出音乐秘境项目，与云溪谷夜游、岸上小镇串联

图 6-1 云台山景区的发展历程

（一）云台山的初始积蓄期（1985—2003 年）

在"煤城"焦作发展旅游之前，云台山上存在众多煤炭、造纸、小砖窑等厂矿企业，极大破坏了自然环境。面临着资源开采枯竭后的经济转型困境，焦作市政府开始对云台山进行考察论证，作出了发展旅游业的战略抉择。

1985 年，云台山正式开发，设立了风景区；1987 年被评为第一批省级风景名胜区，之后 1994 年又晋升为国家级风景名胜区；1999 年进入大规模开发建设阶段，开始整体对外开放；2003 年，成立焦作云台山旅游发展有限公司，采用市场化、企业化方式经营景区。

在全面开发之前，云台山知名度还很低。从 2000 年开始，为了打造自己的旅游形象，云台山精心策划、强化营销，逐步树立了"云台山水、峡谷极品"的品牌形象，并大举实施"品牌带动"战略，由此崭露头角，吸引了越来越多的游客前来观光游览。2002 年，云台山被国家旅游局评为 4A 级景区，并被纳入全国"黄金周"假日旅游预报统计系统。仅 2002 年"五一"假期，云台山就接待游客有 24.13 万人，居河南省 48 个重点监测景区之首。到 2003 年，云台山又获得"中国旅游知名品牌"称号。

云台山在该阶段主要采取与旅行社联合的营销方式，与 60 多家旅行社签订合同，针对重点客源市场开展全面营销。2001 年，政府制定了《关于省外旅游专列、团队赴云台山旅游的奖励政策》，财政每年单列 500 万元专项资金用于旅游宣传促销，对带来客源的组团社给予打折优惠和现金补贴奖励，充分调动了旅行社的积极性，一举激活了旅游市场。2003 年，云台山景区游客接待量首次突破 100 万人次，达到了 148.86 万人次，显示出了良好的发展态势。

云台山景区在创始期，就特别重视科学规划。景区在原先低水平开发的基础上，2001 年邀请国家旅游局、清华大学、南开大学等部门和高校的 60 多位专家，对景区重新做了定位；2002 年，聘请北京建工建筑设计研究院的专家、教授编制《云台山风景名胜区控制性详细规划》；随后又请国家旅游局规划财务司司长魏小安主持编制了《云台山旅游深度开发规划》和《百家岩景区旅游发展详细规划》。其实，在云台山景区的整个发展过程中，规划、开发、建设、接待这些业务活动是同时进行的。

（二）云台山的急速爆发期（2004—2009 年）

2004 年是云台山发展史上的一个重大节点。这一年，联合国教科文组织将其评为 28 个全球首批世界地质公园之一。云台山从此开始与黄山、庐山、嵩山等相提并论，并进入世界名山的行列，提升了国际知名度和影响力。同年，由云台山引发的"焦作现象"国际研讨会在北京召开，新闻媒体纷纷报道云台山景区的异军突起，创造了焦作旅游业快速发展的奇迹。

云台山取得了阶段性的成功，但它并没有止于此，而是开始深度挖掘风土人情、地理环境、历史名人、古代诗词、传统节日等文化内涵，将山水观光与历史文化融为一体，增加景区的吸引力。首先，云台山利用其地质构造、生物资源的优势，建立地质博物馆、生态观察站等，设计专门的旅游线路，开展地质生态科普教育，打造出一个富含文化知识的研学基地。同时，因为云台山茱萸峰有唐代诗人王维《九月九日忆山东兄弟》的遗篇，2003年云台山景区就举办了"九九重阳节万人登高活动"，传承和发扬中华传统的民俗文化。云台山百家岩曾是晋代"竹林七贤"的隐居游历之地，除了开发嵇康淬剑池、刘伶醒酒台等文人遗迹，还从2006年开始举办"竹林七贤"文化研讨会等节事活动，积极推出这一独具特色的文化旅游品牌。此外，云台山还举办了书画展览、摄影大赛、诗词朗诵会、踏青赏花季等文化节庆活动，丰富了游客的旅游体验，宣传了景区的旅游资源。经过不懈努力，2008年云台山被文化部确立为国家文化产业示范基地。

在创始期，云台山的目标人群以本地及周边的游客为主。而到了快速增长期，云台山将客源范围从半径300公里扩展到1500公里，从周边省市扩展到全国甚至海外。在外地市场的启动阶段，云台山的宣传促销费用占当年门票收入的20%左右，建立了全方位、多层次、宽领域、高密度的营销网络。首先是加大投入，在中央电视台等国家级媒体平台上做广告。比如，每年投资500万元独家承办央视五套现场直播的焦作"云台山"杯U-17中国国际青少年乒乓球挑战赛；2008年更是投入4600万元营销费用，连续在央视《朝闻天下》《午间气象预报》《天气资讯》等栏目全年推出云台山形象宣传片，成功地将其品牌形象传递给了更广泛的受众群体。其次是聚焦重点旅游客源地，比如，云台山在2008年成为全国首家在北京设置办事处的景区，2009年开通全国第一个景区定时旅游专列——北京到焦作的"云台山号"，并在北京地铁大量投放广告，全力开拓目标市场，获得了一大批客源。最后，云台山还通过参加韩国首尔国际旅游展等国际知名交易会、在首尔和台北等地举办专场推介会、设立海外办事处、与当地旅行社和电视台合作等方式，积极实施国际化营销战略，吸引了众多海外游客前来旅游观光，仅2009年接待的韩国游客就有3.7万人次。

不仅是在资源开发和市场营销上再接再厉，在管理和服务方面也不断提升，从2006年起，云台山共投资了1.5亿元全面实施数字化景区建设工程，并制定了标准化管理体系，全面提升景区的管理效率和服务水平。云台山还对景区周边的5个自然村进行改造，以便为游客提供更好的餐饮、住宿和交通服务。

得益于出色的资源吸引力、市场影响力、游客满意度，以及在旅游交通、安全、卫生、综合管理、服务质量、资源与环境保护等方面的优秀表现，2007年云台山与河南嵩山少林寺、龙门石窟等一起被评为国家首批5A级旅游景区，跻身于国际知名景区之列，代表了世界级旅游目的地的品质。到了2009年，云台山景区游客接待量超过了300万人次，达到了326.55万人次。❶

（三）云台山的转型升级期（2010年至今）

短短几年时间，云台山景区这个"新生儿"就赢得了大量的市场关注，创造了中国旅游史上的一个神话。但是在其发展的前两个阶段，云台山走的都是门票经济路线，突出特色，打造形象，通过多种营销手段吸引客流，门票收入持续攀升，而旅游综合收益却不高，还存在产业链条短、旅游优质供给不足、消费产品与场景单一、产业融合发展欠佳、服务同质化、游客层次与消费水平较低等问题。因此，为了满足游客多元化、个性化、高端化的需求，云台山从21世纪初期开启了"二次创业"，打破山岳型景区开发的传统模式，逐步向休闲度假转型升级，不断推动景区的高质量发展。

2010年，云台山与北京世贸天阶等公司合资投建云台天阶大型综合旅游项目，这是一处集合度假酒店、休闲农庄、商业街区、体育公园、演艺中心和儿童游乐场等设施的高端休闲娱乐综合体，标志着云台山开始从观光型向复合型旅游目的地的转变、从门票经济向产业经济转变。

2015年，云台山编制完成了《云台山景区旅游发展总体规划》，正式明确了"一体两翼，复合发展"的转型升级战略。"一体"是以自然山水景观为主体，这是云台山的起家之本与核心资源。"两翼"则是指文化与休闲，不断丰富云台山文化品牌内涵，开发高端休闲业态，丰富景区产品，拉长旅游产业

---

❶ 焦作市文化广电和旅游局. 让"云台效应"再放大 [EB/OL]. （2015-06-11）[2024-12-15]. http://wglj.jiaozuo.gov.cn.

链条，增进游客体验。"复合发展"在巩固和发展观光旅游的基础上，实现观光休闲度假等常规旅游与运动、探险、科考、研学和康养等特种旅游的协调并进，努力打造国内一流、世界知名的旅游目的地。这一战略指明了云台山的发展模式和方向，描绘出云台山发展的宏伟蓝图。在转型升级期的十几年，云台山正是走在"一体两翼复合型"的发展之路上，开发运营了许多新项目。

在观光旅游方面，从2013年开始，云台山逐步启动了直升机低空观光旅游项目，建成了凤凰岭、茱萸峰索道及凤凰岭玻璃栈道、红石峡自动扶梯等，增加了观光线路产品，丰富了顾客游览体验。

在休闲度假旅游方面，云台山谋划了美食街、特色小镇、休闲街区、精品民宿和房车露营地等一批能够满足多层次、多样化市场需求的旅游项目，进一步培育旅游新业态、开发旅游新产品，提供消费升级后具备功能性、舒适性和体验度的顾客价值。

在体育旅游方面，2012年开始举办的云台山九九国际登山挑战赛属于国际A级赛事，是云台山打造国内一流体育旅游景区的开篇之作，吸引了来自国内外的众多专业登山运动员和群众登山爱好者参与；作为2017年全国首批"国家体育旅游示范基地"创建单位，云台山举办了中国汽车越野巡回赛等体育赛事，谋划了户外登山攀岩基地、高山草甸帐篷露营等一批体育旅游项目；针对大众群体对户外运动的需求，引入漂流、桨板和飞盘等休闲体育项目，突出运动潮玩的属性。

在康养旅游方面，云台山与焦作的另外两块金字招牌——"太极拳"和"怀药"结合起来，奏出了"大文旅、大健康"的华章。太极拳三百多年前发源于焦作温县陈家沟，陈式太极拳是东方武术文化的精粹。为向游客展示正宗的陈氏太极拳，云台山景区每天都有太极拳表演。从2010年起，两年一届的云台山国际旅游节与焦作国际太极拳交流大赛同期举办，称为"一赛一节"。焦作的地方特产四大怀药（怀山药、怀牛膝、怀地黄、怀菊花）是中医药中的瑰宝，具有独特的药效和极高的保健价值，并逐渐形成了怀药药膳养生文化，包括蜂蜜山药、牛膝炖土鸡、巧拌地黄丝等融合当地特色的云台山美食。2017年，云台山下云武堂开业，内有太极养生馆和怀药养生餐厅，提供太极养生体验课程和饮食养生服务。

在文化创意旅游方面，云台山将历史文化与旅游深度融合，连续多年举办了汉服花朝节、国潮红叶节、非遗美食节等系列文化活动，将汉服、民乐、舞蹈、非遗和诗词等中华优秀传统文化元素与山水充分融合，打造了多个文化IP。2021年，云台山推出"七贤游园"沉浸体验式国风演艺项目，每天在红石峡安排多场演出，将文化塑造从不定期的节庆活动扩展到了日常的演艺节目。"七贤游园"通过演员在山水间吟诗颂歌、挥毫泼墨、抚琴拨阮和舞剑饮酒等实景演艺的形式，再现了"竹林七贤"的历史生活场景和人物才情风貌，为游客带来一场身临其境的视听盛宴，使游客能够深入感受到魏晋时期的文人风骨和隐逸情怀，让越来越多的游客特别是年轻人认同并传承中华民族的文化基因。另外，为了吸引更多的青年、少儿游客，云台山还创办了一系列时尚、动感、充满活力的节事活动，如云台山潮玩·亲子戏水节、音乐节、电音节、动漫节和冰雪节等，不断打造消费体验新场景，持续挖掘消费市场的新增量。

在数字化旅游方面，云台山运用信息化、数字化技术，通过智慧旅游建设和数字化体验创新，为游客提供了更加便捷、高效、惊喜、丰富的旅游体验。

云台山早在2006年就被住建部授予"全国首批数字化景区建设试点单位"称号，开始实施数字化建设工程，集成了票务、调度、监控、信息、停车和应急等诸多子系统，实现了景区高效的运营管理，到2011年成为住建部数字化景区示范单位。2012年又被国家旅游局命名为"全国首批智慧旅游景区试点单位"。2013年，云台山景区起草的《旅游景区数字化应用规范》被确定为国家标准。2018年，云台山联合高德打造"智能云台山"大数据平台，综合运用互联网、大数据、LBS和物联网技术，为游客提供全周期服务。从游客出行前的精准认知，到出行中的快捷引导，再到游览中的舒适体验，以及游览后的评价反馈，智慧旅游建设把服务从景区内延伸到景区外，从线下人工扩展到线上智能。

关于数字化体验产品，2018年高科技娱乐项目云景360°球幕影院开始运营。该影院拥有超大球形银幕和法拉利动感座椅，播放影片《飞越云台山》，带领游客领略云台山的四季美景，为游客带来裸眼3D的视觉体验。同年，大型山水实景灯光秀——"云溪谷夜游"项目也落地云台山。它以中国爱情第一村——陪嫁妆村的"爱情"为主题，依托云溪谷的绝佳山水景观，利用声、光、电及全息投影技术，开发出夜间经济的典范，延长了游客停留时间，增加了消费额。2023年，云台山景区又推出听山海音乐秘境项目，由山水、绿植、光影、音乐、美食等构筑的浪漫梦幻之境与云溪谷夜游、岸上小镇串珠成线，形成了云台山夜经济旅游线。2022年，云台山联合百度发布了"云台山元宇宙"专题片，围绕景区核心文化IP"竹林七贤"，融合历史文化、山水风光、数字科技、潮流国风四大元素，呈现了虚拟数字人"刘伶"在云台山的旅居生活，开启了云台山元宇宙世界的奇幻旅程。除此之外，景区还将持续开发云台山元宇宙线上互动游戏，以及云台山元宇宙音乐节、元宇宙夜游等游客体验产品。

云台山谋定而后动，立足于市场需求，致力于产品创新，确立了"旅游+体育""旅游+康养""旅游+文化""旅游+科技"的产业布局，并通过实施多个特色旅游项目，带动景区综合产业快速转型升级。同时，云台山加强市场营销和品牌推广，提高景区的知名度和美誉度。

云台山延续了前两个时期销售渠道开拓的做法，一方面巩固传统市场，在河北、湖北、北京和上海等10余个省市、80个客源城市的存量市场上不断渗透；另一方面，加大对西北、西南、东南等长线旅游市场的拓展力度，与客源地旅行商合作，开发新兴的增量市场。同时，通过携程、同程、途牛、美团等电子商务平台，利用线上渠道，实现了身份证实名制购票。

面对日益年轻化、时尚化、潮流化和品质化的客群，云台山顺应市场变化趋势，构建立体化营销体系，推出一批热力活动，制造市场"引爆点"，使云台山品牌的新形象逐渐深入人心，赢得游客欢迎。云台山冰雪节、新春喜乐会、汉服花朝节、音乐节、电音节、亲子戏水节、国韵文化节、登山挑战赛、山地马拉松等近 10 个文体娱乐品牌 IP 活动，以颠覆性创意、沉浸式体验、年轻化消费为特征，月月有节事、四季都出彩，让云台山屡屡抢占热搜，始终保持话题热度。其中，云台山冰雪节火爆全网，使北方景区冬季热度不减，并带动年卡销售 30 万张；汉服花朝节将中华传统服饰与春日绚烂花海相融合，被评为河南文化产业年度优秀案例；云台山音乐节吸引乐迷 10 万人，网络曝光量过亿次，成为中原地区最大的音乐节。

云台山走在行业前沿，搭建了全媒体营销矩阵。在传统媒体方面，仍然积极对接媒体，每逢黄金周总能被央视《新闻联播》《新闻直播间》《朝闻天下》《新闻 1+1》等栏目连线直播；经常在《河南日报》《中国旅游报》等报纸报道景区发展经验；多次被央视新闻、《人民日报》、人民网、新华视点等主流媒体推送介绍。在新媒体方面，牵手微信、微博、抖音、快手、小红书等社交媒体平台，以提高景区信息传播能力和效果。比如，与微博大 V、微信大号、网红等自媒体合作，举办旅游达人采风体验活动，收集并发布精品游记；邀请名人走进景区，视频直播大型活动，打造网络热度话题，吸引各地大学生、年轻人种草打卡。近年来，云台山微信公众号被高度关注，连续位居全国旅游景区微信传播影响力前三名。2023 年登上央视 40 余次，推文关注度达 40 多万次，覆盖人群超 2000 万人次，全年产出抖音、微博热点超 50 个。总之，云台山在各大新媒体平台上的信息发布数、"粉丝"数、总阅读数、点赞数、评论数、转发数等均长期处于全国景区前列。

云台山通过渠道推动和宣传拉动"两条腿"走路的系统营销模式，探索 IP 营销、节事营销、情感营销、口碑营销、跨界营销的新路径，有效促进了旅游市场的全面发展，景区游客人次和综合收入持续领跑河南省嵩山、老君山、白云山、王屋山、伏牛山、芒砀山、鸡公山、龙潭大峡谷和太行大峡谷等自然景区，产生了人气和财气的双高效益。

此时的云台山，面对大量熙熙攘攘的游客，在景区服务方面也在提质升级，把标准化、精细化的服务继续提升为高品质的差异化服务，使其在激烈的市场竞争中始终立于潮头。云台山除了在景区内设置净化开水、自助售货机、手机加油站、行李寄存柜、医疗点、遮阳伞、遮阳棚、吸烟点、休闲茶社等全方位的服务项目，还在下雨时免费向游客发放雨衣，奉上姜汤热茶，并为有特别需求的游客提供有针对性、个性化的服务。服务理念从"不让一位游客受委屈"到"感动每一位游客"，再到"想你所想，尽我所能"，云台山历来坚持以游客为中心，把游客满意作为第一标准，用服务铸就质量口碑。

二、云台山旅游地屏蔽突破的案例分析

（一）云台山的资源禀赋分析

1. 云台山的资源品质

河南焦作云台山因山势险峻，峰壑之间常年云雾缭绕而得名，但全国叫作"云台山"的山峰有20个之多，而且云台山的海拔并不高，主峰茱萸峰只有1297.6米，所以在这里很少能看到云海的壮观景象。首先，河南焦作云台山的最大特色是它在北方相对丰富的水资源，以"三步一泉、五步一瀑、十步一潭"而著称。特别是景区泉瀑峡尽端的云台天瀑高达314米，是我国单级落差最大的瀑布，被誉为"华夏第一高瀑"，是云台山的标志性景观之一。山因有水而变得灵秀，"云台山水"的品牌才会叫响。其次，云台山的地质构造成就了它独特的峡谷地貌，红石峡、潭瀑峡、泉瀑峡等景色各异。其中，红石峡是我国北方地区难得的丹霞地貌峡谷景观，集雄、险、秀、幽于一身。这些壮丽的地质遗迹和自然景观具有极高的观赏价值和科学价值，因此云台山位列全球首批世界地质公园之中。最后，云台山作为国家级猕猴自然保护区，拥有多样性的生物和良好的生态环境。此外，云台山还有万善寺、百家岩等文化底蕴深厚的景点，这些人文景观提升了云台山整体的旅游品质。综上所述，云台山是一个以水景为特色，以峡谷地貌和历史文化为内涵，雄中含秀、南北兼长的生态旅游山岳型景区，自然旅游资源在北方区域中具有独特的吸引力。

但是无论从全国的地理范围来看，还是从早期起步的时间阶段来看，云台山原始的旅游资源并不十分丰富。山岳型景区在我国旅游发展得较早，有安徽黄山、江西庐山、浙江雁荡山、东岳泰山、南岳衡山、西岳华山、北岳恒山、中岳嵩山等，还有张家界、武夷山、天山、九寨沟、峨眉山、武当山、桂林山水、五台山、神农架等世界遗产，甚至是河南省内作为百余年来中国四大避暑胜地之一的鸡公山，不仅风光秀丽，还有悠长的历史文化，都是中国著名的风景名胜区。云台山地处北方，占据了地利，综合了自然资源优势和地理区位优势，才得以从后发的劣势旅游地发展为区域优势旅游地。

当然，从资源品质的角度来讲，云台山资源禀赋平平却能一跃而上，其中的关键是它对于自己山岳水景、峡谷地貌等核心旅游资源的识别、利用与开发，包括高起点的总体规划、最佳化的资源利用、适宜性的景观设计、大规模的投资建设等，充分展现了其北方山水的稀缺性和地质遗迹的珍贵性。正是因为云台山深刻地认识到，"水"是景区立足的鲜明底色，才会特意丰富少雨枯水期的景观，大力实施天瀑引水、景观绿化、水体景观改造等工程。

2. 云台山的资源密度

云台山景区在20世纪80年代中期开始经营开发并对外接待游客，这一阶段主要围绕一些自然景观进行初步开发，其中老潭沟（现泉瀑峡）、小寨沟（现潭瀑峡）、温盘峪（现红石峡）等成为核心景点。随着基础设施的不断完善，更多景点被陆续开发出来。目前，云台山景区总面积有280平方千米，包括泉瀑峡、潭瀑峡、红石峡、茱萸峰、子房湖、万善寺、百家岩、叠彩洞、猕猴谷、青龙峡和峰林峡等景点，资源体量庞大。而且，这些景点分布较为密集，游客在游览过程中可以欣赏到"十步一景"的绝美风光。这种高密度的景点分布不仅提高了游客的游览效率，还增加了游客的体验感和满意度。

3. 云台山的资源结构

传统的山岳型景区一般都有自然风光、地质遗迹和历史文化的资源组合，云台山也不例外，既有壮丽的山水画卷，又有深厚的人文底蕴。从东汉起，云台山备受帝王将相、达官贵人垂青，并为魏晋名士所推崇，被道家所开发。南北朝以后，儒、释、道三教在此合流共处，世世代代为文人墨客、四方名流的聚散地，留下了许多文物古迹。唐代诗人王维曾在茱萸峰赋诗，写出"遍插茱萸少一人"的诗句；地处茱萸峰极顶的玄帝宫，与南顶武当遥相呼应，被称为"北顶"；始建于明代的万善寺位于茱萸峰脚下，是佛家教派临济宗祖庭；"竹林七贤"的隐居处——百家岩，是我国古典山水园林从宫廷走向民间的发祥地之一；此外，还有汉献帝刘协的避暑台、唐代医学家孙思邈的药王洞等。这些历史遗迹在旅游开发中得到了重视，通过挖掘和整理相关历史文化故事，提升了云台山景区的文化魅力，与自然景观相映生辉。

但是，作为一个以自然山水为主的旅游景点，云台山上述人文资源却不可多得，而且相比其他名山大川，云台山在文化知名度和影响力方面就更显得薄弱，难掩天生的历史文化短板。因此，一方面，云台山对自有的文化资源进行深度开发，重点塑造"竹林七贤魏晋风骨""王维诗里的云台山"等文化IP；另一方面，云台山跨越自有资源的边界，引入、吸收和整合外部资源，逐渐拓展了休闲、度假、文艺、运动、探险、康养和科技等多种旅游功能，弥补了自身文化资源底色不足的缺陷，引领了传统观光旅游目的地转型升级的步伐。

近些年，特别针对时尚、年轻、个性的休闲娱乐度假需求，云台山聚力文商体旅融合，顺势而为增添高能级旅游新元素、新业态和新场景。比如，组织体育赛事、户外休闲、时尚运动嘉年华等活动，推出云台山体育旅游产品；节庆日邀请专业团队扮演"王维""竹林七贤""十二花神"等角色，创造沉浸式体验感受，树立云台山在地文化标识；持续举办云台山汉服花朝节、端午国韵文化节、九九登山季、国潮红叶节、诗词大会、欢乐冰雪节等主题活动，挖掘传统文化资源的时代价值，通过年轻人喜欢的方式让他们感知历史文化；利用音乐的社群属性，做强做大音乐节、电音节等新潮节事品牌，开拓更多音乐跨界产品；紧扣青年群体需求，通过"实体山水＋数字化"

的爱情梦幻场景，营造情人节、告白季、结婚纪念日的氛围；在四大怀药药膳美食上让"吃文化、吃特色、吃新鲜、吃回忆"成为云台山的餐饮标签，使云台山充满"烟火气"；打造差异化、高品质、有温情的民宿，让"慢生活""治愈系"成为云台山的新符号。

云台山通过外部资源的多元整合和开发，形成了丰富的旅游资源体系、旅游产品类型和旅游体验场景，提升了整体旅游品质，创立了文化新地标，完善了全产业链条，满足了不同游客的需求，增加了二次消费比例，优化了收入结构，实现了从观光旅游向休闲度假旅游的转变。

（二）云台山的旅游区位分析

1. 交通区位

（1）外部交通的通达性

云台山位于河南省西北部，距离焦作市区30公里，距离省会郑州也仅有80公里。但是在没有发展旅游业之前，焦作北依巍巍太行，南临滔滔黄河，虽居中原腹地，交通却多有不便，与处于国家主干线上的洛阳、开封、新乡、许昌等地相比，交通相对闭塞。因此，穿山跨河成为焦作和云台山发展的首要任务，亟须抢抓机遇弥补交通短板。

从20世纪60年代起，历时20年，耗费云台山几代人的心血，打通了一条总长4800多米、由19个隧道组成的叠彩洞公路，太行山深处的村民终于可以走出重山，外边的游客进入也有了可能。1998年，焦作市自筹资金建设第一条高速公路——焦郑高速公路。焦郑高速与焦晋高速于2002年全线贯通，打通了豫晋两省的快速通道。自此，焦作高速公路建设开启"加速度"模式。2005年，建成焦温、长济、二广高速公路，2013年建成郑云高速桃花峪黄河大桥，2016年建成武云高速公路，与桃花峪黄河大桥一起形成了云台山直通郑州的高速通道，进一步形成了与全国高速无缝对接的高速公路网。2021年以来，焦作市接连开工建设7条高速公路，高速公路里程、路网密度都将跃居全省首位、全国前列。

在高铁方面，2015年，郑焦城际铁路及其云台山支线正式开通，焦作融入郑州"半小时经济圈"，郑州到云台山的车程也只需40分钟，大大便利了游客前往云台山旅游。2020年，郑太高速铁路焦太段开通运营，标志着郑太高速铁路全线建成通车。2022年，焦作正式开通首发进京的高铁列车，加上之前直达上海、深圳、杭州的始发高铁，焦作与一线大城市的时空距离逐渐缩短。

黄河是焦作对外联结的一大交通障碍，1998年焦作历史上第一座跨黄河公路桥——焦作至巩义黄河公路大桥开工建设，2001年竣工通车。随后，2013年桃花峪黄河大桥、2019年焦郑黄河大桥、2021年孟州至偃师黄河大桥陆续通车，另有4座黄河大桥正在建设或处于项目前期阶段，8座黄河大桥将成为焦作与外界融合发展的纽带。

"十四五"期间，焦作市谋划实施重大交通项目"378"工程，即3条铁路、7条高速公路和8座黄河大桥，构建内畅外联的"大交通"格局，努力把焦作市建设成豫西北、晋东南的交通枢纽。近10年来，焦作市交通基础设施建设累计完成投资384亿元，新改建铁路89.6公里，新改建公路3567公里，形成了以铁路、高速公路为骨架、干线公路为支撑、农村公路为脉络，多种交通运输方式相互衔接且便捷高效的综合运输网络体系，全市交通线网总里程达8255公里，居全省前列。

（2）内部交通的便游性

云台山开放之初，景区的基础设施相当简陋，道路是坎坷不平的石子路。1991年，云台山景区的主要路段完成施工，道路基本贯通。1994—1996年，云台山景区开始编制涵盖景点分区、交通、供排水、供电规划、生态保护等内容的总体规划，以高标准、大投入建设基础设施。2005年，投资1亿多元建成大型生态停车场，可容纳5000个车位；购置豪华观光巴士，并引入车载GPS调度监控系统，以提升景区交通管理水平。2006年，实施数字景区建设工程，开始运行先进的车辆统计系统和停车场管理系统。焦作市还为游客开辟了绿色通道，确保旅游车辆顺利进入景区。

随着旅游市场的扩大，云台山景区进一步完善区域路网设施，优化交通、游览线路，提升道路配套服务功能，为游客创造更加便捷、舒适、优质的旅游环境。景区道路全部采用低碳环保的高性能沥青材料进行硬化，并进行了绿化、美化；所有栏杆采用木制或仿木样式，达到生态、环保、安全的效果；所有观光步道不拐直角弯，同时各个景点都形成了环线，避免游客走回头路。

2. 客源区位

焦作云台山的客源区位优势在于它地处中原，承东启西、连南贯北，我国东西南北所有方向的游客到此都不太远，公路、铁路的交通问题解决后就很方便。20世纪的焦作云台山还鲜为人知，客源市场范围主要集中在周边的郑州、洛阳、新乡、开封、鹤壁和济源等河南省部分城市，临近的河北衡水、邯郸、邢台和山西长治、晋城、临汾，以及山东聊城、菏泽和曲阜等。

云台山初期在省内和周边地市启动大巴团，中后期在国内重点客源市场如北京、广州、上海、天津、武汉等地，以及韩国、日本等入境市场，开通旅游专列、旅游包机，政府给予渠道商大量的补助和奖金，推动远程中高端市场的开发。"云台山号"旅游专列是目的地与客源地之间的快捷通道，其独特的组接一体化、服务全程化的一站式服务运营模式，成功打开了大城市的旅游市场。

之后，云台山景区还不断加大对西南、西北地区等新市场的辐射强度。在四川成都，营销人员通过走访旅行社门店，了解当地旅游产品情况及当地游客需求，并积极与当地有实力的大型旅游批发商接洽。2018年，焦作市旅游局与西安中国国际旅行社签订合作协议，共同设立焦作旅游（西安）宣传推广中心。

近些年，云台山景区更加重视休闲游客的重游率。河南庞大的人口基数和旅游需求量，特别是邻近郑州、洛阳、新乡等经济强市的客源区位优势，更高的消费能力为云台山的游客黏性提供了有力的保障。

3. 经济区位

随着 20 世纪 90 年代中后期煤炭资源的枯竭，焦作市的经济增长受到了严重影响，开始积极寻求可持续发展的经济转型之路，大力发展金融、旅游和物流等现代服务业。服务业增加值占地区生产总值的比重逐年提升，成为经济增长的重要动力。同时，焦作市作为老工业基地，在化工、汽车零部件等传统产业方面有着深厚基础，近年来制造业向高端化迈进，综合科技创新水平居全省第 4 位，初步形成了以高端装备、绿色食品、新材料为引领的产业集群。如今，焦作市的经济结构呈现出多元化、高质量发展的特点，在产业比重上实现了由"二、三、一"向"三、二、一"的根本转变。

焦作市的地区生产总值总量长期居于河南 18 个省辖市的中游水平，但值得一提的是，焦作市在河南省社科院发布的《2023 年河南省辖市经济综合竞争力评价报告》中排名第五，跻身全省"第一方阵"。这一排名不仅考虑了地区生产总值总量，还涉及经济结构、环境资源、科技创新与研发能力、文化软实力等其他多个方面的因素。

由此可见，焦作自身经济水平并不高，经济区位优势主要是依托我国中部经济第一大省——河南。河南省近 30 年以来生产总值总量基本保持在全国第五的位置，在农业、工业、服务业等各个领域都有良好的发展。而且，郑州大都市区是中原城市群的核心区域，包括郑州、开封、新乡、焦作和许昌 5 座地级市，承载着集聚高端产业、加强基础设施建设、推动区域协调发展的重要使命，焦作因此得以完善交通网络，促进与周边地区的经济联系与合作。

（三）云台山的游客涉入分析

云台山起步于国内旅游市场开始兴起的阶段，紧紧抓住了观光旅游时代游客对山水美景喜爱与追求的特性，以及"寄情于山水之间"的心境与情怀。人们通过游览山水、欣赏大自然的风光来放松身心、开阔眼界、寄托情感、慰藉心灵，有助于促进人与自然的和谐共生。

随着我国的经济发展和社会进步，以及人民生活水平的提高和消费结构的升级，旅游需求不断增加，已成为大众刚需。此外，人们对优质休闲度假旅游产品的需求也越来越大，旅游市场呈现出蓬勃发展的态势。新时代游客消费的价值观念、旅游兴趣和动机、关注与涉入程度的提升转变，为云台山景区的深度开发和业务拓展带来了良好契机。云台山充分挖掘和利用自身的、周边的甚至外部的优势资源，呼应并引导客源市场，构建了丰富的旅游产品体系，巩固强化自然观光产品，倾力打造休闲度假产品，开创了观光旅游与休闲度假旅游、常规旅游与特种旅游并举的新格局。

休闲度假旅游相比观光旅游，更加强调便利化和舒适性。自助、自驾游客增多的散客化趋势反映在云台山的市场结构上也非常明显，近十年散客人数占比高达80%。云台山充分考虑游客的实际需求，以"想你所想，尽我所能"的标准，建立了所有员工都是安全员、服务员、保洁员、救护员、宣传员的"五员一体"的高质量服务体系，提供全面服务、延伸服务、精细服务、个性服务、及时服务，大幅度提升了游客满意度。特别是通过"全行程、管家式"的智慧旅游平台，实现了游客预订、购票、停车、入园、游览、购物、餐饮、住宿的智能化、便捷化，让游客的旅行更加轻松愉快。

云台山市场结构的另一个变化就是客源的年轻化，目前40岁以下的游客人数比例及其对景区综合收入的贡献率均已超过70%。这是为了应对当今旅游市场上消费意愿和能力最强的主力军——青年群体，云台山提出了"面向市场、面向青年"的发展新思路，聚力活动引领、场景营造、营销创新，成就了自然山水景区多元融合发展的新典范。为了满足更多年轻游客对休闲体育、文化体验的需求，云台山推出了一系列新潮、动感、时尚的活动。从冬季的冰雪嘉年华到春日的汉服花朝节，从夏夜的音乐狂欢到金秋的登山挑战，平时常有"七贤游园"国风演艺的沉浸式体验，特殊节日还增加了为年轻情侣、夫妻定制的"实体山水＋数字化"的爱情梦幻场景，云台山在文旅业态和产品中融入了青年喜欢的音乐、国潮、运动和科技等元素，再通过直播、短视频等新媒体平台和创造IP、调动情绪价值等新营销方式，全年占据了网络热点和市场流量，受到了越来越多的年轻人的关注和喜爱，客群结构由此也发生了质的转变。顺应"颠覆性创意、沉浸式体验、年轻化消费"的潮流，传统山水景区云台山成功树立了青春、活力、时尚、靓丽的新形象，给游客带来了更多的文艺优雅性、娱乐趣味性、新奇刺激性、欢快愉悦性、自主参与性、社会象征性体验，提升了消费品位。

云台山在游客"画像"的基础上，明晰了现代游客对休闲文化的兴趣与偏好，对目标市场精准定位和营销，迅速调整产品供给，增加了顾客黏性与忠诚度。2018年，云台山的门票价格从150元降到120元，并开始实行"一年任意三天"的预售票制度；随后又推出了100元不限次数的惠民年卡，一改原有门票的有效期，进一步提高重游率，让游客以更实惠的价格、更灵活的时间多次来游玩。2023年，云台山音乐节为近10万乐迷送出文创礼包，推出了免一个月景区门票和新一届音乐节门票立减的福利政策，增强了重点客源市场的黏性，获得了游客的大量点赞。根据问卷调查，云台山游客重游率达到了25%，综合评价好评率达到了98%，每年通过亲朋好友推荐来的游客占到近50%，业已形成良好的口碑。

为了进一步探究云台山的游客涉入因素，下面基于隐喻抽取技术对访谈资料进行提炼，以获得云台山游客由具体情境所引发的兴趣、动机、关注与投入的心理状态和行为反应。

1. 受访者选取

本书共选取了10名云台山的游客作为受访者。受访者的性别、年龄、职业和现居地等人口基本特征，如表6-1所示。

2. 访谈构念抽取与整理

本书结合攀梯法整理了10名受访者的访谈记录，受访者依据他们提供的照片，讲述相关的故事，从中提取出的构念总结见表6-2。受篇幅所限，此表仅列出5位受访者所述故事的部分内容及其提及的构念名称。

表 6-1　受访者的人口基本特征

编号	性别	年龄/岁	职业	现居地
P1	男	27	公司职员	北京
P2	女	22	学生	太原
P3	女	32	个体经营户	郑州
P4	男	49	中学教师	洛阳
P5	女	26	公务员	西安
P6	男	34	设计师	焦作
P7	女	28	会计	石家庄
P8	男	31	程序员	洛阳
P9	女	26	银行柜员	南阳
P10	女	25	销售人员	济南

表 6-2　说故事与构念抽取

受访者	说故事	构念抽取
P1	这就开启了两天的云台山之旅。我们来到了第一个景点——红石峡。它既有北方山川的雄伟，又有江南水乡的秀丽。全程单行一个半钟头，不走回头路，一边是悬崖峭壁，一边是峡谷深潭。怀着无比小心的心情，恰恰带来十万分的别致体验。曲折的步道迂回，向前走着走着，眼前忽然出现一条雪白的瀑布飞流而下，产生如此多洁白美丽的水花。站在桥面往下看，还有更多的山水奇景呈现在我的眼前，不得不感慨大自然的鬼斧神工	云台山、景点、红石峡、北方山川、雄伟、江南水乡、秀丽、单行、悬崖峭壁、峡谷深潭、小心、别致体验、步道、瀑布、洁白美丽、水花、山水奇景、感慨、大自然、鬼斧神工
P2	潭瀑峡风光宜人，沿水而上，每走一步都能够直接接触到身边的潭水，不少游客在水中尽情玩乐。潭瀑峡还为游客提供了攀岩项目，喜爱冒险的朋友可以在这里体验"高度与激情"。在猕猴谷，还刚好赶上了一场猕猴表演，驯兽师说着有趣的话，引导猕猴做各种动作，猕猴的滑稽表演引来游客阵阵掌声和笑声	潭瀑峡、风光宜人、潭水、尽情、玩乐、凉爽、惊喜、攀岩、冒险、体验、高度、激情、猕猴谷、猕猴、表演、驯兽师、有趣、滑稽、掌声、笑声
P3	我们已经离云台天瀑非常非常近了，但是为什么没有听到水声呢？带着这个疑问，我们登上台阶来到了云台天瀑附近。见到天瀑的那一刻，我震撼的心情已经无法用词语来表达了。云台天瀑的水从最高处开始落下，宛如进入了慢镜头一般，水雾缓缓飘落，变换路径，拉开成为一片薄雾，又汇为一股水流。而这所有的奇妙变幻过程竟都是在空中完成的，怎能不叫人惊叹呢	云台天瀑、水声、台阶、震撼、水雾、飘落、水流、奇妙、变幻、惊叹

续表

受访者	说故事	构念抽取
P4	茱萸峰久负盛名,是唐代大诗人王维重阳节登高创作诗篇《九月九日忆山东兄弟》的灵感来源。今日,环顾四周,不由感叹:遍插茱萸少一人。我们选择徒步下山,30分钟的步程,很快走到山底。路上我们还邂逅了一位书生,手捧书卷,正在吟诗作赋,正是唐代大诗人"王维"。另外,这里每天还会有"竹林七贤"国风演艺,展现魏晋时期名士之风流。唯美的画面、悠扬的音乐,在自然山水间正上演着动人的故事	茱萸峰、诗人、王维、重阳节、登高、诗篇、感叹、徒步、书生、书卷、吟诗作赋、竹林七贤、国风、演艺、魏晋、名士、风流、唯美、悠扬、音乐、自然山水、动人、故事
P5	云台山的美景本就令人叹为观止,而那精心编排的汉服秀,更是为这片山水增添了几分古典的韵味与雅致的风情,体现出它深厚的文化底蕴。随着悠扬的古筝声响起,一群身着华丽汉服的演员缓缓步入舞台,举止间流露出古代文人的风骨与仕女的温婉,让人不由自主地放慢脚步,细细品味这份跨越时空的美。青山绿水间,汉服飘飘,仿佛一幅流动的画卷,让人心旷神怡。在这样的环境中观看表演,不仅是一场视觉盛宴,更是一次心灵的洗礼	云台山、美景、叹为观止、汉服秀、山水、古典、韵味、雅致、风情、文化底蕴、悠扬、古筝、华丽、演员、舞台、文人、风骨、仕女、温婉、不由自主、品味、跨越时空、青山绿水、心旷神怡、表演、视觉盛宴、心灵、洗礼

对含义相似或相近的构念进行合并,如将"风景""风光""景色""景致"等合并为"风景";将"峡谷""山谷""河谷"合并为"峡谷";将"秀丽""好看""优美""秀美"等合并为"秀丽"等。经过整理,最终得到80个构念,如表6-3所示。

3. 绘制共识地图

共识地图是每位受访者心智模式的集合,可以直观地显示出多数受访者对某一研究主题的共同认知、感受和看法。绘制共识地图的关键是找到起始构念、连接构念和终结构念之间的内在关联性,并画出它们的逻辑关系。根据共识地图构建的原则,本书筛选出35个共识构念。其中包括初始构念21个、连接构念10个和终结构念4个,并据此绘制云台山游客涉入的共识地图(如图6-2所示)。

表 6-3 受访者提及的全部构念

编号	构念	编号	构念	编号	构念	编号	构念
1	云台山	21	索道	41	文化	61	太极拳
2	地质公园	22	激情	42	茱萸峰	62	穿越时空
3	景点	23	活力	43	重阳节	63	唯美
4	红石峡	24	迷人	44	历史	64	服务区
5	人气	25	徒步	45	王维古诗	65	便利
6	猕猴谷	26	自然	46	百家岩	66	舒适
7	山水	27	夏天	47	竹林七贤	67	实惠
8	峡谷	28	植被	48	魏晋风骨	68	观光车
9	雄伟	29	流泉	49	表演	69	直达
10	秀丽	30	瀑布	50	沉浸	70	干净
11	攀岩	31	潭水	51	创意	71	美食
12	步道	32	戏水	52	音乐	72	周到
13	玻璃栈道	33	子房湖	53	悠扬	73	亲子
14	风景	34	兴奋	54	汉服	74	度假
15	云溪谷	35	凉爽	55	雅致	75	笑声
16	夜游	36	清澈	56	韵味	76	清新
17	奇幻	37	震撼	57	独特	77	惬意
18	欢乐	38	有趣	58	风情	78	值得
19	流连	39	惊奇	59	飘逸	79	好玩
20	浪漫	40	感慨	60	国潮	80	满意

共识地图将构念之间建立起联系，形成了一套完整的逻辑链条。例如，游客游览"山水""峡谷""瀑布"时，感到"雄伟""秀丽"和"震撼"，最终获得了"惊奇"的体验；游客"攀岩""戏水""夜游"、看"猕猴谷""表演"、走"玻璃栈道"时，感到"兴奋""有趣"和"奇幻"，最终获得了"欢乐"的体验；游客观赏"竹林七贤"的"汉服""表演"和"王维古诗"吟诵时，感到"飘逸"和"国潮"之风，最终获得了"雅致"的体验。由此，云台山引发的游客涉入因素可以归结为"惊奇""欢乐""舒适""雅致"。

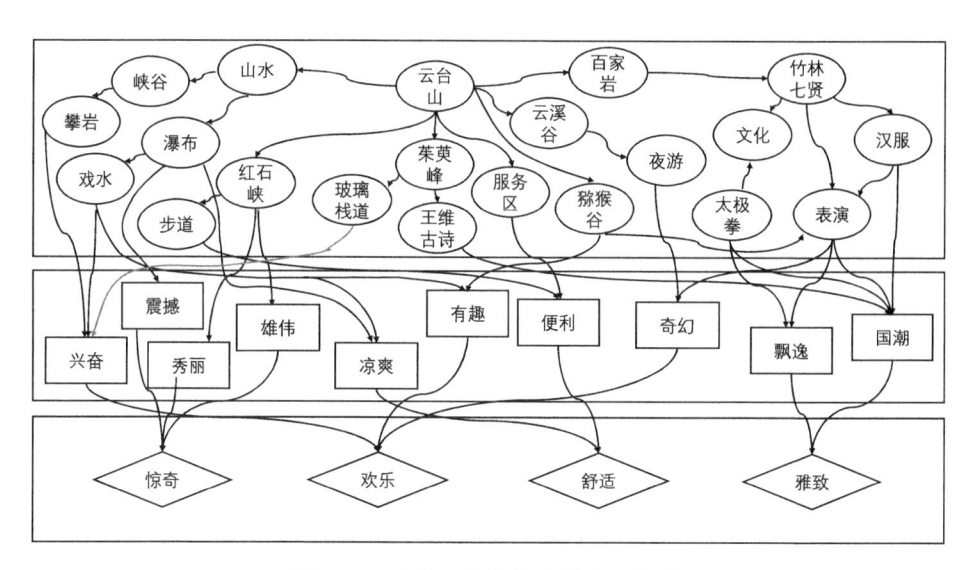

图 6-2 云台山游客涉入的共识地图

（四）云台山的信息传播分析

创始期默默无闻的云台山在营销信息传播之前首先是确立形象，以"云台山水、峡谷极品"的品牌形象初露锋芒，迎合了当时游客山水观光的需求；其次加入了"地质知识"和"历史文化"的品牌属性，给游客提供知识教育和文化体验；最后又适应游客涉入休闲娱乐化的趋势，成功塑造了老牌山水景区吸引年轻人的时尚新潮形象。

云台山信息传播的方式也经历了诸多转变，由以渠道分销为主逐渐转为以广告宣传为主，并且渠道销售由线下旅行社门店经销逐渐转为线上旅行代理商和官方网站等电商；广告宣传也由在中央电视台等传统大媒体上投放广告，逐渐转为在"两微一抖"等新媒体平台上发布信息，一步步增强了云台山的品牌影响力、知名度和美誉度。具体来说，在营销传播与获客的渠道方面，一开始云台山就进行了周密的市场调研，划分了一级市场、二级市场、潜在市场和境外市场，主要是通过与各地的旅行社合作来向目标客群传达目的地信息，并专设旅游宣传促销资金，出台游客团队奖励政策；后来发展为营销推拉组合的方式，重点在央媒花重金打广告，做集中轰炸、强势推介，同时积极策划、举办各种节庆、赛事、会议等，并大力宣传报道，在全国范围内叫响了"云台山水"的品牌，另外，营销主渠道也开始转移到携程、同程等OTA上；最近的做法是以拉为主，全方位利用媒体矩阵，除了继续在传统大媒体上保持曝光度，还在社交媒体上不断推送爆款内容，提升市场声量，使云台山成为网红打卡地，来引发散客、青年群体的关注和参与。

为了检验云台山旅游信息传播的有效性，即官方投射旅游形象与游客感知旅游形象的一致性，下面借助ROST CM软件对云台山景区官方发布的信息和游客网络游记、评论的文本内容分别进行词频分析、语义网络分析、类目分析并对其进行比较。

1. 云台山旅游投射形象分析

本书运用"八爪鱼采集器"来抓取云台山景区官方网站、官方微博、官方微信公众号的文本内容。其中包括官方网站文本168篇，官方微博文本216篇，官方微信公众号文本117篇，共计101 583字。

（1）云台山旅游投射形象的词频分析

本研究利用ROST CM6.0软件对以上的网络文本进行分词处理和词频分析，去除无用的词汇与合并相近的词汇后，得到排名前100的云台山旅游投射形象的高频特征词，如表6-4所示。

为了更加直观地了解官方投射的云台山旅游形象，本书对高频词进行可视化操作，生成云台山旅游投射形象的高频词云图，如图6-3所示。

（2）云台山旅游投射形象的语义网络分析

为了深入探究云台山旅游投射形象中各特征词之间的相互关系，本书对高频词进行语义网络分析，生成云台山旅游投射形象的语义网络图，如图6-4所示。

表 6-4 云台山旅游投射形象的高频特征词

序号	特征词	频次	序号	特征词	频次	序号	特征词	频次	序号	特征词	频次
1	门票	336	26	畅游	52	51	氛围	26	76	壮观	15
2	夏天	330	27	茱萸峰	52	52	自由	25	77	直达	14
3	音乐	313	28	期待	51	53	碧水	24	78	星空	14
4	王维诗	293	29	表演	49	54	热闹	24	79	广场	14
5	冬天	228	30	山水	47	55	精彩	22	80	乐园	14
6	春天	197	31	文化	47	56	热情	21	81	住宿	13
7	青春	167	32	环境	46	57	仙境	21	82	疗愈	13
8	瀑布	149	33	红石峡	43	58	美景	21	83	幸福	13
9	峡谷	126	34	风景	42	59	爬山	21	84	保障	13
10	汉服	118	35	十二花神	42	60	亲子	20	85	温柔	13
11	欢乐	111	36	沉浸	37	61	盛大	20	86	热爱	13
12	花朝节	105	37	红叶	36	62	火爆	20	87	非遗	13
13	冰雪	103	38	国风	35	63	梦幻	19	88	踏青	13
14	浪漫	99	39	花样	34	64	落日	35	89	魅力	13
15	秋天	97	40	互动	33	65	人气	18	90	仪式	12
16	云海	97	41	独特	33	66	小镇	18	91	惬意	12
17	体验	84	42	丛林滑道	32	67	艺术	18	92	猕猴	12
18	假日	75	43	太行山	31	68	中医	17	93	值得	12
19	戏水	68	44	服务	29	69	竹林七贤	17	94	民俗	12
20	凉爽	83	45	美好	28	70	餐饮	16	95	雾凇	12
21	奇观	68	46	享受	28	71	活力	16	96	攀岩	11
22	太极拳	62	47	流泉	28	72	森林	15	97	愉悦	10
23	索道	54	48	惊喜	27	73	心动	15	98	刺激	10
24	自然	54	49	山野	27	74	晚霞	15	99	地质	10
25	丰富	54	50	夜游	26	75	市集	15	100	雨后	10

图 6-3　云台山旅游投射形象的高频词云图

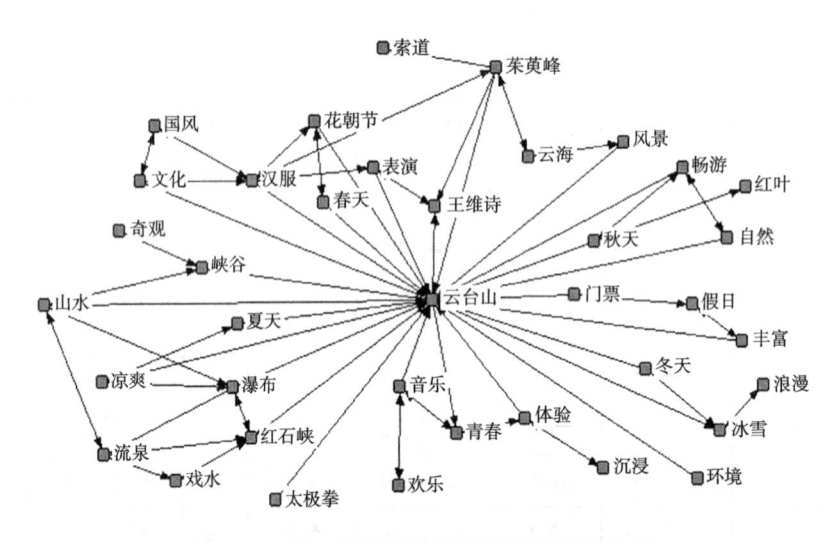

图 6-4　云台山旅游投射形象的语义网络图

2. 云台山旅游感知形象分析

本书运用"八爪鱼采集器"抓取携程、马蜂窝、去哪儿三个网站上关于云台山游记的文本内容。其中包括携程网文本 236 篇，马蜂窝网文本 125 篇，去哪儿网文本 135 篇，共计 115 490 字。

(1) 云台山旅游感知形象的词频分析

本研究利用 ROST CM6.0 软件对以上的网络文本进行分词处理和词频分析，在去除无用的词汇与合并相近的词汇后，得到排名前 100 的云台山旅游感知形象的高频特征词，如表 6-5 所示。

表 6-5 云台山旅游感知形象的高频特征词

序号	特征词	频次	序号	特征词	频次	序号	特征词	频次	序号	特征词	频次
1	风景	535	26	舒服	47	51	态度	21	76	讲解	13
2	红石峡	341	27	音乐	46	52	卫生	21	77	满意	12
3	秀丽	328	28	餐饮	45	53	国风	21	78	可爱	12
4	茱萸峰	225	29	假日	39	54	流泉	21	79	流连	12
5	猕猴	171	30	刺激	36	55	好玩	20	80	水量	12
6	值得	161	31	实惠	36	56	山峦	20	81	丹霞	11
7	玻璃栈道	152	32	夏天	34	57	碧水	19	82	清澈	11
8	汉服	148	33	惊险	34	58	司机	19	83	潭水	11
9	服务	128	34	太行山	33	59	山势	19	84	验票	11
10	巴士	103	35	子房湖	32	60	国庆节	19	85	幽深	10
11	瀑布	102	36	爬山	31	61	山顶	17	86	戏水	10
12	门票	89	37	壮观	31	62	云雾	17	87	配套	10
13	自然	88	38	索道	31	63	直达	17	88	雨季	10
14	王维诗	79	39	热情	30	64	表演	16	89	规范	10
15	愉悦	78	40	鬼斧神工	28	65	完美	16	90	震撼	10
16	峡谷	71	41	凉爽	28	66	季节	16	91	陡峭	10
17	交通	66	42	秋天	27	67	竹林七贤	16	92	新鲜	9
18	住宿	65	43	小寨沟	26	68	迷人	15	93	合理	9
19	山水	57	44	仙境	25	69	夜游	15	94	淡季	9
20	体验	52	45	丰富	25	70	春天	14	95	冬天	9
21	空气	52	46	清新	24	71	气候	13	96	人性化	9
22	导游	51	47	地貌	24	72	设施	13	97	火车	9
23	周到	50	48	天气	23	73	百家岩	13	98	购物	8
24	环境	49	49	万善寺	22	74	公交	13	99	快捷	8
25	管理	48	50	人气	22	75	独特	13	100	齐全	8

为了更加直观地了解游客感知的云台山旅游形象，本书对高频词进行可视化操作，生成云台山旅游感知形象的高频词云图，如图6-5所示。

图6-5　云台山旅游感知形象的高频词云图

（2）云台山旅游感知形象的语义网络分析

为了深入探究云台山旅游感知形象中各特征词之间的相互关系，本书对高频词进行语义网络分析，生成云台山旅游感知形象的语义网络图，如图6-6所示。

3. 云台山旅游投射形象与感知形象的比较

对比云台山旅游投射形象与感知形象的高频词、语义网络图，可见两者突出的词语均为"瀑布""峡谷""自然""山水""王维诗""汉服""欢乐""愉悦"等，并且整体也呈现出高度的相似性和一致性。这说明云台山旅游的宣传点和游客的关注点都是山水风光+文化休闲，投射形象与感知形象有较高的重合度。

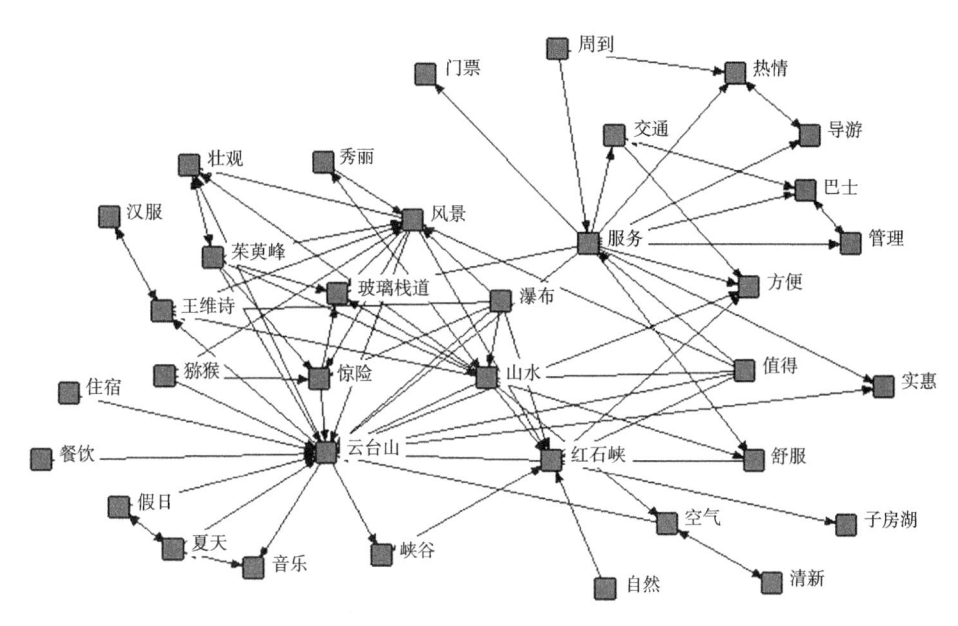

图 6-6 云台山旅游感知形象的语义网络图

为了进一步详细比较云台山旅游投射形象与感知形象的异同点，下面对两者进行类目的比较分析。根据云台山旅游形象的高频特征词，结合旅游目的地形象构成要素，可以将云台山旅游投射形象与感知形象置于自然环境、人文景观、旅游事件与活动、旅游设施与服务、旅游特征与气氛 5 个主类目下的 13 个次类目进行比较，详情如表 6-6 所示。

表 6-6 云台山旅游投射形象与感知形象的类目比较

主类目	次类目	累计频数	频数占比 /%	投射形象高频词	累计频数	频数占比 /%	感知形象高频词
自然环境	山水	2051	38.97	瀑布、峡谷、自然、茱萸峰、山水、环境、红石峡、风景、红叶、太行山、流泉、山野、碧水、踏青、地质	1713	40.08	风景、红石峡、茱萸峰、瀑布、自然、峡谷、山水、环境、太行山、子房湖、小寨沟、地貌、流泉、山峦、碧水、山势、山顶、水量、丹霞、潭水

续表

主类目	次类目	累计频数	频数占比 /%	投射形象高频词	累计频数	频数占比 /%	感知形象高频词
自然环境	动植物	2051	38.97	森林、猕猴	1713	40.08	猕猴
	时节、气候与天气			夏天、冬天、春天、冰雪、秋天、云海、假日、凉爽、落日、晚霞、星空、雾凇、雨后			空气、假日、夏天、凉爽、秋天、天气、云雾、季节、春天、气候、雨季、淡季、冬天
人文景观	历史文化遗迹	429	8.15	王维诗、竹林七贤	297	6.95	王维诗、万善寺、竹林七贤、百家岩
	当代建筑场所			丛林滑道、夜游、小镇、市集、广场、乐园			玻璃栈道、夜游
旅游事件与活动	文艺节庆	990	18.81	音乐、汉服、花朝节、表演、文化、盛会、十二花神、国风、艺术、仪式	272	6.36	汉服、音乐、国风、表演
	体育运动			戏水、太极拳、爬山、攀岩			爬山、戏水
	非遗民俗			中医、非遗、民俗			
旅游设施与服务	票务、导游等管理与服务	475	9.03	门票、服务	781	18.27	服务、门票、导游、管理、态度、讲解、设施、验票、配套
	交通、安全与卫生			索道、直达、保障			巴士、交通、索道、卫生、司机、直达、公交、火车
	住宿、餐饮与购物			餐饮、住宿			餐饮、住宿、购物
旅游特征与气氛	特征（形容事物本身）	1208	25.04	青春、奇观、丰富、花样、互动、独特、美好、热闹、精彩、仙境、美景、盛大、火爆、梦幻、活力、壮观、温柔、魅力	1211	28.33	秀丽、周到、实惠、惊险、壮观、鬼斧神工、仙境、丰富、清新、好玩、完美、迷人、独特、可爱、清澈、幽深、规范、震撼、陡峭、新鲜、合理、人性化、快捷、齐全

续表

主类目	次类目	累计频数	频数占比/%	投射形象高频词	累计频数	频数占比/%	感知形象高频词
旅游特征与气氛	气氛（形容游客感受）	1208	25.04	欢乐、浪漫、体验、畅游、期待、沉浸、享受、惊喜、氛围、自由、热情、亲子、人气、心动、疗愈、幸福、热爱、惬意、值得、愉悦、刺激	1211	28.33	值得、愉悦、体验、舒服、刺激、热情、人气、满意、流连、深刻

注：频数占比＝各类目高频词累计频数/高频词总频数×100%。

从类目分析可以看出，云台山旅游的投射形象与感知形象在自然环境和旅游特征、气氛方面，累计的频数比例大体一致。而且，在自然环境方面，两者都强调"红石峡""茱萸峰""瀑布""峡谷""山水""风景""自然""环境""夏天""凉爽"等；在旅游特征与气氛方面都有"壮观""独特""丰富""欢乐""愉悦""刺激"等，基本达到了官方预期。

但是云台山旅游的投射形象与感知形象也存在不同，差异点主要体现在人文景观、事件活动、设施服务方面。特别是在旅游事件与活动及旅游设施与服务方面的差距较大，具体表现：官方在旅游事件与活动上投射的"音乐""表演""汉服""花朝节"等文艺节庆活动及"太极拳""中医"等"非遗""民俗"活动形象远高于游客的感知形象，而官方在旅游设施与服务上的投射形象明显低于游客对于"导游""交通""住宿""餐饮"等的感知形象。在人文景观方面，尽管两者累计的频数比例相差不多，也都有"王维诗""竹林七贤""夜游"等元素，但是官方投射更偏重"王维诗里的云台山"这一历史文化主题，而游客感知最多的却是惊险的现代游乐体验项目"玻璃栈道"。

究其原因，有以下两点。

第一，在于云台山"花样"繁多、"精彩"纷呈的音乐节、电音节、汉服花朝节等节事活动仅在一年之中的特定时段或不定期开展，大多数游客并非在此期间前往游览，从而感知不到。就是现在云台山平时都有的竹林七贤国风演艺节目，也因为其观演方式、演员水平和制作品质的缺憾，远不如节庆日外聘演出团队的节目那样备受瞩目，还没有达到"互动""热闹""盛大""火爆"的程度，并未在日常游客中引起强烈反响。

第二，当前云台山景区官方传播的信息在微信、抖音、小红书等社交媒体平台上更多以视频、直播的形式呈现，得到了大量游客的关注与评论，也有很多人发布自媒体视频带来流量，而游客在网上敲文字、写游记的传统做法越来越少，由此可能导致通过携程、马蜂窝、去哪儿网的文本分析出现游客对人文景观和活动感知不足的情况，所以后续的研究应该延伸到视频分析。

至于官方在旅游设施与服务上的投射形象低于游客感知形象的问题，是因为云台山的吸引力关键在于资源和产品，而旅游设施与服务只是其保障因素，所以景区传播的信息主要是旅游吸引物特色，而游客的游记或者旅游攻略包含的行程、交通、住宿、餐饮、预订、费用等内容及"周到""实惠""规范""合理""人性化""快捷""齐全"等相关特征较多。

当然，游客感知的旅游目的地形象，也存在着一个独立于官方投射形象之外的自我建构过程，他们对于云台山的印象往往根据自身的期望和体验来形成。尽管如此，基于资源拓展的需要，云台山仍然需要在做好文化休闲旅游产品开发、创新和服务质量保持、提升的前提下，继续面向具有"青春""活力"的年轻人加大宣传力度。

三、云台山旅游地屏蔽突破的案例总结

纵观云台山景区的发展历程和分析云台山旅游地屏蔽突破的方式，可以总结出云台山的成功经验：发展的前期得益于它对水景、峡谷等核心景点做了超清晰的资源识别、高标准的规划建设、大规模的宣传促销；后期主要靠的是准确的客源定位、多元的资源整合、新潮的品牌重塑、火爆的 IP 活动和新颖的媒体传播。在不同时期云台山旅游屏蔽的具体突破路径，如图 6-7 所示。

第六章　自然风光型旅游地屏蔽突破的案例研究 | 157

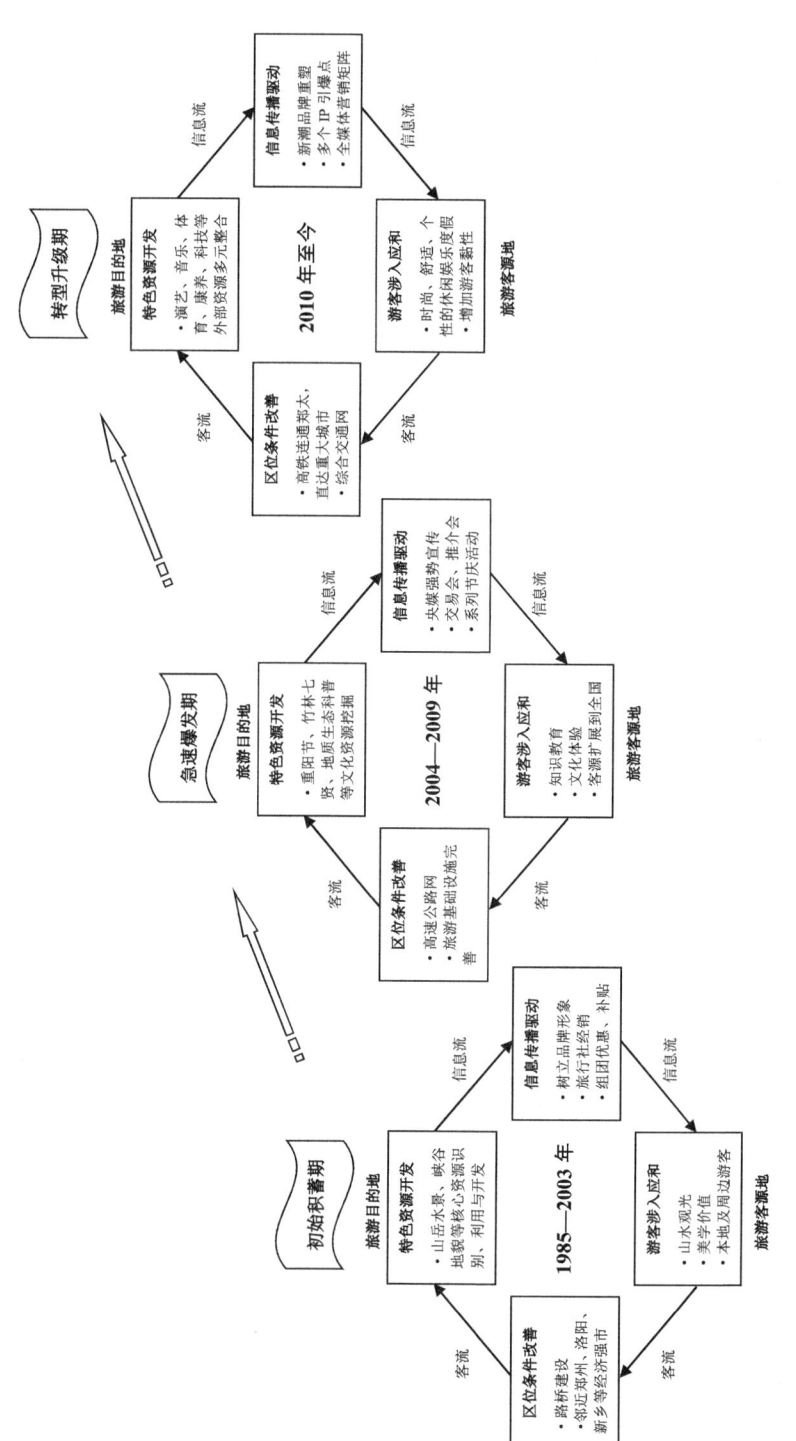

图 6-7　不同时期云台山旅游屏蔽的突破路径

云台山坐拥我国北方奇特罕见的自然景观，观赏游憩价值较高，另外还具有一定的历史、文化和科普资源。其实，放眼全国来看，河南云台山的自然旅游资源并不出众，文化旅游资源也不丰富，而正是它首先凸显了自己"云台山水"的特质，树立了鲜明的品牌形象，投入了大量的开发与营销费用，克服了区位障碍和信息屏蔽，才得以突破重围、声名鹊起。

在我国旅游业进入大众旅游新时代、形成文旅融合新格局的背景下，迎合青年消费群体的个性喜好、意识观念、兴趣态度和生活方式，云台山又乘势而上、迭代升级，遵循跨界对接优势资源的新思想，注入高质量发展的新动能，探索从山水观光进阶文化体验的新路径，推出了体育旅游、康养旅游、文化创意旅游、数字科技旅游等新业态，缔造了自然山水景区向休闲娱乐度假多元复合发展的新样板，重塑了年轻态、时尚化、生动活泼、文艺范儿的新形象，开启了"IP活动+全媒体推广"的新形式。

用了近四十年的时间，云台山从"一介平民"到"河南第一"，也实现了"国内一流、国际知名"的发展目标。当然，在当今旅游目的地区域竞争日趋激烈的紧迫形势之下，前有嵩山、鸡公山等风景名胜区的时过境迁之鉴，身后还有老君山、白云山等新秀自然景区的追赶，更别说龙门石窟、清明上河园等文化旅游地频频火爆出圈，再次引领中原文化复兴的挑战，云台山依然走在开拓创新、砥砺前行的路上。

第二节　重庆武隆喀斯特旅游地屏蔽突破的案例研究

一、武隆旅游地屏蔽突破的案例描述

武隆喀斯特旅游区地处重庆市东南部乌江下游，武陵山和大娄山峡谷地带，区内包含芙蓉洞、仙女山、天生三桥、龙水峡地缝、芙蓉江等著名旅

游景点，是以自然风景为底色，兼具休闲、度假、娱乐、运动项目及少数民族独特风情的综合性旅游度假区。武隆喀斯特旅游区是全国少有的同时拥有"世界自然遗产""世界最佳旅游乡村""国家5A级旅游景区""国家级旅游度假区""国家全域旅游示范区""国家生态文明建设示范区""'绿水青山就是金山银山'实践创新基地"等金字招牌的知名旅游目的地。

然而，20世纪90年代初的武隆交通不便、设施落后，还只是一个大山中的贫穷小县城，相比山城重庆的其他旅游地来说毫无存在感。早在1978年，重庆长江三峡旅游项目就已出现，它以独特的自然风光和历史文化，吸引了大量国内外游客。大足石刻规模宏大、雕刻精美、题材多样，是重庆唯一的世界文化遗产，具有极高的艺术价值和文化内涵。沙坪坝区的渣滓洞、白公馆是重庆著名的红色景区，在中国革命史上占有特殊的地位。磁器口古镇是重庆主城区内规模最大、最具巴渝传统民居特色和民俗、民风特色的古镇，热度经久不衰。因此，武隆旅游以1993年的芙蓉洞开发为起点，逐步形成洞、山、桥、缝、水五大类景区，从无到有、从弱变强，一路走来实属不易。经过三十年的发展，武隆2023年游客接待量近4500万人次，完成了从"穷乡僻壤"化身"人间仙境"的华丽嬗变，创立了旅游富民的"武隆样本"，荣膺中国县域旅游第一品牌，成为重庆旅游业的"排头兵"和全国重要的旅游目的地。

在群雄争霸的背景下，武隆能够在众多瑰丽璀璨的景区之中卓然而立，一方面有赖于其独特的自然资源禀赋，"天生丽质难自弃"；另一方面得益于其创新性的经营发展方式，不断丰富核心吸引物，不断更新营销传播手段，做到了让游客"常去常新"。通过1993年以芙蓉洞开发为标志的"一次创业"，2008年以"做大游客总量、做强旅游经济"为任务的"二次创业"，以及2022年启动以"国际化为引领、加快建成世界知名旅游目的地"为目标、以"做深产业链、提升贡献度"为主线的"三次创业"，武隆旅游发展从观光游向深度游和休闲游持续转型升级，由"山里的武隆"到"重庆的武隆"，再到"中国的武隆"向"世界的武隆"迈进。下面将武隆景区的发展历史分为资源开发期、品牌推广期和产业深耕期三个阶段，如图6-8所示，并详述如下。

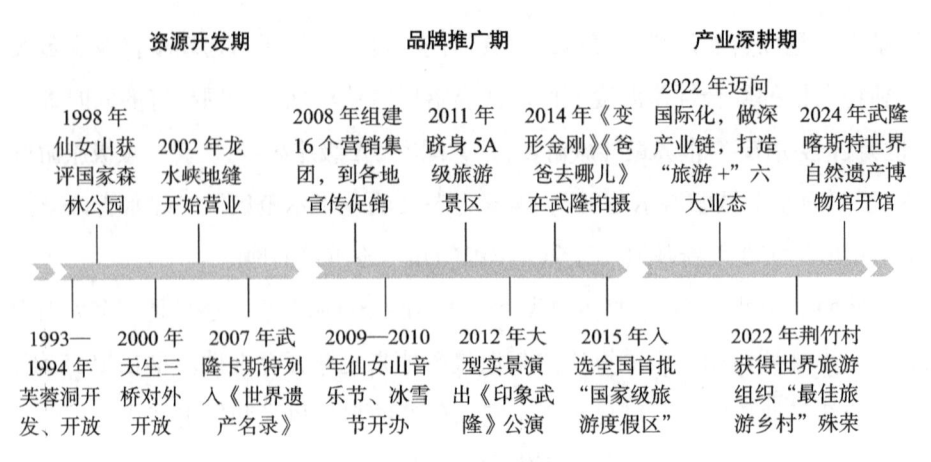

图 6-8　武隆景区的发展历程

（一）武隆的资源开发期（1993—2007 年）

20 世纪 90 年代初的武隆，人均两亩耕地仅能解决温饱问题，没有丰富的矿产资源，交通条件也落后，全县 GDP 仅为 3.46 亿元，经济上主要以烤烟为支柱产业，农民纯收入仅为 333 元，属于国家级贫困县。武隆虽然无法进一步发展农业和工业，但也因位置偏僻，开发痕迹少，独具特色的自然景观和民俗文化等地方原始风貌得到了较好的保存。1993 年，几位村民偶然间在芙蓉江畔的半山腰发现了一座神奇的溶洞——芙蓉洞。面对大自然的馈赠，武隆作出重大决策，开启旅游发展的新道路。

武隆从零起步，不断在钟灵毓秀的山水间探寻生态旅游的瑰宝。1993 年，武隆县投入 850 万元开发芙蓉洞并于次年 5 月正式对外开放。1998 年，仙女山林场获评"国家森林公园"。2000 年，天生三桥景区正式对外开放。2002 年，龙水峡地缝开始营业。至此，包括洞、山、桥、缝、水形态在内的五大景区开发基本完成，武隆的吸引力全面提升。

为了提升知名度，与全国众多知名景区竞争，武隆旅游宣传采取了立足重庆、辐射周边的营销策略，通过新闻发布会、媒体见面会、旅行社拜访、举办节事活动等多种形式开拓市场。例如，武隆邀请中央电视台、重庆电视台等媒体到景区拍摄宣传片,邀请大型旅行社来景区踩线,举办国际山地户外运动公开赛和芙蓉江龙舟锦标赛等多项体育赛事。与此同时,如若仙境的武隆风光还吸引了诸多摄影师和剧组来此采风和拍摄。2006年,张艺谋导演的《满城尽带黄金甲》在天生三桥取景拍摄。随着影片的热映,武隆也出了名。

2007年,以云南石林、贵州荔波和重庆武隆为代表的"中国南方喀斯特"被列入《世界遗产名录》,武隆成为重庆市第一处、中国第六处的世界自然遗产,从此登上了世界的舞台。在这一年,武隆景区年接待游客164.26万人次,是1994年的13.69倍,实现了从"山里的武隆"到"重庆的武隆"的跨越,山区小县声名鹊起,旅游大县初具雏形。

(二)武隆的营销推广期(2008—2021年)

申遗成功是武隆旅游发展的助推器,2008年武隆决定实施"二次创业",将"做大游客总量、做强旅游经济"作为主要任务,打造"休闲度假胜地、户外运动天堂"。

2009年,武隆仙女山首届国际露营音乐节开幕,至今已连续举办15届,成为西南地区最具品牌影响力和号召力的音乐盛会之一。2010年,武隆开办的仙女山冰雪节,在冬季也吸引了大批游客。2011年,武隆喀斯特旅游区跻身5A级旅游景区。2012年,大型实景演出《印象武隆》公演,实现了艺术与山水、文化与自然的高度融合。2015年,武隆把乌江河畔的羊角古镇打造成全国首个纤夫文化、盐运文化主题古镇。同年,仙女山入选全国首批17个国家级旅游度假区,标志着武隆旅游由景区向度假区、观光旅游向休闲度假的转变。2019年,懒坝一期大地艺术公园开园,同时举办首届"武隆懒坝国际大地艺术季"。

当时,国内生态旅游市场基本被九寨沟、张家界等先行开发的景区占据,武隆想要突出重围必须在营销上下功夫。因此,武隆在"二次创业"中,把重点放在了宣传推广上,每年的营销费用均达到1亿元以上,具体采取了以下四个方面的措施：一是加大交通要道户外大型广告和各类媒体的宣传，如在机场、主要交通干线设置大型户外广告牌，还在《重庆日报》《国家人文地理》等报刊上作专版介绍；二是积极参加各类旅游交易会及促销活动，在展会上推介武隆；三是到客源地宣传促销，如向广东市民发放10万套"武隆世界自然遗产景区免费通行卡"，邀请800名成都市民免费乘坐旅游专列到武隆游玩等；四是完成了系列旅游宣传资料的制作，包括宣传片、画册、纪念邮册、明信片等。

在上述举措中，最有效果的就是"组客入武"工程的实施。2008年，全县成立由16位县委、县政府领导主导，119个县级部门、国有企业和26个乡镇组成的16个旅游营销集团，分片进驻国内40个人口在100万人以上的大城市驻点进行宣传促销工作。海外方面，武隆主要领导带队到东南亚宣传，在欧洲还设立了奥地利营销办事处。国内外游客纷至沓来，国内来自贵阳、山东等省份的旅游专列开进武隆，国际上来自韩国、美国、泰国、尼日利亚等国的华人华侨社团代表前往武隆。开展集团营销的第一年，全县旅游接待游客220多万人次，实现旅游收入11亿元，比2007年分别增长了34.1%和35.3%。

随后，武隆又在影视营销方面发力，极大地提升了武隆的知名度。2014年，武隆与好莱坞派拉蒙影业搭建合作桥梁，天生三桥景区成为《变形金刚4》的取景地，极大地提高了曝光度，也使全球影迷对武隆产生了浓厚的兴趣。同时，湖南卫视《爸爸去哪儿第二季》在武隆拍摄，让武隆备受关注，武隆顺势推出了"爸爸去哪儿"亲子旅游线路，并建造了两个亲子乐园。也是在这一年，武隆原始森林和喀斯特地貌的粗犷神秘气息又引来电影《笔仙惊魂3》摄制组在此取景。另外，央视《中国民歌大会》《生财有道》《走进中国》《远方的家》等节目也先后在武隆取景。2016年，在第73届威尼斯电影节官方活动"聚焦中国"上，武隆宣传片惊艳亮相。

通过旅游"二次创业"，武隆景区产品得以优化，质量不断提升，知名度大幅度提高，市场影响力迅速扩大，品牌价值持续攀升。2021年，武隆累计接待游客4074.54万人次，是2007年的24.8倍。

（三）武隆的产业深耕期（2022年至今）

在完成了"山里的武隆"到"重庆的武隆"，再到"中国的武隆"的转变之后，2022年，武隆开始强力推进以国际化为引领、以"做深产业链，提升贡献度"为主线的"三次创业"，从打造研学、运动、艺术、康养、婚恋、服务六大"旅游+"业态入手，构建具有全球吸引力的旅游产品体系，加快建设世界知名旅游目的地。

武隆凭借其美学与科研价值，积极开发以地质、生物、农业及文化为主题的研学项目，开发出喀斯特地质探索、森林生态系统研究等特色课程，打造名为"行走山水间·武隆大课堂"的研学品牌。仙女山互动体验型的"树顶漫步"自然教育营地被认定为市级科普基地；白马山设立的茶文化研学基地，融合农文旅相关产业，丰富了文化旅游产品的种类；2024年，集科普教育、文化展示、生态旅游于一体的武隆喀斯特世界自然遗产博物馆开馆。

为了提升运动产业链的发展层次，建设国际知名山地户外运动胜地，武隆积极开发山地运动、极限运动及水上运动等项目。比如，引进女子马球俱乐部"中国·仙女山1003 Polo Club"，举办诸如赛龙舟、林海骑行、万人长跑等具有代表性和影响力的赛事活动。值得一提的是，自2003年起举办的中国国际山地户外运动公开赛已成为全球著名的户外越野赛事之一，被誉为"中国山地户外运动的旗帜"。此外，还推出了《武隆户外运动路书》，为游客提供翔实的户外活动指南。

延伸艺术产业链，培育和打造艺术品交易、艺术培训、艺术设计等相关产业，也是武隆推进艺术与旅游融合发展的关键环节之一。《印象武隆》这部表现亮眼的反映喀斯特山水与巴渝文化的大型实景演出，已成为重庆乃至全国颇具辨识度和影响力的一张亮丽名片。每年举办的仙女山国际露营音乐节，已经成为吸引众多游客参与的文艺盛事。

武隆充分利用其独特的景观、气候、生态、温泉及中医药资源，致力于打造具有国际品质的康养产品。西南地区首个蜂疗中心已在仙女山建立，并成功举办了第四届世界蜂疗大会，构建起独具特色的"蜂疗""灸疗"和"蜡疗"三大专科。

武隆积极发展婚恋文化展示、婚礼策划服务、婚嫁风俗体验、婚庆蜜月度假等多种业态，创建国内知名的浪漫蜜月旅行目的地及国际知名的婚恋基地。连续两年在武隆举办的西部边防暨驻渝部队官兵集体婚礼、"520"犀牛寨土家族集体婚礼等活动，促进了婚恋文化的传播和社会认同。此外，与中央电视台合作拍摄的《向幸福出发》武隆专场相亲类综艺节目，也进一步提升了武隆的知名度。

为了适应旅游国际化的趋势，增加消费供给，提升"旅居武隆""寻味武隆"等品牌的吸引力，武隆力争创建国家文化和旅游消费试点城市，加快构建旅游国际化服务标准体系。在优化住宿体验上，成立了"乡宿联盟"，并通过举办精品酒店和特色民宿产业发展大会，推动了住宿行业的整体升级。酷客部落五星级酒店的正式运营，以及九家民宿被列入重庆市旅游民宿名录，都为游客提供了更多样化和高品质的住宿选择。

在此过程中，仙女山街道荆竹村是武隆旅游国际化和场景化的一个典型范例。荆竹村依托林海、高山草甸、天坑、峡谷等丰富的自然资源，利用皮影戏表演、手工蜡染展示、手工竹编体验等民俗文化，营建文化气息浓厚的"无有图书馆""归原茶馆"，引进归原小镇等新型田园艺术农业，充分挖掘地方特色文化，通过现代创意"活化"再现传统乡愁，以生态文明体系发展乡村旅游，在2022年获得联合国世界旅游组织"最佳旅游乡村"这一国际殊荣。2023年，荆竹村面向全球招募两万余名"新村民""云村民""荣誉村民"，建设国际知名的农文旅融合新农村。通过"云村民"的推介，吸引游客50余万人次到荆竹村旅游，其中境外游客一万余人次，旅游综合收入达五亿元。

为了塑造"幽远时空·化境武隆"的国际化形象品牌，武隆构建了全渠道立体式营销网络，在巩固与全国50余家媒体合作的基础上，通过近200家网络平台、社区论坛，进一步下沉传播空间，让武隆文旅好故事传播更广、触达更深。2023年，武隆全年接待游客4494万人次，旅游综合收入达到 217 亿元；景区接待持票游客 545.7 万人，其中境外游客 9.1 万人，实现景区收入 5.2 亿元，再创历史新高。三次创业使迈向"世界的武隆"实现了旅游国际化品牌创新和市场拓展的双重突破，成为重庆具有东方特色和国际影响的旅游胜地。

二、武隆旅游地屏蔽突破的案例分析

（一）武隆的资源禀赋分析

1. 武隆的资源品质

武隆喀斯特旅游区拥有世界级的旅游资源，包括芙蓉洞、仙女山、天生三桥、龙水峡地缝、芙蓉江五大知名景区。其中，芙蓉洞片区（含芙蓉江流域）和天生三桥片区（含龙水峡地缝）属于"中国南方喀斯特"世界自然遗产地的组成部分，后坪冲蚀型天坑也同样是世界自然遗产，极具美学价值和科考价值，但该自然景观处于原始状态，尚未开发。

芙蓉洞以其壮丽的溶洞奇观和丰富的地质历史，被誉为"世界三大洞穴"之一，也在"中国最美洞穴"之列。仙女山生态条件十分优越，以其独具魅力的高山草甸、南国罕见的林海雪原和清幽秀美的丛林碧野被称为"东方瑞士"，是踏青、消夏、品秋、赏雪的休闲度假胜地。天生三桥是世界上规模最大的串珠式天生桥群，天龙桥、青龙桥和黑龙桥在总高度、桥拱高度和桥面厚度上居世界第一位。而且这三座喀斯特天生桥，分布在同一峡谷的 1.5 公里的范围内，桥间又是天坑，这在世界上也独具特色。龙水峡地缝规模宏大，气势磅礴，具有雄、险、峻、秀等特点。芙蓉江是乌江的最大支流，流经武隆并形成了秀丽的高峡平湖风景。

2. 武隆的资源密度

武隆喀斯特世界自然遗产地总面积达 380 平方公里，其中核心区面积 60 平方公里。仙女山、天生三桥、龙水峡地缝、芙蓉江、芙蓉洞、羊角古镇、懒坝等景区各具特点，但由于各个景区分布在武隆的不同方向，适合游客自驾前往游览。

尽管武隆喀斯特旅游区面积较大，景区较为分散，但是每个景区内包含的景点、景观数量较多，资源较为富集。仙女山景区距离武隆城区三十余公里，包括菩萨坨、通天塔、仙女池、仙女石等景点，以及体验式营地"树顶漫步"和广阔的高山大草原，景区内部有小火车穿梭其中。天生三桥在白果乡与核桃乡的交界处，由天龙桥、青龙桥、黑龙桥组成，包括天福官驿、龙泉亭、擎天一柱、神鹰天坑、玲珑厅、翁驱送归等景点，景区内部有步行通道、高空观景通道和电梯通道供游客选择，还可通过热气球和直升机进行空中观光。龙水峡地缝在武隆区仙女山镇境内，距离城区约十五公里，与天生三桥相邻，内含龙潭映月、蛟龙寒窟、银河飞瀑、一线天光、竹溪和鸣和小小天生桥等景观，景区内可乘坐电梯游览。芙蓉江景区位于武隆城区东南的江口镇，以规模宏大的典型的"U"形峡谷为主，景点有芙蓉洞、盘古河、悬坝和珠子溪。其中，芙蓉洞是一个大型石灰岩洞穴，洞内景观有金銮宝殿、雷峰宝塔、玉柱擎天、玉林琼花、犬牙晶花、千年之吻、巨幕飞瀑和珊瑚瑶池等。

3. 武隆的资源结构

武隆既有山水之美，又有文化之美，同时拥有以地貌景观为代表的自然旅游资源和民风民俗为代表的人文旅游资源。在此基础上，新增添的许多休闲娱乐项目和活动，使武隆的旅游资源组合更为灵活多样。

在自然旅游资源方面，从规模宏大的天生三桥到被誉为"落入凡间的伊甸园"的仙女山，从"最美的地下艺术宫殿"芙蓉洞到"可探听地球心跳"的龙水峡地缝，从水上喀斯特原始森林风光芙蓉江到绝壁环绕、奇险无比的后坪天坑，大自然赋予武隆喀斯特的绝美不必多说。

在人文旅游资源方面，武隆同样是丰富多彩、独具特色。乌江流域纤夫文化、盐运文化、商贾文化、饮食文化等源远流长，哭嫁、舞狮、赛龙舟等民俗文化异彩纷呈，川江号子、浩口蜡染、木叶吹奏、后坪山歌等声名远扬。居住在武隆的土家族、苗族、仡佬族等少数民族在图腾崇拜、衣冠服饰、音乐舞蹈、生活习俗等方面保留了各自的民俗特色。这些民俗活动不仅丰富了当地的文化生活，也为游客提供了独特的文化体验。

张艺谋团队制作的大型山水实景歌会——"印象·武隆"巧妙地融合了武隆得天独厚的自然风貌和浓郁的地方文化，以国家级非物质文化遗产"川江号子"为主线，展示了"号子""哭嫁"等传承千年却即将消失的民俗形式及"棒棒""滑竿""麻辣火锅"等最具重庆特色的人文元素，弘扬了坚韧不拔、团结协作、乐观豁达的纤夫精神，使观众在70分钟的视听盛宴中亲身感受到自然遗产地的壮丽景色和巴渝地区的风土人情。

最后，在休闲娱乐项目和活动方面，有归原小镇、"树顶漫步"营地、懒坝大地艺术公园等项目，也有风筝节、音乐节、啤酒节、冰雪节等活动，游客每次来都有全天候不同的旅游度假体验。还有影视拍摄留下的布景，比如天福官驿、《爸爸去哪儿》亲子基地等，也是景区内的另一种旅游资源。

（二）武隆的旅游区位分析

1. 交通区位

武隆位于重庆市东南部，处于重庆"一圈两翼"的交汇点，距重庆主城139公里。但早年的武隆是国家级贫困县，纵横的山峦阻碍了武隆人向外发展的脚步。由于交通不便，在武隆景区未开发之前，重庆主城到武隆只有汽车和水路。汽车需要走盘山公路，国道319线是唯一的公路，车程约12小时。水路需先坐船到涪陵，第二天再坐船沿乌江去往武隆，耗时两天。因此，走出大山，摆脱贫困，成为一代代武隆人的梦想。武隆发展旅游，解决交通难题也是首要任务。

1996年，武隆白马至涪陵白涛的双白公路建成通车，之后相继建成了连接26个乡镇的县乡村公路。2009年，渝湘高速建成通车，从重庆主城到武隆仙女山景区的时间在2个小时左右，武隆旅游发展驶入快车道。2013年，G69南涪高速又建成通车。另外，武隆至两江新区的高速公路有望在2026年建成通车，届时从重庆主城到武隆的车程可缩短至1小时。

铁路方面，武隆境内现有渝怀铁路、南涪铁路这两条铁路线，渝湘高铁已经进入施工阶段。其中，渝怀铁路贯穿武隆全境，东连西引分别与重庆、怀化两个城市相通。2020年，渝湘高铁重庆至黔江（武隆段）正式开工建设，建成通车后从重庆主城到武隆只需30分钟。

2020年，仙女山机场通航，武隆旅游迎来了航空时代。武隆与国内大、中型城市实现3个小时可达，并能有效衔接周边的张家界、九寨沟、桂林等著名旅游目的地，旅游服务半径得到充分扩展。至此，武隆的交通条件更加便利，水陆空铁立体交通网络基本形成。

2. 客源区位

武隆位于"成渝1小时经济圈"内，距离的接近性决定了川渝市场是武隆旅游的核心客源市场，游客人数占据武隆游客总量的约60%。武隆优美的自然风光和休闲度假区，对川渝人民具有极大的吸引力，成为城市居民的重要目的地。随着武隆交通条件的逐步改善，营销攻势的日益加强，武隆的知名度和影响力辐射到全国及海外游客。

"一次创业"时，武隆客源以重庆主城和下属各县区为主，向外可辐射周边四川、贵州、云南、湖南、湖北、陕西6个省共3亿人口的市场。

"二次创业"时，武隆将客源市场划分为重庆及周边、长三角、珠三角、京津冀、中原、港澳台地区"六大板块"。客源地除川渝市场外，广东、上海、湖北、湖南、江苏、贵州等市场覆盖日趋广泛。重庆市外的游客比例上升为50%以上，改变了多年来武隆旅游市场由重庆客源独撑的局面。

2022年武隆开启"三次创业"，围绕国内国际双循环相互促进的新发展格局，按照巩固川渝、主攻湘鄂陕、深耕珠三角、激活长三角、提升京津冀、培育大西北、拓展东三省的国内市场营销方略，做透"国内游"；对外以日韩新等客源地为主要传统入境客源市场，开辟欧美、中东、大洋洲为新兴客源市场，做实"国际游"。在重点客群开发上，要做强做大大学生群体、留学生群体、在华外籍游客和国内中高端客群市场。

3. 经济区位

20世纪90年代初，武隆的经济基础薄弱，主要以农业为主，工业和商业微弱，居民人均纯收入远低于重庆市和全国的平均水平，处在国家贫困县之列。从20世纪90年代中期开始，武隆逐渐将目光投向旅游业和新兴工业领域，为经济发展注入了新的活力。2024年上半年，武隆完成GDP 130.86亿元，同比增长7.5%，显示出强劲的经济增长动力。这一增速不仅高于全国和全市的平均水平，还在全市排名中显著提升，体现了武隆经济发展的良好态势。

武隆所处的重庆市，作为西南地区的重要城市，不仅是长江上游地区的经济、金融、科技、航运和商贸中心，还是国家重要的现代制造业基地和西南地区综合交通枢纽。重庆市的经济发展水平较高，拥有较为完善的产业体系和交通网络。从区域定位上看，重庆市是成渝地区双城经济圈的重要组成部分，承担着引领区域经济发展的重要使命。在重庆市的经济发展中，武隆区虽然处于边缘地带，但仍然可以通过与主城区的经济联系和合作，实现自身经济的快速发展。这些一方面为武隆旅游发展提供了强有力的经济支持、交通带动、人才供给，另一方面也为武隆旅游提供了充足的基础客流量保障。

（三）武隆的游客涉入分析

在武隆旅游开放初期，游客对大自然的原始形态心怀向往，对其地质奇观和自然景色充满好奇，尤其对芙蓉洞、仙女山、天生三桥、天坑地缝这些世界级的景观表现出浓厚的兴趣。之后，游客的需求更加多元化，游客逐渐从观光旅游者扩展到休闲度假者和专项旅游者，更加注重旅游的品质、自由度、个性化和丰富性。其中，老年群体休闲度假需求更强，夏季在武隆仙女山避暑，寻求更舒适、更养生的旅游环境；青年群体则更加倾向于时尚性和体验式旅游，喜欢追逐音乐节、演唱会、体育比赛等文体旅消费热点，希望通过户外运动、文化节庆活动及惊险刺激或互动参与的项目，更深入地了解武隆的自然风光和人文历史，以获得更加丰富的旅游体验和回忆。

为了进一步探究武隆的游客涉入因素，下面基于隐喻抽取技术对访谈资料进行提炼，以获得武隆游客由具体情境所引发的兴趣、动机、关注与投入的心理状态和行为反应。

1. 受访者选取

本书共选取了10名武隆的游客作为受访者。受访者的性别、年龄、职业和现居地等人口基本特征，如表6-7所示。

表 6-7　受访者的人口基本特征

编号	性别	年龄/岁	职业	现居地
P1	男	28	程序员	重庆
P2	女	23	学生	遵义
P3	男	35	摄影师	昭通
P4	女	45	中学教师	重庆
P5	女	29	公务员	桂林
P6	男	36	软件工程师	宜昌
P7	女	29	审计	汉中
P8	女	33	护士	西宁
P9	男	27	销售人员	湛江
P10	女	25	公司职员	重庆

2. 访谈构念抽取与整理

本书结合攀梯法整理了10名受访者的访谈记录，即受访者依据他们提供的照片讲述相关的故事并从中提取出的构念。总结见表6-8。受篇幅所限，此表仅列出5位受访者所述故事的部分内容及其提及的构念名称。

对含义相似或相近的构念进行合并，如将"风景""风光""景观""景致"等合并为"风景"；将"惊叹""感叹""惊奇""神奇""奇幻"等合并为"惊奇"；将"美丽""漂亮""优美""秀美""很美""最美"等合并为"秀美"。经过整理，最终得到80个构念，如表6-9所示。

表 6-8 说故事与构念抽取

受访者	说故事	构念抽取
P1	我就在重庆，武隆那边风景确实很美，是除了重庆主城区外最火的景区。天生三桥是那种典型的喀斯特地貌，三座天然形成的石桥横跨峡谷之上。三座天生桥均以龙命名，体现了三桥壮阔的体态与宏伟的气势。走在桥下抬头看非常壮观，简直像走进了电影场景一样。这里是很多影视剧和综艺的拍摄地，有《满城尽带黄金甲》《爸爸去哪儿》《变形金刚4》等。如果你对电影拍摄地感兴趣，那天福官驿不容错过。它就在天生三桥景区里头，是个古色古香的小地方。我去过很多次了，武隆吸引我的原因之一就是总有新的打卡点出现，常去常新，让人觉得很新鲜	风景、很美、最火、天生三桥、喀斯特地貌、天然、石桥、峡谷、壮阔、宏伟、壮观、电影场景、影视剧、综艺、拍摄地、《满城尽带黄金甲》《爸爸去哪儿》《变形金刚4》、兴趣、天福官驿、不容错过、古色古香、多次、吸引、打卡、常去常新、新鲜
P2	武隆仙女山的雪景被誉为南方人心目中最美的冬天。当雪花覆盖这片林海雪原时，它展现出一种独特的浪漫氛围。雪后的仙女山犹如水墨画卷般壮丽。草原与山峰相连，形成了迷人的自然画卷。特别是在白茫茫的冰雪盛宴中，踩着厚厚的积雪，伴随着咯吱咯吱的声音，给人一种释放压力的感觉，同时还能感受到一种宁静的美感。仙女山的树顶漫步营地在雪后显得更加纯净雅致。雪国的列车更是将仙女山的美丽提升到了一个新的高度，成为一个网红打卡点。乘坐小火车穿梭在天然冰雪世界中，如同置身童话世界，美得让人心醉神迷。此外，仙女山还拥有丰富的户外活动，包括打雪仗、堆雪人以及滑雪等，使这座山成为重庆及西南地区的冬季热门旅游目的地	仙女山、雪景、南方、最美、冬天、雪花、林海、雪原、独特、浪漫、氛围、画卷、壮丽、草原、山峰、迷人、自然、冰雪、积雪、释放压力、宁静、美感、树顶漫步营地、纯净、雅致、列车、美丽、网红、打卡、小火车、天然、童话世界、心醉神迷、丰富、户外、打雪仗、堆雪人、滑雪、冬季、热门
P3	武隆不仅有天生三桥，还有仙女山、芙蓉洞、芙蓉江等景区。芙蓉洞里面特别凉快。龙水峡地缝是喀斯特地貌的神来之笔，壁陡峡深，还有飞瀑，很壮观。大自然的鬼斧神工让人惊叹，景区的修建难度也大，以前是本地居民居住的地方，所以不得不佩服古人的智慧和大自然的神奇之处。这里可以体会到井底之蛙的视角，在天坑底看天空就像小时候课本里的一样。夏季这里绿植很多，非常秀美	天生三桥、仙女山、芙蓉洞、芙蓉江、凉快、龙水峡地缝、喀斯特地貌、神来之笔、飞瀑、壮观、大自然、鬼斧神工、惊叹、佩服、智慧、神奇、天坑、夏季、绿植、秀美
P4	前不久在仙女山邂逅了归原小镇，这一次又在仙女山的南麓闯入懒坝的美好。如果非要让我形容一下这次初见的感受，那么我觉得这里是艺术灵感的聚集地，是自由自在的山野云海，是不受拘束的世外天堂。懒坝究其本质，是艺术的汇集地，来到了这里就要记住"人人都是艺术家"，艺术的种子在这里生根发芽，传统文化的脉络在这里延续，自然、艺术、人文和谐共存，懒坝为我们缔造了一处心、灵、身的体验式度假胜地	仙女山、归原小镇、南麓、懒坝、美好、艺术、灵感、自由自在、山野、云海、不受拘束、世外天堂、传统、文化、自然、人文、和谐、体验、度假、胜地

续表

受访者	说故事	构念抽取
P5	我们一行人先后在仙女山观光了空中大草甸、仙女池、通天塔、仙女石等一些景点。虽然这些景观只是仙女山的一部分,但独特的自然人文景致依然令人赏心悦目,回味无穷。其中,仙女山的空中大草甸可谓是集多种风情于一身的自然美景,既有内蒙古大草原的韵味,又有欧洲田园牧歌般的特色,真是一幅秀美的中西结合的自然风光画卷	仙女山、草甸、仙女池、通天塔、仙女石、景观、独特、自然、人文、景致、赏心悦目、回味无穷、风情、美景、草原、韵味、田园、特色、秀美、中西结合、风光、画卷

表6-9 受访者提及的全部构念

编号	构念	编号	构念	编号	构念	编号	构念
1	武隆	21	户外	41	小火车	61	画卷
2	秀美	22	冬季	42	龙水峡	62	冰雪
3	绿植	23	凉快	43	天龙桥	63	南方
4	艺术	24	文化	44	黑龙桥	64	山野
5	滑雪	25	自由	45	青龙桥	65	环境
6	雪原	26	天然	46	芙蓉洞	66	风景
7	懒坝	27	刺激	47	仙女山	67	魅力
8	运动	28	迷人	48	玻璃眺台	68	纯净
9	罕见	29	壮观	49	韵味	69	震撼
10	草甸	30	惊奇	50	打雪仗	70	健康
11	林海	31	美食	51	名声在外	71	特色
12	丰富	32	新潮	52	归原小镇	72	音乐
13	天坑	33	美好	53	天福官驿	73	亲子
14	石桥	34	独特	54	天生三桥	74	度假
15	夏季	35	宏伟	55	生态	75	避暑
16	沉醉	36	打卡	56	鬼斧神工	76	影视
17	新鲜	37	吸引	57	风情	77	《印象武隆》
18	佩服	38	公路	58	赏心悦目	78	《变形金刚》
19	飞瀑	39	创新	59	溶洞	79	《喀斯特地貌》
20	浪漫	40	传统	60	乡村	80	《爸爸去哪儿》

4. 绘制共识地图

共识地图是每位受访者心智模式的集合，可以直观地显示出多数受访者对某一研究主题的共同认知、感受和看法。绘制共识地图的关键是找到起始构念、连接构念和终结构念之间的内在关联性，并画出它们之间的逻辑关系。根据共识地图构建的原则，本书筛选出 34 个共识构念，其中包括初始构念 20 个、连接构念 10 个和终结构念 4 个，并据此绘制武隆游客涉入的共识地图（图 6-9）。

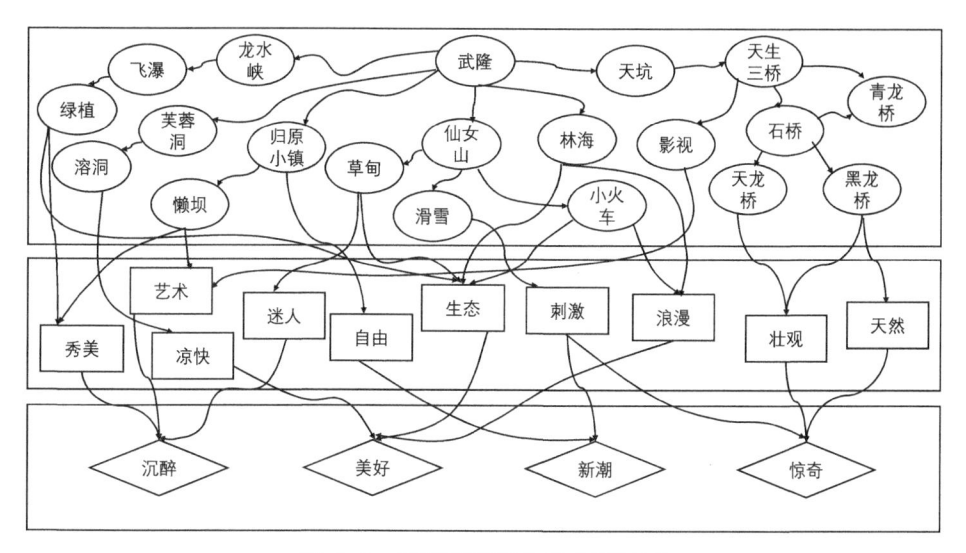

图 6-9 武隆游客涉入的共识地图

共识地图将构念之间建立起联系，形成了一套完整的逻辑链条。例如，游客观赏"仙女山"的"林海""草甸"，乘坐"小火车"时，感到"凉快""迷人""浪漫"，最终获得了"沉醉""美好"的体验；游客在"仙女山""滑雪"时，感到"自由""刺激"，最终获得了"新潮"的体验；游客看到"天坑""石桥"时，感到"天然"的"壮观"，最终获得了"惊奇"的体验。由此，武隆引发的游客涉入因素可以归结为"沉醉""美好""新潮""惊奇"。

（四）武隆的信息传播分析

在旅游营销传播方面，武隆一方面"走出去"，划分六大块区域市场，组建16个营销集团,加强与客源地的对接工作,组织旅游推介会,实行点对点的宣传促销;另一方面"引进来",举办中国国际山地户外运动公开赛、仙女山国际露营音乐节等节事活动,招揽《满城尽带黄金甲》《变形金刚4》《爸爸去哪儿》《极限挑战》《向幸福出发》等众多剧组来武隆拍摄,利用节庆赛事、影视作品、综艺节目的宣传报道和明星的流量效应赢得了更多游客的关注度,也为景区带来了不菲的经济收入。近年来,在加强传统营销方式的同时,武隆积极开拓新媒体营销渠道,创建武隆旅游网,与微博、微信、抖音等合作,进一步提高武隆的知名度和美誉度。

为了检验武隆旅游信息传播的有效性,即官方投射旅游形象与游客感知旅游形象的一致性,下面借助ROST CM软件对武隆景区官方发布的信息和游客网络游记、评论的文本内容分别进行词频分析、语义网络分析、类目分析并做比较。

1. 武隆旅游投射形象分析

本书运用"八爪鱼采集器"抓取武隆景区官方网站、官方微博、官方微信公众号的文本内容,其中包括官方网站文本118篇、官方微博文本265篇、官方微信公众号文本78篇,共计106 967字。

(1) 武隆旅游投射形象的词频分析

本书利用ROST CM6.0软件对以上的网络文本进行分词处理和词频分析,去除无用的词汇与合并相近的词汇后,得到排名前100的武隆旅游投射形象的高频特征词,如表6-10所示。

为了更加直观地了解官方投射的武隆旅游形象,本书对高频词进行可视化操作,生成武隆旅游投射形象的高频词云图,如图6-10所示。

(2) 武隆旅游投射形象的语义网络分析

为了深入探究武隆旅游投射形象中各特征词之间的相互关系,本书对高频词进行语义网络分析,生成武隆旅游投射形象的语义网络图,如图6-11所示。

表 6-10　武隆旅游投射形象的高频特征词

序号	特征词	频次	序号	特征词	频次	序号	特征词	频次	序号	特征词	频次
1	仙女山	781	26	影视	53	51	白马山	32	76	时空	27
2	文化	583	27	乡村	53	52	传统	31	77	开放	26
3	自然	453	28	教育	53	53	互动	31	78	广阔	26
4	马球	353	29	安全	52	54	融合	30	79	学习	26
5	书画	255	30	运动	51	55	机场	30	80	号子	26
6	艺术	220	31	避暑	47	56	氛围	30	81	精品	25
7	森林	186	32	创新	44	57	印象武隆	30	82	归原小镇	25
8	交流	178	33	山地	43	58	懒坝	30	83	震撼	25
9	天生三桥	172	34	纤夫	39	59	民俗	30	84	旅游展	25
10	魅力	169	35	国庆	38	60	假期	30	85	数字化	24
11	特色	169	36	仙境	37	61	小火车	29	86	向往	24
12	体验	161	37	蜡疗	37	62	风情	29	87	惊喜	24
13	风景	120	38	吸引	37	63	喀斯特	29	88	前所未有	24
14	美食	103	39	公园	37	64	蜂疗	29	89	惊险	24
15	赛事	93	40	历史	37	65	浪漫	28	90	幽远	24
16	演出	80	41	冰雪节	36	66	音乐节	28	91	夏季	24
17	视听盛宴	80	42	丰富	36	67	研学基地	28	92	村落	24
18	展会	76	43	期待	35	68	高速公路	28	93	露营	23
19	生态	64	44	沉浸	35	69	印象武隆	28	94	秀丽	23
20	服务区	62	45	惊奇	35	70	航线	27	95	婚恋	23
21	芙蓉洞	61	46	热烈	35	71	电影	27	96	滑雪	22
22	休闲	60	47	精心	35	72	壮丽	27	97	国际化	22
23	龙水峡地缝	59	48	草原	34	73	营地	27	98	神秘	22
24	著名	55	49	户外	33	74	干净	27	99	康养	22
25	传承	54	50	底蕴	33	75	欢乐	27	100	苗族	21

图 6-10　武隆旅游投射形象的高频词云图

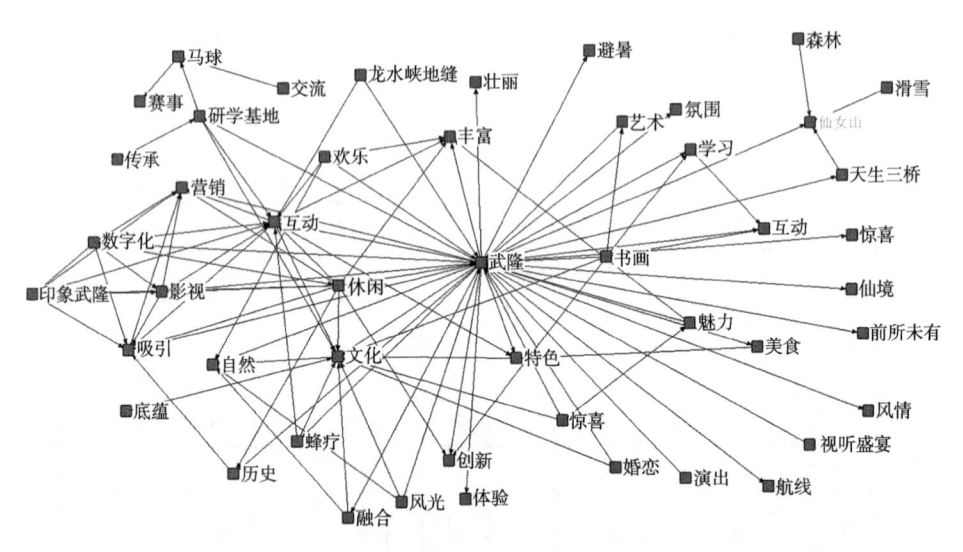

图 6-11　武隆旅游投射形象的语义网络图

2. 武隆旅游感知形象分析

本书运用"八爪鱼采集器"抓取携程、马蜂窝、去哪儿三个网站上关于武隆游记的文本内容,其中包括携程网文本164篇,马蜂窝网文本172篇,去哪儿网文本119篇,共计124 893字。

(1)武隆旅游感知形象的词频分析

本书利用ROST CM6.0软件对以上的网络文本进行分词处理和词频分析,在去除无用的词汇与合并相近的词汇后,得到排名前100的武隆旅游感知形象的高频特征词,详情如表6-11所示。

表6-11　武隆旅游感知形象的高频特征词

序号	特征词	频次	序号	特征词	频次	序号	特征词	频次	序号	特征词	频次
1	天坑	680	26	草原	111	51	胜地	65	76	凉快	44
2	仙女山	662	27	国家级	109	52	森林	64	77	流水	43
3	自然	573	28	暗河	104	53	清新	62	78	号子	43
4	天生三桥	405	29	乌江	100	54	自然遗产	62	79	步道	42
5	惊奇	346	30	康养	99	55	爸爸去哪儿	58	80	白马山	42
6	值得	279	31	天然	97	56	险峻	57	81	开车	42
7	门票	269	32	风景	96	57	最好	55	82	传统	42
8	壮观	262	33	栈道	95	58	感叹	53	83	直达	42
9	电梯	256	34	火锅	92	59	玻璃眺台	52	84	索道	41
10	喀斯特	250	35	夏季	86	60	演出	51	85	幽深	41
11	震撼	225	36	独特	85	61	山路	51	86	神秘	40
12	瀑布	186	37	青龙峡	85	62	讲解	50	87	线上订票	40
13	黄金甲	182	38	体验	82	63	历史	50	88	舒适	40
14	变形金刚	160	39	小火车	82	64	纤夫	49	89	爬山	39
15	公园	157	40	方便	82	65	新潮	48	90	归原小镇	39
16	拍摄	156	41	避暑	81	66	蜂疗	48	91	性价比	39
17	古镇	143	42	秀丽	78	67	印象武隆	48	92	欣赏	38
18	特色	136	43	步行	75	68	好玩	46	93	蜿蜒	38
19	新鲜	134	44	典型	74	69	山城	46	94	沉醉	38
20	电影	129	45	大巴	72	70	客栈	45	95	爱情	37
21	导游	123	46	黑龙桥	71	71	天福官驿	45	96	著名	37
22	土家族	117	47	龙水峡地缝	70	72	高速公路	45	97	美好	37
23	芙蓉洞	113	48	高山	70	73	户外运动	44	98	仙境	35
24	峡谷	113	49	晚上	70	74	自由	44	99	魅力	34
25	酒店	113	50	浪漫	68	75	美食	44	100	音乐节	34

为了更加直观地了解游客感知的武隆旅游形象，本书对高频词进行可视化操作，生成武隆旅游感知形象的高频词云图，详情如图 6-12 所示。

图 6-12　武隆旅游感知形象的高频词云图

（2）武隆旅游感知形象的语义网络分析

为了深入探究武隆旅游感知形象中各特征词之间的相互关系，本书对高频词进行语义网络分析，生成武隆旅游感知形象的语义网络图，如图 6-13 所示。

3. 武隆旅游投射形象与感知形象的比较

对比武隆旅游投射形象与感知形象的高频词、语义网络图，可见两者突出的词语均为"仙女山""天生三桥""自然""特色""惊奇"等，并且整体也呈现出高度的相似性和一致性。这说明武隆旅游的宣传点和游客的关注点都是"地质奇观+自然生态"，投射形象与感知形象具有较高的重合度。

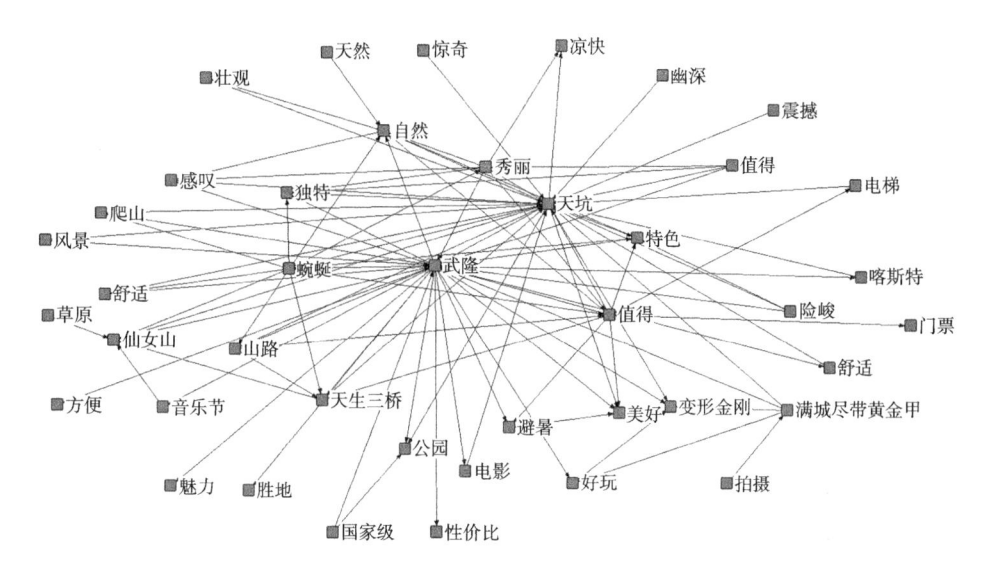

图 6-13　武隆旅游感知形象的语义网络图

为了进一步详细比较武隆旅游投射形象与感知形象的异同点，下面对两者进行类目的比较分析。根据武隆旅游形象的高频特征词，结合旅游目的地形象构成要素，可以将武隆旅游投射形象与感知形象置于自然环境、人文景观、旅游事件与活动、旅游设施与服务、旅游特征与气氛 5 个主类目下的 13 个次类目进行比较，详情如表 6-12 所示。

表 6-12　武隆旅游投射形象与感知形象的类目比较

主类目	次类目	累计频数	频数占比/%	投射形象高频词	累计频数	频数占比/%	感知形象高频词
自然环境	山水	2097	30.07	仙女山、天生三桥、芙蓉洞、龙水峡地缝、白马山、喀斯特、自然、风景	4172	39.42	天坑、乌江、峡谷、暗河、瀑布、高山、流水、天然、白马山、仙女山、喀斯特、芙蓉洞、青龙峡、黑龙桥、天生三桥、自然、风景、龙水峡地缝
	动植物			草原、生态、森林			森林、草原
	时节、气候与天气			避暑、国庆、假期、夏季			夏季、避暑、晚上

续表

主类目	次类目	累计频数	频数占比/%	投射形象高频词	累计频数	频数占比/%	感知形象高频词
人文景观	历史文化遗迹	278	3.99	村落、传承、乡村	486	4.60	古镇、历史
	当代建筑场所			营地、懒坝、公园、研学基地、归原小镇			公园、玻璃眺台、归原小镇、天福官驿
旅游事件与活动	文艺节庆	1328	19.04	书画、演出、展会、冰雪节、音乐节、印象武隆、电影、旅游展、婚恋、影视	1257	11.89	满城尽带黄金甲、变形金刚、拍摄、电影、爸爸去哪儿、演出、印象武隆、音乐节
	体育运动			马球、户外、赛事、运动、露营、滑雪			爬山、户外运动
	非遗民俗			蜡疗、民俗、蜂疗、号子、苗族、纤夫			土家族、纤夫、号子、蜂疗、康养
旅游设施与服务	票务、导游等管理与服务	401	5.75	服务区	1477	13.97	门票、导游、讲解、线上订票
	交通、安全与卫生			安全、山地、干净、小火车、机场、航线、高速公路			电梯、栈道、小火车、步行、大巴、山路、高速公路、步道、开车、直达、索道、蜿蜒
	住宿、餐饮与购物			美食			火锅、客栈、酒店、美食
旅游特征与气氛	特征	2870	41.15	秀丽、艺术、魅力、特色、休闲、著名、创新、仙境、丰富、热烈、精心、底蕴、传统、融合、氛围、风情、壮丽、开放、广阔、精品、科普、康养、幽远、惊险、数字化、国际化、前所未有	3180	30.08	特色、新鲜、清新、秀丽、典型、胜地、险峻、山城、传统、幽深、著名、爱情、仙境、魅力、独特、壮观、方便、最好、好玩、美好、新潮、性价比、国家级、自然遗产
旅游特征与气氛	气氛	2870	41.15	吸引、期待、沉浸、惊奇、互动、欢乐、震撼、向往、惊喜、浪漫、神秘	3180	30.08	惊奇、值得、震撼、体验、感叹、自由、凉快、神秘、舒适、欣赏、浪漫、沉醉

注：频数占比 = 各类目高频词累计频数 / 高频词总频数 × 100%。

从类目分析可以看出，武隆旅游的投射形象与感知形象在自然环境、人文景观和旅游特征与气氛方面，累计的频数比例大体一致。而且，在自然环境方面，两者都强调"仙女山""天生三桥""龙水峡地缝""芙蓉洞""草原""森林""夏季""避暑"等"自然""风景"；在人文景观方面都有"公园""归原小镇"等；在旅游特征与气氛方面都有"秀丽""仙境""魅力""惊奇""震撼""神秘""浪漫"等，基本达到了官方预期。

但是在旅游事件与活动以及旅游设施与服务方面，武隆旅游投射形象与感知形象的差距较大，具体表现为官方在旅游事件与活动上投射的"冰雪节""滑雪""书画""展会""马球""露营"活动形象大大高于游客的感知形象，而官方在旅游设施与服务上的投射形象明显低于游客对于"门票""电梯""栈道""导游""讲解""酒店"等的感知形象。这是因为武隆的"冰雪节""书画节""展会"等节事活动并非长期举行，而是仅在特定时段开展，而且此类活动受众人群有限，游客对交通、住宿条件的便利性、舒适性等往往关注较多。

三、武隆旅游地屏蔽突破的案例总结

从武隆喀斯特旅游区三十多年的创业历程和突破旅游地屏蔽的方式，可以看出其成功之道：武隆由芙蓉洞的发现开始为人所知，因其独特的喀斯特地貌并通过集团营销组客、影视营销传播而闻名天下，又因其旅游资源与产品组合灵活多样、常变常新而经久不衰。在不同时期武隆旅游屏蔽的突破路径，具体如图 6-14 所示。

放眼全国，芙蓉洞并非开发最早、景观最好的溶洞，喀斯特地貌也并非重庆武隆独有。中国是世界上喀斯特地貌分布面积最大的国家，在广西、云南、贵州等省区更多，况且云南石林、广西桂林、四川九寨沟等久负盛名。但武隆在解决了交通瓶颈、改善了基础设施之后，抓住时机，与云南石林、贵州荔波作为"中国南方喀斯特一期"入选世界自然遗产名录，从而进入了大众视野。

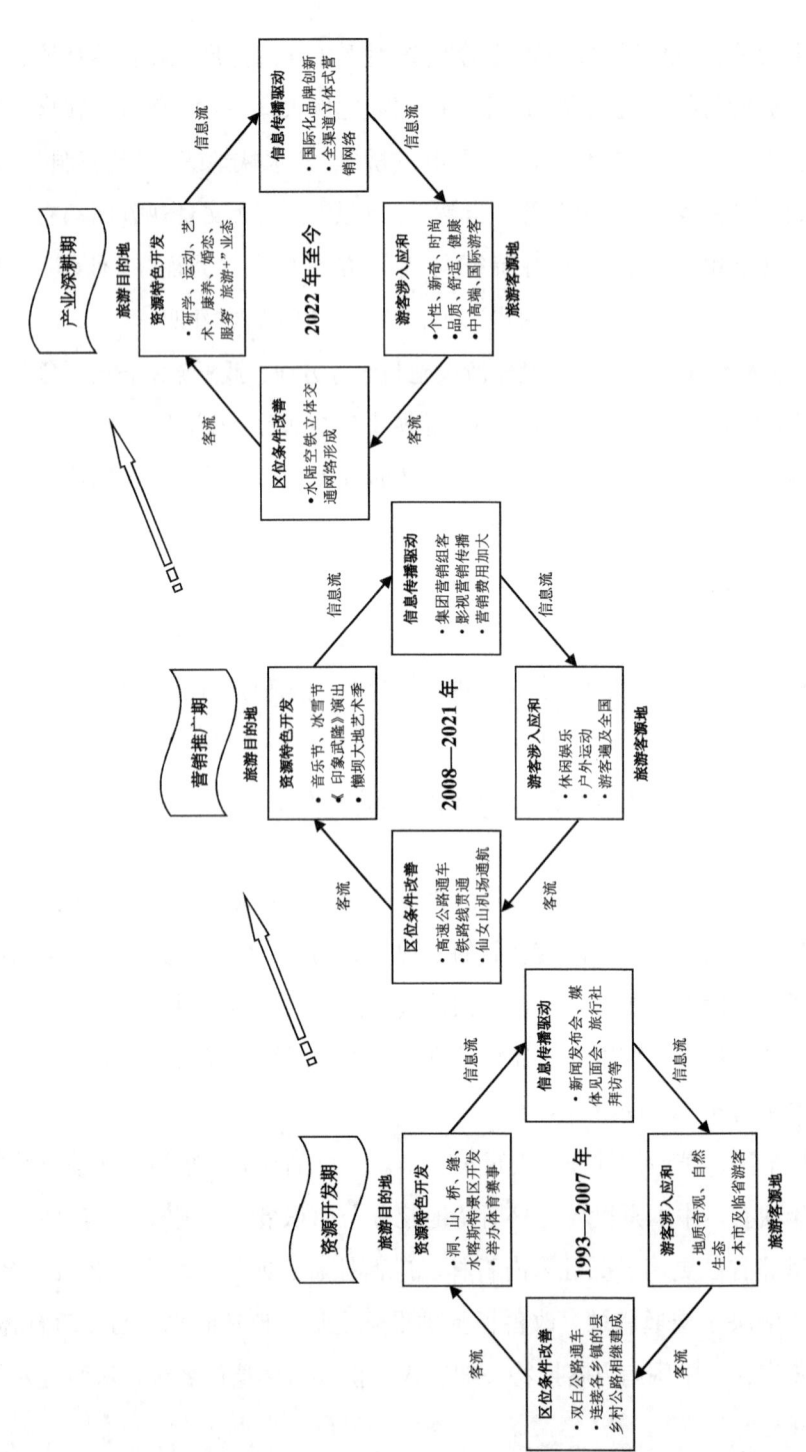

图 6-14 不同时期武隆旅游屏蔽的突破路径

在此基础上,武隆持续举办仙女山山地赛、音乐节、冰雪节等,引入《印象·武隆》大型山水实景演出,打造休闲度假、文娱运动旅游区,又加大营销力度,运用组合推拉策略,成立专门的团队到全国各地推销,利用节庆赛事、影视作品、综艺节目宣传报道,不断提高自身吸引力和知名度。

最近,针对旅游个性、新奇、时尚以及品质、舒适、健康的倾向,面向国内中高端消费市场和国际游客,武隆深度发展研学、运动、艺术、康养、婚恋、服务六大"旅游+"业态,采用全渠道立体式营销网络,推出"幽远时空·化境武隆"这一国际化新品牌,开创了武隆旅游的大好局面,朝着国际知名旅游目的地的目标大步迈进。

第七章　人造景观型旅游地屏蔽突破的案例研究

　　人造景观是现代人为设计和建设的景观，属于当代人文旅游资源。它以市场创新为导向，以特定文化为主题，以现代科技和创意手段为表现形式，通过复原历史景观或创造全新的景观来为游客提供娱乐消遣、文化教育等服务，包括主题公园、影视基地、游乐场、展览馆、休闲文化街区等类型。人造景观型旅游地可以针对市场需求进行开发，蕴含丰富的想象力和创造性元素，并且具有较强的适应性和可塑性，还可以根据时代发展和游客兴趣的变化进行升级和更新，保持其新鲜度和吸引力。因此，人造景观型旅游地更容易摆脱现有资源的束缚，克服传统景区的痼疾，突破强劲对手的藩篱，更容易实现探索性创新。但是，人造景区的工程投资较大，为了迅速回本往往又致使其商业气息过浓，加上大量模仿者的竞争因素，也要注意避免创新失败的风险。本章以陕西咸阳袁家村和北京古北水镇为研究对象，探讨人造景观型旅游地屏蔽的突破路径。

第一节　陕西咸阳袁家村旅游地屏蔽突破的案例研究

一、袁家村旅游地屏蔽突破的案例描述

　　陕西咸阳袁家村——关中印象体验地，坐落在关中平原腹地礼泉县烟霞

镇北面的九嵕山下。袁家村从2007年开始发展旅游业，仅用十年时间，就将一个几乎没有任何旅游资源、大量青壮年劳动力外流、脏乱差的"空心村"打造成陕西省最著名的乡村旅游地，形成了独具特色的"袁家村模式"，并在2016年中国社会科学院的研究报告中被誉为"中国乡村旅游第一村"。目前，袁家村坐拥中国十大最美乡村、中国魅力乡村、全国文明村镇、中国十佳小康村、国家4A级旅游景区、全国生态文化村、全国乡村旅游重点村等20多项国家级荣誉，成为中国乡村旅游当之无愧的样板村。

陕西是著名的历史文化与旅游大省，5A级景区众多，秦始皇兵马俑、华山、华清池、大雁塔、大唐芙蓉园、壶口瀑布、延安革命纪念地等享誉全国，头部品牌效应显著。相较之下，袁家村走上文旅发展之路颇为曲折。在20世纪70年代，袁家村还是一个"点灯没油，耕地没牛"的小村庄，基本温饱都无法保障。到了20世纪80年代，袁家村抓住改革开放的机遇，从传统农业向工业生产转型，大力发展村办企业，逐步形成以建材业为支柱产业的乡村工业体系，从"穷村"转变成"富裕村"。20世纪90年代后期，由于国家政策调整，村内大量高耗能、高污染的村办小企业倒闭，许多中青年村民外出打工，袁家村逐渐沦为"空心村"。直到2007年，袁家村才提出转型发展，走乡村旅游、"农家乐"的路子。2010年袁家村升级到乡村度假层面，2016年又开启"走出去"战略。2023年，袁家村旅游收入从最初的1000万元增长至旅游总产值12亿元，年游客接待量达880万人次，成长为陕西乃至全国最受欢迎的乡村旅游度假体验胜地。

袁家村原本是一个寂寂无闻的偏僻小山村，既没有知名的人文景观，也没有秀丽的山水资源，却利用短短十余年时间在陕西众多名胜古迹中获得一席之地。原因在于袁家村另辟蹊径，以农民为创业主体，因地制宜地挖掘关中地域文化，从民俗旅游开始不断丰富和升级旅游产业。

纵观袁家村的发展历程，从关中民俗旅游到乡村度假，再到输出袁家村乡村旅游品牌和模式，可以分为民俗旅游起步期、乡村度假升级期和进城出省扩张期三个阶段，如图7-1所示，并详述如下。

袁家村景区的发展历程

民俗旅游起步期	乡村度假升级期	进城出省扩张期
2007年开始走乡村旅游、农家乐的路子	2012年建成酒吧咖啡一条街，丰富夜间消费	2015年开发回民街等主题街，并实施"进城"战略
2009年小吃街开业，游客暴增，达到50万人次		2017年开始不断引进休闲、娱乐、体育、节庆等新潮项目
2008年组织村民外出考察学习	2010年提出从向乡村度假升级，兴建民宿客栈	2016年开启"出省"战略，输出袁家村品牌和商业模式
	2014年获评国家4A级景区	2024年赴埃及分享中国乡村旅游发展经验，远播海外

图 7-1 袁家村景区的发展历程

（一）袁家村的民俗旅游起步期（2007—2009 年）

袁家村发展旅游业之初，是一个地道的关中行政村。由于村办企业陆续破产，集体经济萎缩，村里居民仅剩下 62 户 286 人，没有丰富的旅游资源，没有旅游方面的专业人才，旅游相关经验更是缺乏。但袁家村人紧扣一点——返璞归真，抓住了人们在工业化和城市化浪潮中对大自然和乡村生活的向往，以最淳朴的方式向游客展示关中地区的农村画面，采用"让农民干自己最擅长的事"这一思路发展民俗旅游。袁家村将关中传统的乡村生活方式转化为旅游资源，吸引了城市居民来农村体验乡村生活，消解乡愁、放松身心，极大地带动了当地乡村旅游的发展。

2007 年，袁家村修建了第一条文化街区——康庄老街，另外建成作坊街和 5 户农家乐。景区内商贩大都为本村及附近村民，以地道的陕西话与游客交流，将陕西地区一些原汁原味的传统工艺，如纺布、磨面、榨油、酿醋等在这条街上集中展示。2008 年，袁家村组织村民外出考察学习，先后赴四川成都、云南丽江、山西平遥等地取经。2009 年，袁家村党支部书记郭占武带领全村 62 户老村民，全部办起了"农家乐"。

袁家村依托自身资源优势，不断挖掘关中民俗文化，在老街的基础上打造了"关中小吃一条街"。小吃街内共 100 家门店，采取"一店一品"的发展模式，经营不同的关中特色小吃。针对小吃最大的弊病——"不干净"，袁家村从多方面入手，细致严格管理，保证小吃街食品的卫生和质量。例如，袁家村要求所有食品现做现卖，不允许出售隔夜食物，要保证食材新鲜；经营户的食品原料加工和销售过程全部向游客开放，不留死角；食材来源必须安全，原材料统一采购。本村作坊能够生产的原料必须从本村采购，其他食材应有明确的原材料供应商。在严把质量关的同时，袁家村善于以独到的方式获取"流量"，"免费景区，免收租金"的做法吸引了大量游客和商户进入。为了引导当地农民参与经营，袁家村一直对租户免收租金，甚至还给予一定的资金补助。

袁家村在起步期以口碑营销为主，游客主要来自本地及周边城市，其中西安市区居民占比较大。由于当时互联网和社交媒体的影响力相对有限，袁家村的宣传大多通过游客口口相传。游客将在袁家村游览的优质体验自发地向亲朋好友推荐，形成了良好的口碑效应。2007年，袁家村全年接待游客3万人次；2008年，全年接待游客量10万人次；2009年，袁家村全年接待游客量暴增，达到了50万人次。

（二）袁家村的乡村度假升级期（2010—2014年）

起步期袁家村的旅游业主要集中在"食""购"两大业态上。随着关中饮食文化的广为传播，袁家村发现白天游客很多，晚上却留不住人，游客大多为"一日游"，以餐饮和农产品销售为主的经济模式已不能满足游客日益增长的消费需求。于是，村支部书记郭占武提出，袁家村要从乡村旅游向乡村度假升级。

从2010年开始，袁家村围绕"关中印象"，建设了两条关中特色的仿旧小街。其中一条街为特色农家乐街，建立客栈区，为游客留宿创造条件，还与希腊人合开经营客栈Amanda。这些举措推动了袁家村精品民宿的发展，延长了游客的停留时间。但游客的"夜生活"单调，晚上出来没事干同样成为问题。为了满足游客"娱"方面的需要，2012年袁家村又修建了酒吧咖啡一条街，外观为明清建筑风格，室内设计则采用现代化的装修方式，更加迎合年轻人的喜好。同年，袁家村举办第一届摇滚音乐节，吸引更多的青年游客参与其中。同时，袁家村还引进一些非物质文化遗产项目、亲子类项目，不定期举办篝火晚会，丰富游客的夜间消费体验，满足不同年龄层次的游客需求，逐步将"阳光下的袁家村"拓展为"月光下的袁家村"。

在营销传播方面，2010年，CCTV-10《希望英语》栏目走进袁家村，拍摄"关中民俗"。2014年，CCTV-7到访袁家村拍摄《美丽乡村中国行》，使得袁家村在全国范围内得到了广泛的曝光，让袁家村吸引了更多人的关注。同年，湖南卫视《汉语桥》栏目组来袁家村拍摄，将袁家村推向了国际舞台，提升了袁家村的国际影响力。2014年，袁家村被评为"国家4A级旅游景区""2014中国十大最美乡村"，接待游客量达350万人次。

（三）袁家村的进城出省扩张期（2015年至今）

袁家村完成从乡村旅游向乡村度假的升级后，涌现出一大批模仿者，但袁家村"一直被模仿，从未被超越"，秘诀在于它一直在发展中反思，在实践中探索。近十年，除了全面提升集民俗游、农业游、度假游、主题游于一体的乡村旅游目的地多元化水平，袁家村更是通过"进城出省"战略将"袁家村模式"推向城市，使"袁家村品牌"走向全国。

在民俗旅游方面，袁家村始终以"关中民俗"为主题投资建设和开展活动。2015年后，袁家村相继开发了回民街、祠堂街、书院街等主题街，全方位展现关中地区民俗文化。街道不仅涵盖了传统民俗建筑、百年老字号的传统手工作坊，还融合了各种民俗艺术、手工艺品和表演，包括木版年画、手织布、剪纸、皮影戏、竹编工艺、打铁等，在让游客感受关中地区文化底蕴的同时，也保护和传承了宝贵的地域民俗文化资源。

在农业旅游方面，袁家村依托天然的地理环境，以关中平原肥沃的土壤和深厚的农耕文化为基础，开发了观光农业和瓜果采摘、租地种田等农业旅游项目，吸引了大量向往绿色田园生活的城市游客。

在休闲度假、主题活动方面，袁家村积极打造乡村度假小镇，大力发展特色民宿、精品客栈，不断完善旅游基础设施和配套服务，积极引进休闲、娱乐、体育、节庆等新项目，注入转型升级、跨界发展新动力。2017年，袁家村引入"袁家村·关中大观园"——一个应用虚拟现实、增强现实、全息影像等高科技技术的多感官沉浸式娱乐项目。2019年，袁家村旅者营地运动中心开业，提供蹦床、射箭、棒球等室内项目，以及滑雪、冲浪、攀岩等室内模拟项目。2022年，瑞士高端奢华酒店管理品牌——袁家村瑞斯丽温泉度假酒店开业。除了在住宿方面的提升，袁家村还扩建了关中民俗街，将康庄街升级为更加时尚与现代化的康庄文化娱乐街，包括阿兰德国际会馆、咖啡馆、酒吧、书屋、书画院、多功能广场、养生堂和游戏拓展中心等，让游客在体验乡村民俗风情的同时享受多样化的休闲度假体验。随后，袁家村相继引进更多的新潮旅游项目，如观光直升机、滑翔伞、高空漂流、坦克营地等，进一步满足年轻一代城市居民运动、探险、猎奇的需求。此外，袁家村紧跟时代步伐，开展了国际微电影展、国际绘画展、袁家村马拉松、袁家村后备箱集市、青年国际文化节、袁家村街画艺术节、台湾美食嘉年华等一系列主题活动。

在扩张模式上，2015年，袁家村首先实施了"进城"战略，把微缩版的小吃街搬进市区商圈，在大城市开设体验店。2015年8月，第一家袁家村体验店在西安曲江银泰店开业，600多万投资在9个月内就全部收回成本，"袁家村进城"一炮打响。随后，"进城"战略渐次铺开，袁家村城市体验店在西安、咸阳和宝鸡等城市遍地开花，现在已经有近20家体验店。

2016年，袁家村"出省"战略全面开展，开始输出袁家村品牌和商业模式，目的是用袁家村的思路在其他省份打造出不同地域文化背景的"袁家村"。目前，已有青海河湟印象·袁家村、河南同盟古镇·袁家村、山西忻州古城·袁家村、海南博鳌印象·袁家村、江苏宿迁印象·袁家村等项目落地。2017年，袁家村"走出去"战略持续推进，与湖北、河南、山西、浙江、青海、江苏等省份签订了战略合作协议。

在扩张期，袁家村在巩固原有客群的基础上继续开拓全国乃至海外市场，积极与各大旅行社、OTA平台合作，推出了一系列的旅游产品和线路，不断扩大市场份额，并通过品牌建设、口碑营销、社交媒体营销、活动营销等多种方式，推动袁家村乡村旅游业蓬勃发展，使其影响力不断提升。

在提升国内影响力方面，袁家村多次成为央视综合频道、财经频道、农业频道、新闻频道等系列节目"主角"，这些节目探寻袁家村如何从"空心村"摇身一变成为"明星村"，如何成为乡村旅游的典范。袁家村还充分利用微信、微博、抖音等社交平台，进行景点介绍、好物推荐、直播带货等，增加与消费者的互动，提升品牌的曝光度和交易量。在提升海外影响方面，2017年美国PBS电视台前往袁家村拍摄中国旅游宣传片，让中国乡村旅游在国际舞台大放异彩；2024年，袁家村受邀赴埃及开罗分享乡村旅游发展经验，充分展现了中国乡村旅游发展模式的示范作用。现在"袁家村"的品牌价值已超过20亿元人民币，是国内外著名的乡村旅游品牌。

随着游客的增多，袁家村越发感受到旅游服务体验的重要性。2016年，袁家村组织村民商户分批去日本学习服务上对人的尊重和在产品上精益求精的精神。2017年，袁家村开设道德讲堂，通过诚信经营教育，培养诚信文化意识，将诚信品质真正融入产业发展和农村治理。时至今日，袁家村依然保持着农民勤恳做事、亲和待客的淳朴风貌，这些优秀的道德品质构成了"关中印象体验地"的美好底色。

2023年，袁家村游客接待量高达880万人次，年旅游总产值超过12亿元。如今的袁家村已经形成以民俗旅游、观光农业和农副产品加工生产为核心的"三产带二产促一产"产业融合体，并利用袁家村自身品牌效应"进城出省"，远播国内外，走上更大的舞台。

二、袁家村旅游地屏蔽突破的案例分析

（一）袁家村的资源禀赋分析

1. 袁家村的资源品质

袁家村地处陕西关中渭北，坐落于唐太宗李世民的陵山下，但昭陵每年

的参观人数仅有 1 万人次左右，并非旅游热点。然而，在明清时期，袁家村作坊发达，贸易兴旺，为方圆几十里货物集散地和出入北山要冲。交通的便利和商贸的发展带动了袁家村剪纸、泥塑、皮影戏、弦板腔、木版年画、陕西快书、传统庙会等民间艺术与民俗活动的繁盛。

袁家村选择发展乡村旅游，尽管它既没有绿水青山的美景，也没有古镇老村的风貌。面对困境，村支部书记郭占武大胆创新，提出"让农民干自己最擅长的事"，根植本地文化打造关中民俗文化体验地，形成了"古镇＋小吃"的发展模式。

在古镇风貌建设上，由于袁家村最初主要为统一的"现代新农村"刻板样式，古色古香的民居建筑很少，所以建设之初袁家村收购了关中地区自明清时期遗留下来的大量古民居，利用古民居的建筑原材料和构件进行复原修造，将其整合为关中民居聚落形制。此外，袁家村还放置了用于丰富空间的景观小品，如关中传统的农耕工具、拴马桩、石槽、石碾等，并用农村食材提升主题印象，在墙上挂上金黄的玉米，在屋檐下缀满火红的辣椒，生动再现了关中的市井风情，增添了关中的乡村韵味。

袁家村深知"得美食者得天下"的真理，以"地道"为原则，寻找关中美食中成本低、易成形、见效快的小吃品种，挖掘民间的厨师，精选本土的原料，优中选优确定小吃门类。袁家村小吃采用现做现卖的方式，一方面展现了袁家村小吃选料天然、用料扎实、精细制作、安全卫生的超高品质，另一方面渲染了一幅幅充满浓郁烟火气息的关中农民生产、生活景象，提升关中印象体验地的氛围感。

2010 年，袁家村开始升级做乡村度假产品，兴建了客栈区、酒吧街、艺术街等，通过业态更新增加游客的参与度和体验感，大力发展文化旅游、健康养生、艺术创意、绿色农业等新兴产业，成为"关中第一村"。2015 年，袁家村开启"走出去"战略，通过开设城市体验店和实施品牌输出战略，实现品牌扩张，提高影响力。

2. 袁家村的资源密度

袁家村村域面积为0.4平方公里，旅游景点整体布局密而不乱、各具特色。关中风貌景观包括宝宁寺、烟霞草堂、绒花阁、惟德书屋、关中戏楼、左右客、魁星阁、敬天楼、秦琼祠和财神庙等景点。在民俗旅游开发上，围绕"关中文化"布局有康庄老街、小吃街、作坊街、回民街、祠堂街、书院街、艺术长廊等，营造了村民织土布、剪窗花、石磨拉面、古法榨油等原生态生产劳作场景和农家生活画面。度假旅游业态主要在康庄文化娱乐街，其中包括阿兰德国际会馆、书屋、关中客栈、咖啡馆、书画院、酒吧、国际小商品超市等30多家店铺。在住宿方面，打造了瑞斯丽温泉度假酒店及众多特色民宿。

3. 袁家村的资源结构

传统的乡村旅游景区通常以其丰富的乡村文化体验、特色的饮食文化和多样的农业活动参与为特点，吸引游客前来体验乡村生活。袁家村也不例外，既有特色关中民俗体验，又有传统美味关中小吃，还有恬静的乡村度假生活。

近年来，为了满足游客更加多元的休闲、度假、文艺、娱乐、康养、运动等需求，袁家村引进了关中大观园、旅者营地、观光直升机、滑翔伞、高空漂流等体验项目，组织了电影、绘画、文学、艺术、美食、体育等主题活动，不断丰富旅游业态，扩大知名度，吸引到了更多的年轻游客。

袁家村通过优势资源多元整合与开发，创新旅游产品类型，优化旅游产品供给，满足游客多元化需求，以高品质缔造"袁家村"IP，构建了由"三产带二产促一产"的逆行发展模式，把旅游、农产品加工、农业种植养殖结合起来，三产深度融合，最终形成闭环。

（二）袁家村的旅游区位分析

1. 交通区位

袁家村处于西安咸阳一小时经济圈内，距离西安市65公里，距咸阳国际机场 38 公里，在礼泉县城东北约 14 公里处。福银高速、武银高速、关中环线、312 国道、107 省道、唐昭陵旅游专线等多条公路依村而过，周边主要县市去往袁家村基本 30 分钟到 2 小时可到达，是城市居民休闲游憩的最理想距离。

随着旅游业的发展，2014 年开通了袁家村至西安、咸阳的旅游专线。随后袁家村不断完善交通网络，对于陕西省内及周边省份游客而言，可选择乘坐高铁、普通火车、汽车到达西安或咸阳。西安城北客运站和咸阳综合枢纽中心每天都有直达袁家村的汽车。

另外，西安咸阳国际机场作为西北地区最大的航空枢纽，拥有连接国内外 230 多个城市的 360 条航线，这也为全国和世界各地的游客前往袁家村提供了便利。

2. 客源区位

袁家村在发展初期，以西安和咸阳的城市居民为目标客群，向游客集中展现原汁原味的关中民俗文化。西安 1300 万人口为袁家村提供了一个超大的旅游客源地市场，410 万人口的咸阳市也是袁家村的主要客源地。

近些年来，陕西作为全国旅游热点省份，西安、咸阳持续领跑陕西热点旅游城市排行榜，宝鸡、渭南、延安、汉中等地紧随其后。以这些城市为集散地的外地游客也成了袁家村的目标客源，其客源地不断向山西、河南、甘肃、宁夏等省区扩展，打破了传统上乡村旅游更多吸引本地及周边游客的一般规律。

袁家村在建立起成功的乡村旅游模式后，为了谋求进一步发展，一方面通过旅行社、OTA 平台、短视频、直播等极力吸引全国和全球客源，同时也利用社交媒体和网络平台将农家美食产品销往各地；另一方面采用"进城出省"的战略向外扩张，将小吃街的旅游周期性消费转化为日常习惯性消费，并打造多个具有各地特色的民俗旅游体验项目，不断向外输出"袁家村模式"，扩大了市场范围。

3. 经济区位

从 20 世纪 70 年代开始，袁家村先后经历了造田治穷、工业致富、旅游强村三次变革转型。到 2007 年，村集体已经积累了 1700 万元资金。正是袁家村集体经济较为丰厚的家底，保证了其在发展乡村旅游时能够拿出钱来搞开发建设。在产业结构上，袁家村走的是"三产带二产促一产、基于品牌溢价的多维度产业共融"的新路子，形成相融共生、层次递进的闭环产业链，滚动向前，持续推动袁家村经济发展。袁家村经济总量常年位于礼泉县第一，通过旅游业吸纳创业、就业的常住人口 4000 余人，带动周围数十村发展，成为当之无愧的"关中第一村"。

2023 年，陕西省县域生产总值达到了 1.62 万亿元，占全省经济总量的 48%，占据全省经济的半壁江山，周边发达的县域经济为袁家村提供了良好的反哺作用，与袁家村一起发展。更重要的是，咸阳市作为陕西重要地级市之一，其国内生产总值排名常年居于前列，西安市作为国际化大都市，是西北五省第一大城市，都是袁家村发展的有力保障。总之，关中地区强大的经济实力为袁家村提供了完善的交通网络，带来了稳定的游客流量。

（三）袁家村的游客涉入分析

经济的高速发展、快节奏的工作与生活方式让人们的精神压力倍增，大家日益怀念、向往最本真、最自然的生活，渴望有一个体验风土人情、放松身心的好去处，这为袁家村的旅游发展带来了契机。袁家村正是抓住人们对原汁原味乡土生活的诉求，充分挖掘民俗文化资源，以最真实的乡村生活消解城市居民心中深深积压的乡愁，让游客享受一番慢生活的恬静，一跃成为中国乡村生活方式第一品牌。而且，多年来，袁家村始终以产品和服务质量作保障，满足人们对健康、品质生活的需求，其实惠的价格、地道的食材、好吃的味道提高了游客的满意度，贴心周到的服务让游客获得了舒适、便捷和愉快的旅游体验。

面对消费能力更强的青年客群，袁家村积极顺应当前的市场需求，引进咖啡馆、酒吧、温泉、营地等富有潮流化、趣味性的旅游项目，发展休闲经济和夜间经济，提升了消费层次和品位。

为了进一步探究袁家村的游客涉入因素，下面基于隐喻抽取技术对访谈资料进行提炼，以获得袁家村游客由具体情境所引发的兴趣、动机、关注与投入的心理状态和行为反应。

1. 受访者选取

本书共选取了10名袁家村的游客作为受访者。受访者的性别、年龄、职业和现居地等人口基本特征，如表7-1所示。

表7-1 受访者的人口基本特征

编号	性别	年龄/岁	职业	现居地
P1	男	27	公司职员	西安
P2	女	22	学生	咸阳
P3	女	32	个体经营户	商洛
P4	男	49	中学教师	宝鸡
P5	女	36	公务员	渭南
P6	男	34	设计师	郑州
P7	女	28	会计	北京
P8	男	40	程序员	晋城
P9	女	35	银行柜员	成都
P10	女	25	销售人员	济南

2. 访谈构念抽取与整理

本书结合攀梯法整理了10名受访者的访谈记录，受访者依据他们提供的照片，讲述故事并从中提取出构念总结，如表7-2所示。此表受篇幅所限，仅列出5位受访者所述故事的部分内容及其提及的构念名称。

表 7-2　说故事与构念抽取

受访者	说故事	构念抽取
P1	西安本地人强力推荐的吃喝玩乐一条龙的美地儿——袁家村，从西安开车一个多小时的休闲度假地，自驾去是最方便的，太适合周末逛吃啦，门票免费。袁家村太大了，我每次去找吃的都会迷路。同比城区的袁家村美食城，这里的小吃更有特色、更地道，而且价格不贵。酸辣粉、羊杂汤、麻花、酸奶、豆腐脑、肉夹馍……好吃的太多了。除了各种好吃的，整个袁家村看起来古色古香，还有很多民俗是可以体验打卡拍照的！我去是奔着加麻加辣的粉汤羊血去的，真香。还有康庄老街，里面有很多传统民俗文化，有非遗弦板皮影戏、剪纸、木版年画等。对了，还有许多传统手工艺品店，可以买到独具特色的手工艺品，真的很不错，很有儿时记忆里家乡的模样，推荐大家来	西安、本地、推荐、吃喝玩乐、美地儿、休闲、度假、自驾、方便、周末、逛玩逛吃、免费、美食、小吃、特色、地道、价格、不贵、好吃、古色古香、民俗、体验、打卡、拍照、真香、康庄老街、传统、非遗、皮影戏、剪纸、木版年画、手工艺、儿时、记忆
P2	袁家村位于陕西关中平原腹地，国家4A级景区，距离村子一公里便是唐太宗昭陵。整个村子都是古朴典雅的小巷子，两边店铺林立，布坊、醋坊、辣子坊、豆腐坊等各种仿古的作坊应有尽有。踩着青石板，欣赏关中风情的明清建筑，看着作坊里工作的工人，很有感觉！建议游玩时长2~6个小时。最好穿舒适的鞋子出行。主要的几条街区：小吃街、书院街、回民街，还有酒吧街，好多装修很漂亮的小店等，这个季节门口花团锦簇，拍照很有氛围感。一路吃喝一路拍照，累了可以在茶铺慢悠悠喝杯茶，听会儿民谣，闹中取静，安然惬意	4A景区、唐太宗、昭陵、古朴、典雅、小巷子、店铺、仿古、作坊、应有尽有、青石板、关中风情、明清建筑、风味、时长、舒适、小吃街、书院街、回民街、酒吧街、年轻人、漂亮、花团锦簇、氛围感、吃喝、拍照、茶铺、慢悠悠、民谣、安然、惬意
P3	袁家村可以说是乡村振兴和乡村旅游的一个典范，在这里可以品尝到非常具有地域特点的各类美味，体验到陕西关中地区的特色文化。这里如今修得越来越好了，修得越来越大了，内容也越来越丰富，但是不变的是能让人吃得依然很好。现在里面吃喝玩乐住一条龙服务，尤其是民俗文化和民俗游做得还是相当不错的，其他地方想复制这里是很难的，每次去都有不一样的感受。重点可以围绕小吃街、回民街、祠堂街、书院街等开展游览玩耍。一定不要错过极具地域特色的关中风味各色美食，必须要买每个民宿村都必备的老酸奶。袁家村的老酸奶确实比较健康，不怎么甜，口感也，6元一瓶的价格在酸奶中也是比较实惠的！品尝各种小吃后，找一个茶馆坐下来，晒晒太阳，品一品罐罐煮茶，听一听关中小调。喜欢喝咖啡、奶茶的这里也有。想要感受一下村落文化的也可以选一家民宿住下，感受一下关中平原的慢生活，真的很有趣	乡村、典范、IP、品尝、地域、美味、体验、特色、文化、内容、丰富、吃喝玩乐住、服务、民俗文化、民俗游、感受、回民街、祠堂街、书院街、游览、玩耍、关中风味、老酸奶、健康、口感、价格、实惠、小吃、茶馆、晒太阳、煮茶、关中小调、咖啡、奶茶、村落文化、民宿、关中平原、慢生活、有趣

续表

受访者	说故事	构念抽取
P4	袁家村是周末散心、体验人文民俗烟火气的首选，物价也不高。美食老陕必不可少的陕西面条、肉夹馍，还有肘子、烤鸡、梅菜扣肉碗、擀面皮、兔头牛杂、麻辣羊蹄、凉拌毛肚、新疆烤包子等，太多了。100块钱完全够用，感觉能逛好几次。村里还有民宿、酒吧、扎染、汉服店、上香寺庙、红绳树、游乐场等，和伙伴玩了碰碰车，价格是2个人20块。袁家村的醋和辣子也很出名，隔老远都能闻到味道。有个石磨是光绪年间的，记得打卡。我们选择了礼泉可颜设计师民宿，这家偏日式小清新风格，民宿整体不大，节假日并没有涨价很多，服务也很周到，房间拍照很出片，床垫很舒服，还有客栈可以尝试	周末、散心、体验、人文、民俗、烟火气、首选、物价、友好、美食、民宿、酒吧、扎染、汉服、寺庙、红绳树、游乐场、碰碰车、醋、辣子、出名、味道、石磨、打卡、日式、小清新、风格、良心、诚信、服务、周到、拍照、出片、舒服、客栈
P5	娃娃一开学就想出去"逛吃逛吃"，进村就按照攻略杀向各个摊子，没有难吃的。最后有个辣子肉夹馍特想尝，价格实惠，因食量有限只能待下次品尝。袁家村自然生态观光园——绝对一座宝藏！简单说就是"动物园+游乐场"，一个人19.9元，太超值了。园区整体很干净，一点都没有动物园的味道，游乐设施维护得也好。吃完在村里瞎溜达，人少很惬意，看看大树、花花草草，沿着清澈的小水沟慢慢走。老了能住一个这样的村子，就很美	逛玩逛吃、攻略、摊子、惊喜、普通、辣子、肉夹馍、实惠、念想、自然、生态、观光园、宝藏、动物园、游乐场、超值、干净、动物园、溜达、惬意、大树、花花草草、清澈、小水沟、很美

对含义相似或相近的构念进行合并，如将"便宜""实惠""不贵"合并为"实惠"；将"好吃""真香""美食""美味"合并为"美食"等。经过整理，最终得到 80 个构念，详情如表 7-3 所示。

3. 绘制共识地图

共识地图是每位受访者心智模式的集合，可以直观地显示出多数受访者对某一研究主题的共同认知、感受和看法。绘制共识地图的关键是找到起始构念、连接构念和终结构念之间的内在关联性，画出它们的逻辑关系。根据共识地图构建的原则，本书筛选出 40 个共识构念，其中包括初始构念 23 个、连接构念 13 个和终结构念 4 个，并据此绘制袁家村游客涉入的共识地图（如图 7-2 所示）。

表 7-3 受访者提及的全部构念

编号	构念	编号	构念	编号	构念	编号	构念
1	袁家村	21	悠闲	41	手工艺	61	昭陵
2	本地	22	周末	42	丰富	62	记忆
3	小吃街	23	方便	43	作坊街	63	优美
4	美食	24	非遗	44	怀旧	64	健康
5	地道	25	趣味	45	散心	65	友好
6	古色古香	26	烟火气	46	出名	66	传统
7	民俗	27	茶馆	47	惊喜	67	宝藏
8	表演	28	青石板	48	慢生活	68	干净
9	乡村生活	29	明清建筑	49	度假	69	游乐场
10	民宿	30	氛围感	50	文创	70	打卡
11	良心	31	幸福	51	舒适	71	念想
12	关中风情	32	剪纸	52	回民街	72	感受
13	免费	33	康庄老街	53	酒吧街	73	自然
14	惬意	34	开心	54	诚信	74	生态
15	仿古	35	书院街	55	石磨	75	咖啡
16	小巷子	36	自驾	56	儿时	76	木版年画
17	民谣	37	祠堂街	57	周到	77	特色
18	典雅	38	唐太宗	58	店铺	78	文化
19	皮影戏	39	老酸奶	59	服务	79	出片
20	体验	40	实惠	60	推荐	80	吃喝玩乐住

共识地图将构念之间建立起联系，形成了一套完整的逻辑链条。例如，游客游览"小吃街""作坊街"时，品尝到了"美食"，感到"实惠""健康"和"丰富"，最终获得了"幸福"的体验；游客在"酒吧街"欣赏"民谣"很有"氛围感"，走进"小巷子"都是"明清建筑"风格，漫步在"青石板"路上，感受到"关中风情"，最终获得"悠闲"的体验；游客在"店铺"和"民宿"里，感受到了"干净"和"周到"的服务，最终获得了"舒适"的体验；游客来到"康庄老街"，这里是"非遗"和"文创"的聚集地，可以看到"皮影戏"和"手工艺品"，感到"开心"，最后获得"趣味"的体验。由此，袁家村引发的游客涉入因素可以归结为"幸福""悠闲""舒适""趣味"。

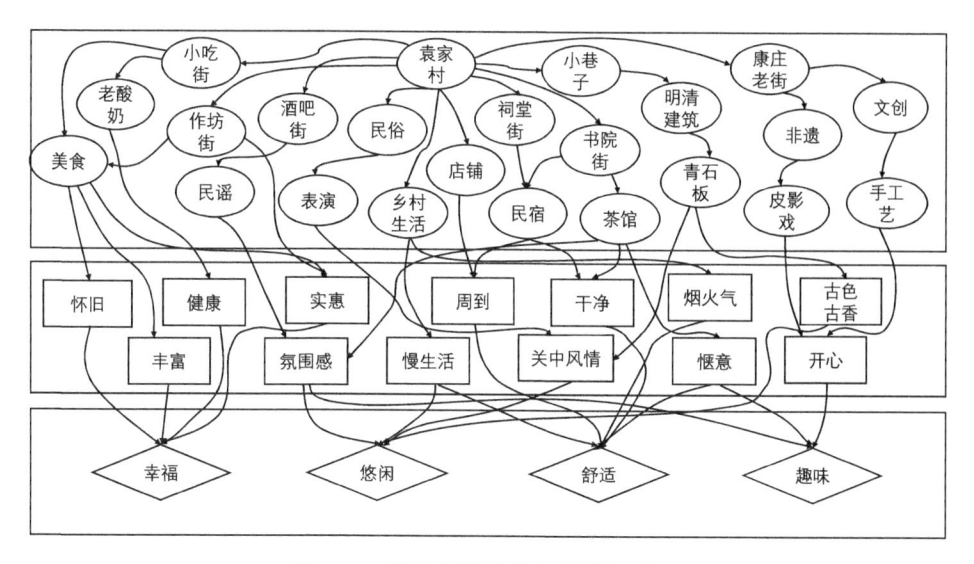

图 7-2 袁家村游客涉入的共识地图

（四）袁家村的信息传播分析

袁家村在起步期就明确了"关中印象"的品牌定位，并持续塑造集观光、餐饮、购物、休闲、娱乐等于一体的乡村生活体验型旅游目的地的形象。其营销传播方式也与时俱进，从最初的口碑营销到媒体营销，再到品牌输出，异地复制和扩张。

袁家村首先通过保证品质，形成产品公信力，利用口碑营销打开知名度；其次依靠传统主流媒体拍摄纪录片进行宣传；最后融合传统媒体与新媒体营销平台，在微博、微信、抖音上投放信息，并采取直播互动的方式拉近与游客的距离，不断提升袁家村的品牌影响力。

在品牌拓展方面，袁家村打破地理界限，一方面将"微缩版的小吃街"搬到城市，将品牌和产品推向更广泛的受众，通过餐饮让袁家村品牌被更多人知道，也得以吸引更多来陕西旅游的外省游客；另一方面，不断输出自己的品牌和经验，在全国范围内推广和复制"袁家村模式"，全面增强袁家村的知名度和影响力。

为了检验袁家村旅游信息传播的有效性，即官方投射旅游形象与游客感知旅游形象的一致性，下面借助 ROST CM 软件对袁家村景区官方发布的信息和游客网络游记、评论的文本内容分别进行词频分析、语义网络分析、类目分析并做比较。

1. 袁家村旅游投射形象分析

本书运用"八爪鱼采集器"抓取袁家村景区官方网站、官方微博、官方微信公众号的文本内容，其中包括官方网站文本 17 篇、官方微博文本 1088 篇、官方微信公众号文本 41 篇，共计 122 460 字。

（1）袁家村旅游投射形象的词频分析

本研究利用 ROST CM6.0 软件对以上的网络文本进行分词处理和词频分析，去除无用的词汇与合并相近的词汇后，得到排名前 100 的袁家村旅游投射形象的高频特征词，详情如表 7-4 所示。

表 7-4 袁家村旅游投射形象的高频特征词

序号	特征词	频次	序号	特征词	频次	序号	特征词	频次	序号	特征词	频次
1	关中	430	26	记忆	35	51	文创	22	76	皮影戏	18
2	乡村	274	27	儿时	35	52	浪漫	22	77	热爱	18
3	印象	218	28	仪式	35	53	原创	22	78	享受	18
4	文化	171	29	传承	34	54	优质	22	79	互动	17
5	体验	169	30	店铺	34	55	建筑	21	80	新鲜	17
6	生活	157	31	茶馆	34	56	农业	21	81	运动	17
7	振兴	100	32	历史	34	57	论坛	21	82	酒店	17
8	民俗	105	33	康庄老街	33	58	地道	21	83	节日	17
9	艺术	102	34	表演	33	59	风情	21	84	回民街	17
10	传统	99	35	生态	31	60	幸福	21	85	魅力	17
11	创新	85	36	中秋	31	61	度假	21	86	热闹	17
12	美食	79	37	创意	30	62	优美	20	87	纳凉	17
13	特色	71	38	大集	30	63	国庆	20	88	富裕	16
14	广场	56	39	模式	30	64	端午	20	89	农副产品	16

续表

序号	特征词	频次	序号	特征词	频次	序号	特征词	频次	序号	特征词	频次
15	农民	54	40	非遗	29	65	音乐	19	90	晚会	16
16	过年	51	41	进城	28	66	滑雪	19	91	惬意	16
17	安全	49	42	乡愁	26	67	新潮	19	92	旅者营地	16
18	婚礼	48	43	民宿	26	68	剪纸	19	93	有趣	16
19	服务	47	44	健康	25	69	精品	18	94	风格	16
20	自然	46	45	田园	25	70	满足	18	95	时尚	16
21	书院街	44	46	作坊街	25	71	快乐	18	96	人气	16
22	祠堂街	39	47	休闲	24	72	放心	18	97	丰富	16
23	手工艺	38	48	住宿	24	73	三产	18	98	方便	15
24	酒吧街	38	49	免费	23	74	细节	18	99	小镇	15
25	美好	37	50	研学	23	75	绿色	18	100	唐风	15

为了更加直观地了解官方投射的袁家村旅游形象，本书对高频词进行可视化操作，生成袁家村旅游投射形象的高频词云图，如图 7-3 所示。

图 7-3　袁家村旅游投射形象的高频词云图

（2）袁家村旅游投射形象的语义网络分析

为了深入探究袁家村旅游投射形象中各特征词之间的相互关系，本书对高频词进行语义网络分析，生成了袁家村旅游投射形象的语义网络图，如图7-4所示。

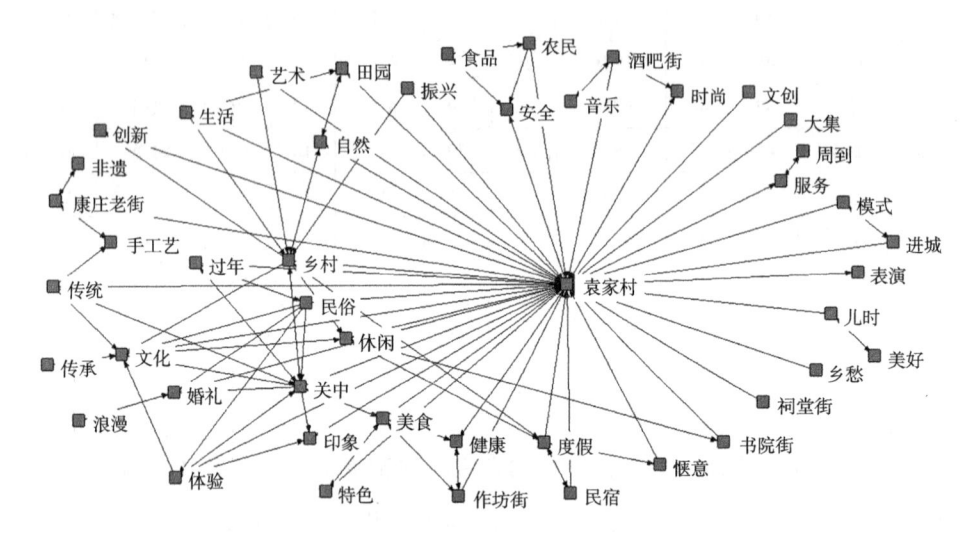

图7-4　袁家村旅游投射形象的语义网络图

2. 袁家村旅游感知形象分析

本研究运用"八爪鱼采集器"抓取携程、马蜂窝、去哪儿三个网站上关于袁家村游记的文本内容，其中包括携程网文本164篇，马蜂窝网文本172篇，去哪儿网文本119篇，共计124 893字。

（1）袁家村旅游感知形象的词频分析

本研究利用ROST CM6.0软件对上述网络文本进行分词处理和词频分析，去除无用的词汇并合并相近的词汇后，得到排名前100的袁家村旅游感知形象的高频特征词，详情如表7-5所示。

为了更加直观地了解游客感知的袁家村旅游形象，本研究对高频词进行可视化操作，生成袁家村旅游感知形象的高频词云图，如图7-5所示。

表 7-5　袁家村旅游感知形象的高频特征词

序号	特征词	频次	序号	特征词	频次	序号	特征词	频次	序号	特征词	频次
1	美食	377	26	印象	32	51	干净	19	76	惬意	13
2	关中	240	27	风情	32	52	石刻	19	77	人山人海	13
3	特色	194	28	热闹	31	53	停车场	18	78	周到	13
4	民俗	96	29	作坊街	30	54	放松	18	79	直达	12
5	回民街	91	30	儿时	29	55	古朴	18	80	美好	12
6	文化	87	31	门票	29	56	娱乐	17	81	典型	12
7	体验	84	32	历史	29	57	艺术	17	82	模式	12
8	昭陵	75	33	民宿	27	58	记忆	17	83	表演	12
9	值得	67	34	酒店	26	59	客栈	16	84	皮影戏	12
10	酒吧街	66	35	正宗	26	60	慢节奏	16	85	浓郁	12
11	丰富	64	36	自驾	25	61	舒适	16	86	气氛	11
12	乡村	62	37	仿古	25	62	休息	16	87	巷子	11
13	休闲	59	38	服务	25	63	设施	16	88	旅游专线	11
14	游玩	47	39	性价比	25	64	享受	16	89	热情	11
15	建筑	46	40	古镇	24	65	地道	15	90	原汁原味	11
16	手工艺	44	41	风格	24	66	免费	15	91	博物馆	10
17	风景	41	42	店铺	24	67	开心	15	92	卫生	10
18	传统	40	43	康庄老街	23	68	著名	14	93	烟火气	10
19	过年	40	44	交通	23	69	秦腔	14	94	质量	10
20	生活	38	45	好玩	23	70	自然	14	95	书院街	10
21	方便	37	46	住宿	22	71	机场	14	96	乡土气息	10
22	周末	35	47	有趣	22	72	票价	14	97	特产	10
23	农家乐	35	48	品茶	22	73	幸福	13	98	晚会	9
24	环境	34	49	客运站	20	74	节假日	13	99	民风	8
25	天堂	32	50	唐太宗	20	75	夜景	13	100	非遗	7

（2）袁家村旅游感知形象的语义网络分析

为了深入探究袁家村旅游感知形象中各特征词之间的相互关系，本研究对高频词进行语义网络分析，生成了袁家村旅游感知形象的语义网络图，如图 7-6 所示。

图 7-5　袁家村旅游感知形象的高频词云图

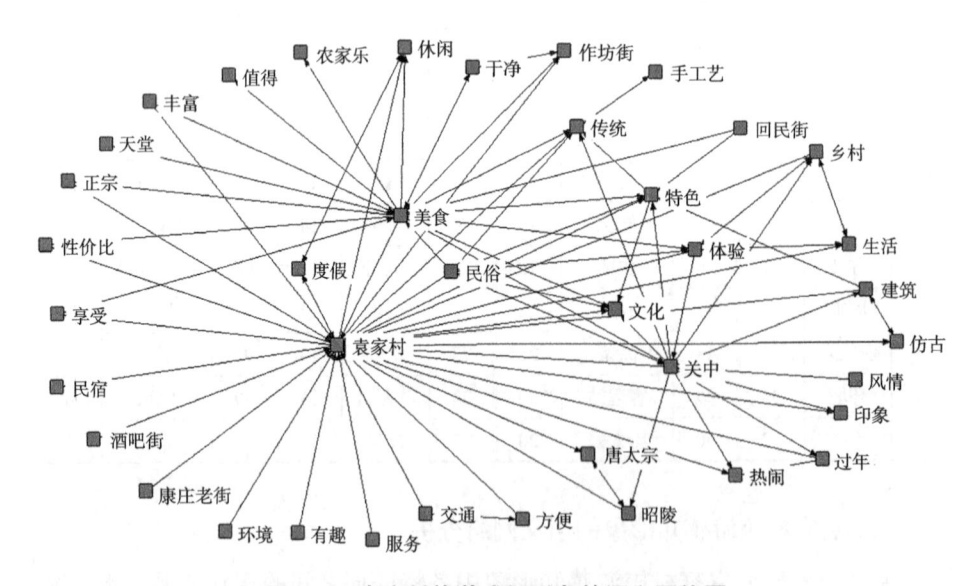

图 7-6　袁家村旅游感知形象的语义网络图

3. 袁家村旅游投射形象与感知形象的比较

对比袁家村旅游投射形象与感知形象的高频词、语义网络图，可见两者突出的词语均为"关中""文化""乡村""美食""民俗""传统""体验""休闲"等。整体而言，二者呈现出高度的相似性和一致性，这基本说明袁家村旅游的宣传点和游客的关注点都是乡村生活、民俗体验和美食，投射形象与感知形象有较高的重合度。

为了进一步详细比较袁家村旅游投射形象与感知形象的异同点，下面对两者进行类目的比较分析。根据袁家村旅游形象的高频特征词，结合旅游目的地形象构成要素，可以将袁家村旅游投射形象与感知形象置于自然环境、人文景观、旅游事件与活动、旅游设施与服务、旅游特征与气氛5个主类目下的13个次类目进行比较，详情如表7-6所示。

表7-6 袁家村旅游投射形象与感知形象的类目比较

主类目	次类目	累计频数	频数占比/%	投射形象高频词	累计频数	频数占比/%	感知形象高频词
自然环境	山水	466	11.20	自然	239	7.17	风景、自然
	动植物			生态、农业、田园			生态
	时节、气候与天气			过年、中秋、国庆、端午、节日			过年、周末、节假日
人文景观	历史文化遗迹	1077	25.90	关中、文化、历史、唐风	853	25.60	关中、文化、昭陵、历史、唐太宗、石刻、古镇
	当代建筑场所			乡村、广场、书院街、祠堂街、酒吧街、店铺、茶馆、康庄老街、大集、作坊街、建筑、回民街、旅者营地、小镇			乡村、回民街、酒吧街、建筑、农家乐、作坊街、店铺、康庄老街、夜景、巷子、博物馆、书院街

续表

主类目	次类目	累计频数	频数占比/%	投射形象高频词	累计频数	频数占比/%	感知形象高频词
旅游事件与活动	文艺节庆	564	13.56	婚礼、仪式、表演、论坛、音乐、晚会	211	6.33	表演、晚会
	体育运动			滑雪、运动			无
	非遗民俗			民俗、艺术、手工艺、非遗、文创、剪纸、皮影戏			民俗、手工艺、艺术、秦腔、皮影戏、非遗
旅游设施与服务	票务、导游等管理与服务	440	10.58	服务、免费、细节	811	24.33	门票、服务、免费、票价
	交通、安全与卫生			安全、健康、绿色、优质、放心、新鲜、方便			方便、自驾、交通、客运站、停车场、设施、机场、干净、直达、旅游专线、卫生、质量
	住宿、餐饮与购物			美食、民宿、住宿、度假、酒店、茶馆、农副产品			美食、民宿、酒店、住宿、品茶、客栈、特产
旅游特征与气氛	特征	1612	38.76	振兴、传统、创新、特色、传承、创意、进城、模式、原创、风情、精品、三产、纳凉、风格、丰富、富裕、地道、优美、互动、热闹	1218	36.55	特色、丰富、传统、周到、游玩、风情、正宗、仿古、风格、古朴、地道、著名、人山人海、典型、模式、原汁原味、乡土气息、天堂、印象、热闹、浓郁、娱乐
	气氛	1612	38.76	生活、印象、体验、美好、儿时、记忆、乡愁、休闲、浪漫、幸福、新潮、满足、快乐、热爱、享受、魅力、惬意、有趣、时尚、人气	1218	36.55	生活、体验、值得、休闲、儿时、性价比、好玩、有趣、放松、记忆、慢节奏、舒适、休息、享受、开心、幸福、惬意、美好、气氛、热情、烟火气、民风

注：频数占比=各类目高频词累计频数／高频词总频数×100%。

从类目分析可以看出，在人文景观和旅游特征、气氛方面，袁家村旅游的投射形象与感知形象累计的频数比例大体一致。而且，在人文景观方面，两者都强调"关中""文化""历史""书院街""作坊街""回民街""酒吧街"等；在旅游特征与气氛方面，都有"特色""传统""幸福""有趣""儿时""美好"等，基本达到了官方预期。

但是袁家村旅游的投射形象与感知形象也有不同，差异在于事件活动和设施服务。差异具体表现为官方在旅游事件与活动上投射的"音乐""晚会""表演"等文艺节庆活动，以及"手工艺""婚礼"等"非遗""民俗"活动形象高于游客的感知形象；而在旅游设施与服务上的投射形象却明显低于游客对于"美食""住宿""交通"等的感知形象。

官方在旅游事件与活动上的投射形象高于游客感知形象，原因在于"音乐""晚会""表演"等活动举办通常在特定时间，有些游客感知不到；此外，不同地域、文化背景和兴致的游客，对袁家村"民俗""艺术"的感受会有不同。

官方在旅游设施与服务上的投射形象低于游客的感知形象，原因是袁家村的品牌推广主要集中于"关中印象体验地"和"乡村生活"，对旅游设施与服务的宣传相对较少。而设施与服务恰恰是游客最能直接感受到的，特别是关中特色"美食"是游客的最大关注点，并且大多游记也侧重于美食推荐。

三、袁家村旅游地屏蔽突破的案例总结

袁家村在旅游发展方面白手起家，经过短短十多年的探索，就一跃成为中国乡村旅游的样板，高擎着关中民俗与饮食文化的品牌，其在不同时期突破屏蔽的具体路径如图7-7所示。

放在文化旅游大省——陕西，袁家村的旅游资源条件欠缺，人文和自然景观都是相对匮乏，但是袁家村因地制宜、另辟蹊径，借助其位于西安咸阳环城游憩带上的区位优势，迎合大众对"返璞归真""消解乡愁"的迫切需求，发展乡村民俗旅游，以仿古民居建筑、美食小吃、手工艺制作等悠闲、淳朴的乡村生活方式为卖点打造"关中印象体验地"，于是便横空出世。

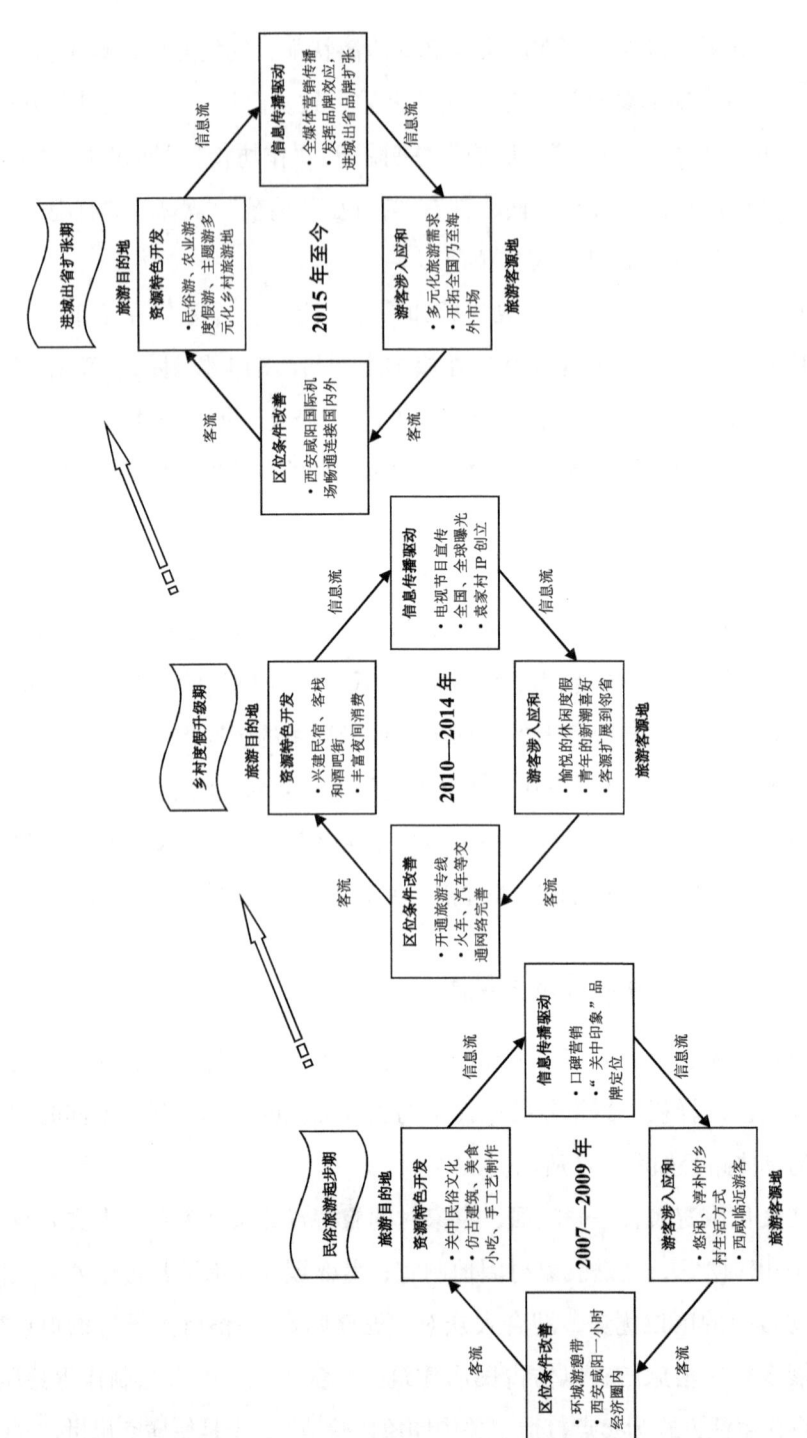

图 7-7 不同时期袁家村旅游屏蔽的突破路径

在大众消费升级和客群年轻化的趋势下，袁家村又兴建了民宿、客栈、酒吧、咖啡店等一大批时尚新潮的项目，以此来丰富夜生活、留住游客、增加消费，升级到乡村度假的阶段，并最终发展为集观光、休闲、度假、娱乐、文化体验于一体的综合性乡村旅游目的地，让"袁家村"从一个地理名称变为一个强势的乡村旅游 IP，由此开始发挥"袁家村"的品牌效应，进城出省，实现了品牌扩张和增值。

然而道阻且长，面对国内其他旅游小镇的竞争、游客的审美疲劳等问题，袁家村要想不被超越，只有始终把握"创新创意"的秘籍，才能行稳致远，站稳中国乡村生活方式第一品牌的位置。

第二节　北京古北水镇旅游地屏蔽突破的案例研究

一、古北水镇旅游地屏蔽突破的案例描述

古北水镇是一个集观光游览、休闲度假、商务会展、创意文化等旅游业态为一体，服务与设施一流、参与性和体验性极强的综合性特色休闲国际旅游度假区。它地处北京市密云区古北口镇，背靠司马台长城，坐拥鸳鸯湖水库，在原有司马台村等三个自然村落的基础上新建而成，因位于古北口附近又有江南水乡风格而得名。古北水镇 2014 年正式对外营业，2016 年游客接待量达到 245 万人次，创下了 7 亿多元的惊人收入业绩，引领了京郊休闲度假游的时代浪潮，也引得众多古城小镇纷纷效仿其建设和管理模式。2021 年，古北水镇入选第一批国家级夜间文化和旅游消费集聚地。2024 年，入选新一批国家级旅游度假区名单，成为北京市首个国家级旅游度假区。

古北水镇所在的京津冀区域内，知名景区璀璨如星，历史文化类景区如北京故宫、颐和园、八达岭长城、天津五大道、承德避暑山庄等底蕴深厚、品质优异；自然风光类景区如香山、八大处、妙峰山、玉渊潭、雁栖湖、石

花洞、黑龙潭、金海湖、龙庆峡、北戴河、雾灵山、白石山、野三坡、白洋淀、盘山等山清水秀、景色宜人；休闲娱乐类景区如北京环球影城、欢乐谷、天津之眼摩天轮、天津滨海航母主题公园、张家口崇礼冰雪旅游度假区等活力四射、热闹非凡。在古城小镇方面，早有河北邯郸广府古城、正定古城、蔚县暖泉古镇、霸州胜芳古镇、天津杨柳青古镇，近些年又新建了唐山滦州古城、保定太行水镇、石家庄龙泉古镇、张家口太舞小镇、天津北塘古镇等，竞争愈发激烈。在前有标兵、后有追兵的情况下，作为开放运营仅有十年的人造景观型旅游地，古北水镇能够推陈出新，脱颖而出，实属不易，值得称赞。

古北水镇以长城夜景、水镇休闲和北方民俗为核心看点而一炮走红，如今又凭借高品质的会议环境和服务发展为北京备受关注的会展旅游目的地，回顾古北水镇的发展历程，可以分为消费场景营造期、休闲符号确立期和产品迭代创新期三个阶段，如图7-8所示，并详述如下。

消费场景营造期

- 2010年投资建设，进行"类乌镇"的异地拓展
- 2013年实收资本达15亿元，增强了发展潜力
- 2012年获得政府4100万的基建补贴

休闲符号确立期

- 2015年荣获北京"年度最具推广力景区"
- 2014年开业，迅速获取京郊休闲旅游市场
- 2016年推出长城夜游的"八大名玩"

产品迭代创新期

- 2017年游客量275万人次，达到最高峰，然后开始下滑
- 2021年入选第一批国家级夜间文化和旅游消费集聚区
- 2017年开展丰富特色活动，发力会展市场，加强品牌推广
- 2024年入选新一批国家级旅游度假区，是北京市第一个

图7-8 古北水镇景区的发展历程

（一）古北水镇的消费场景营造期（2010—2013年）

古北水镇是北京的东北门户，背靠司马台长城，有珍贵的军事历史遗存和独特的地方民俗文化资源；坐拥鸳鸯湖水库，有原生态的优美自然环

境，是京郊罕见的山、水、城有机结合的村落。十多年前的京郊还少有高品质的休闲度假目的地，庞大的京津冀旅游市场依旧以观光游览模式为主，到北京观光的游客主要目的地为故宫、天坛、颐和园、八达岭长城等这些名声响亮的景区，鲜有到访密云司马台长城的。但在全国消费升级和旅游产业转型的大背景下，消费者对旅游生活的需求已发生改变，呼唤着新的优质旅游目的地的出现。2010年，北京古北水镇旅游有限公司借鉴乌镇的开发模式，依托司马台长城景区，在古北口镇司马台村的原址上开始开发古北水镇。

在政策方面，北京市于2010年前后提出了"发展沟域经济，促进京郊经济发展"的战略，密云则提出发展休闲旅游产业并使其成为县域支柱产业的目标。在这一背景下，古北水镇成为北京市"十二五"规划中文化创意产业与旅游业的重大项目。古北水镇在取得两期项目开发用地使用权后，快速完成项目立项、方案审批、意见复函等相关报批工作，在道路交通、征地拆迁、水电供暖等方面也获得了当地政府的大力支持。

在融资方面，古北水镇的可开发面积是乌镇的两倍，在建设阶段需要更加雄厚的资本支撑。水镇由中青旅、IDG资本、北京京能集团和乌镇旅游股份有限公司共同投资建设，并进行了多轮增资。公司的注册资本从2010年设立之初的2.1亿元，经过三次注资，达到了2013年的13.02亿元，实收资本达15亿元，大大地增强了古北水镇的发展潜力与风险抵御能力。此外，2012年古北水镇还获得政府4100万元的基建补贴，建设中多次成功获得包括中国银行、交通银行等金融机构在内的信贷支持，满足了建设过程中巨大的资金需求。

在开发模式方面，古北水镇依托中青旅的平台优势与乌镇旅游公司良好的口碑背书，以"文化旅游化"为产业发展方向，进行"类乌镇模式"的异地拓展。在传统的租赁经营或集体经营模式下，房产归属于不同居民，产权划分复杂，很容易使小镇的整体风貌受到损害。为避免出现权责纠纷及原住居民和游客间的矛盾，古北水镇项目团队在开发之初便通过社区重构彻底消除这些潜在的利益冲突，通过土地及资金补偿的方式，将原住居民全部迁出，而原住居民经过培训成了古北水镇旅游公司的员工。这种开发权属一致的模式，为良好的游客体验提供了坚实的保障。

在规划建设方面，总体规划和设计、创意策划等均由陈向宏先生率领的乌镇旅游股份有限公司项目团队完成，"南有乌镇，北有古北水镇"成为古北水镇发展的口号。古北水镇的规划体现了南北文化的交融，它不仅拥有北方古镇的豪放稳重，还融入了南方水乡的灵秀生动。古北水镇依托北方的山地民居，建筑大气粗犷，再现了北方边关城镇的风貌，同时借助穿镇而过的水系，通过巧妙布局，营造了"枕水而居"的江南水乡特色。在整个开发建设过程中，古北水镇始终将文物保护、古建筑修缮和基础设施的重建列为首要任务。项目团队本着"修旧如故，整修如故"的原则，采用了大量的古建材料和传统修缮手法，力求真实还原一个长城小镇的繁华旧貌。街道全部采用长条青石板铺设，并在地下设有可两人并排通行的综合管廊。同时，古北水镇按照现代居住社区的标准，涵盖食、住、行、游、购、娱旅游六要素，使游客不用出景区就能满足所有需求。

古北水镇的营造历时四年。第一步，用整一年时间重修河道。从长城脚下的鸳鸯湖水库引出蜿蜒的小汤河，将长城、水镇巧妙地串联为一体，小桥、流水、摇橹船使干涸的北方温柔了起来。第二步，用两年半时间，耗资近10亿元打造地下工程。对标欧盟标准，修建自来水、污水、厕所、电网、地暖等综合管廊。第三步，在古北水镇的建筑风貌上，遍考历史典故，查阅地方志，梳理出兵营、清末民初集镇、北京近郊山地合院三个文化符号，建造潮河第一营、圆通寺塔、杨无敌祠、镇远镖局、英华书院等景观。第四步，为给游客提供京韵民俗体验，查阅《老北京市井风情》《中国店铺招幌》等大量资料和老照片，打造司马小烧酒坊、永顺染坊、森森伞庄、风筝铺等12间特色作坊，同时邀请几十位民间艺人坐镇，组织集市、书场等活动，再现了浓郁的古镇生活场景。

古北水镇用水的流动打破了人们对北方古镇的刻板印象，但水镇的经营内容依然选用了北京或北方的地方特色，类似于北方地区的庙会：烧酒坊、织染坊、镖局等都是对古北口地区历史元素的深度挖掘。不同的是，古北水镇对这些民间活动进行了精细化打磨，脱离仿古说古的套路，增添现代服务业的标准化流程，使之更加符合现代人的休闲娱乐需求。

（二）古北水镇的休闲符号确立期（2014—2016 年）

经过四年独具匠心的打造，2014 年元旦，古北水镇开始试运行，酒店及部分民宿客房开始接待游客，部分游览景点、文化展示体验区、商铺和特色餐饮同步推出。运营初期，古北水镇并没有进行大规模的营销推广，而是以独有的"长城观光、北方水乡"为核心卖点，主打文化体验牌，凭借社交平台的口口相传、图片分享，吸引游客关注。试营业几个月后的清明节，游客量便迎来大爆发，日均客流量达到两万人次，大大高于预期，为正式运营打下了良好的基础。

2014 年 10 月，古北水镇正式开业，短短几个月客流量接近百万人次，实现旅游综合收入 2 亿元，占到了密云所有景区综合收入的一半以上，迅速占领了北京休闲游的市场，达到了对京郊旅游市场单点引爆的效果。

从经营指标来看，古北水镇的客单价远高于传统的京郊游，甚至高于乌镇景区，这也从侧面说明古北水镇的市场定位是中高端与休闲化。借用北京特殊的历史、政治地位，通过明清古建筑等碎片式的符号，古北水镇给游客勾勒出一种复古而休闲的氛围，用现代的器物与精美的食物拼搭出"新中产"理想中的生活场景，精致的酒店、舒适的温泉才是古北水镇对目标人群的真正吸引力，游客在景区里的二次消费成为水镇收入的另一重要来源。

地处首都，依托京津冀城市群，古北水镇的潜在市场空间巨大，即使小众化的目标人群在庞大的人口基数下也会形成极为可观的游客量。但北京郊区周末休闲游市场的一大特点就是新项目信息传播周期极短，游客数量爆发力极强，在市场下沉的过程中，古北水镇只有完成从小众体验到大众尝鲜的转变，才能在京郊休闲游中长期占据重要地位。而古北水镇正是通过持续的产品更新与营销发力，确立其在区域旅游市场上的休闲符号地位，延续了旅游目的地的生命周期。

2016年，重磅打造的古北水镇夜游项目一经推出就迅速成为京郊旅游的网红项目。古北水镇通过销售半价优惠的夜间门票，对夜间经济发达的特大城市形成强大的游客吸引力，强化了本地游客对古北水镇夜景的美好想象。习惯了城市内夜晚的嘈杂和郊外夜晚的单调，游客在游览过古北水镇的夜景后，得到极大满足，促进了口碑生成与传播。

司马台长城也成为当时全国唯一开放夜游的长城。提灯夜游登长城、湖畔晚餐品长城、摇橹汤河望长城、星空温泉赏长城、品酒观星醉长城、音乐盛宴聆长城、畅游泳池观长城、枕梦星辰宿长城是长城脚下的夜游"八大名玩"，塑造了古北水镇的独特性和稀缺性，也给长城文化的保护和开发提供了一种新的思路。

在营销推广上，古北水镇增加地铁广告、互联网广告投放，拓宽销售渠道，加强与OTA平台的合作，承接《奔跑吧兄弟》《真心英雄》等多个综艺节目的录制……这些卓有成效的措施，使古北水镇的知名度和影响力有了显著提升，组团游客占比也增至30%。

2014年古北水镇开业之后，连续四年游客量稳步增长。2015年，古北水镇荣获中国旅游总榜北京榜单"年度最具推广力景区"。2016年，古北水镇游客量245万人次，旅游收入7.35亿元，同比增长分别为67%和59%，创造了惊人业绩。

（三）古北水镇的产品迭代创新期（2017年至今）

2017年，古北水镇游客量275万人次，旅游收入9.79亿元，达到开业以来的客流最高峰。然而，游客量登顶的背后是水镇游客量的增速开始放缓，从65.68%下降到了12.89%，压力初现。到了2018年，古北水镇游客量开始出现下滑，全年接待量256万人次，比上一年减少19万人次。2019年，古北水镇游客量更是下降为 239 万人次。古北水镇旅游地生命周期的加速缩短，究其原因，周边同质化文旅项目的分流、旅游者对古北水镇热情的减退、消费价格偏高、北京地区大型活动人流限制和交通瓶颈尚未完全突破等多个因素都对其游客接待量下滑产生了影响。

从竞争因素来看，在长城景观方面，古北水镇不仅要与密云区内的蟠龙山长城竞争，还要面对区外已经发展成熟的北京八达岭长城、慕田峪长城、黄花城水长城，以及河北的金山岭长城、天津的黄崖关长城等；在休闲度假旅游区方面，古北水镇同样面临着顶秀美泉小镇、张裕爱斐堡酒庄、皇后镇休闲度假村，以及长沟镇、普拉托休闲小镇等京郊众多的竞争对手。

面对市场和竞争压力，古北水镇开展了一系列的产品迭代创新举措，挖掘小镇文化内涵，丰富小镇特色活动，开拓商务会议接待市场，加强品牌推广力度，构建"文化+会展"模式。

在文化活动方面，古北水镇根据"长城+"战略布局，开展了一系列以长城为背景并且融合了传统节日和季节特征的主题活动，如长城脚下过大年、长城庙会、长城踏春季、长城音乐水舞秀、长城星空帐篷营、长城星空音乐夜、长城国风红叶季、长城冰雪嘉年华等，打造"遇见纳兰"系列无人机灯光秀、"耀古北"数字艺术馆、花艺课堂等，推出主题套餐产品及系列文创产品，充分营造景区文化氛围，增强度假品牌和游客体验。2024 年 5 月，中青旅携手保利影业、博纳文旅等机构和艺术家，在古北水镇举办"光之城"文旅融合系列活动启动仪式，进一步挖掘在地文化价值，推动文、体、旅、演、影各业态的深度融合，讲好古北水镇与司马台长城的品牌故事，打造古北水镇重量级核心文化 IP，推动古北水镇成为华北乃至全国"新国风文化开拓者"的领军景区。此外，古北水镇将传统文化和新潮文化并举，不仅每年都会举办国风巡游、国妆模特大赛、国风市集、花船巡游等活动，还积极推出宅舞大赛、电竞比拼以及诸多二次元活动，进一步扩大游客受众群体，让更多年轻人在此找到乐趣。

在会展旅游方面，古北水镇自营业以来就依托其前瞻性的场地资源及配套设施规划，一直致力于打造"京郊 MICE 中心"，并通过不断优化软硬件服务设施，完善商务会议接待流程，提升会务接待水平等措施，持续发力商务会展市场。古北水镇在巩固北京市场的基础上，重点辐射周边地区市场，积极探索与 IT、教育、汽车、金融等行业的合作机会，先后成功接待了北汽、宝马、丰田等汽车品牌的大型商务会议活动，承接了高端服饰、互联网巨头、半导体行业等领军企业的大型会展活动。至今，古北水镇拥有八旗会馆、密云大戏楼、望京楼阳光顶等大小型会议展览的室内和户外场地 30 余个，承办会议及活动超 7000 场，如第九次中、日、韩外长会，法国波尔多葡萄酒节等国际性活动；巴拉巴拉"羽你相融"长城大秀、Bilibili 元宵晚会、2022 北京长城文化节、特步品牌战略成果升级发布会等大型会展活动。凭借优美的景区环境、齐备的会展设施、丰富的活动经验、极致的专业服务，古北水镇逐渐成为京郊商务会展旅游的重要选择。

同时，古北水镇将品牌塑造与营销传播提升至战略地位。2017 年，古北水镇邀请明星王珞丹担任小镇形象代言人，拍摄宣传片；上线官方 App，重视新媒体推广；录制《妈妈是超人》《王者出击》等综艺节目。2018 年，支持姜文的影片《邪不压正》在古北水镇取景拍摄并举办首映式。2019 年年初，古北水镇作为第一家旅游业品牌在抖音上线。这些都有利于将古北水镇的风格特色和生活方式具象地呈现在观众眼前，其品牌价值也得到了有效提升。

在此期间，总体来看古北水镇虽然在游客量和收入方面有所下降，但其客单价却在持续上升，近三年的客单价大概都在 500 元。这表明，景区品质始终得到游客认可，酒店、民宿等休闲娱乐设施运营良好，游客愿意留下过夜。2020 年，古北水镇被北京市文化和旅游局评为首届北京网红人文景观类打卡地；2021 年，入选第一批国家级夜间文化和旅游消费集聚区；2024 年，又入选新一批国家级旅游度假区名单，成为北京市首个国家级旅游度假区。

二、古北水镇旅游地屏蔽突破的案例分析

(一) 古北水镇的资源禀赋分析

1. 古北水镇的资源品质

古北口作为北方边塞军事古镇的代表,潜藏着深厚的边关军事文化。而且,古北口以其独特的军事文化吸引了无数文人雅士,苏辙、刘敞、汤显祖、纳兰性德等文辞大家在此留下了许多名文佳句,更有康熙、乾隆皇帝多次称颂它地势的险峻与重要。

长城符号是古北水镇的特色性资源。司马台是中国唯一完整保存明代原貌的长城,被联合国教科文组织确定为"原始长城",为国家"AAAA"级旅游景区,荣获过"北京旅游世界之最""北京市优秀景区""京郊十佳好去处"等称号。司马台长城由明代名将戚继光亲自督造,以"险、密、奇、巧、全"著称,是中国长城之最。险是指它建在刀削斧劈的山脊之上,惊险无比;"密"是指敌楼间的距离,两敌楼相距最近几十米,最远不过300米,平均间距仅140米;"奇"是指司马台长城山势险陡、雄奇壮丽,且山下有冷泉与温泉交汇而成的鸳鸯湖,碧波荡漾,构成湖光山色的绮丽美景;"巧"体现在步步为营的障墙上,进可攻退可守;"全"是指城楼和敌楼的建筑风格形式奇特多样。司马台长城被誉为中国最美的长城,2012年被英国《泰晤士报》评为"全球不容错过的25处风景之首",观赏游憩价值极高。而布设灯光的司马台长城,在夜色之中宛如一条金龙盘旋在蜿蜒起伏的崇山峻岭之巅,蔚为壮观。

水,对于北方绝大多数景区来说,都是一种比较稀缺的旅游资源,对于古北水镇也是如此。这里原本只有一条流量很小的小溪,然而项目团队巧妙地利用堤坝等设施,打造出一片片首尾相连的水面,贯穿整个小镇,最终形成了北方水乡的景观:小桥流水、青砖黛瓦,遍地是饱含岁月感的石板路,河面上处处是倒映着的垂柳。古北水镇将北方边关的豪迈大气与江南的温婉细腻融合在一起,让人在北国风光中也能领略到江南水乡的韵味。

此外，古北水镇还十分重视对地方民俗文化的挖掘，通过对造酒、染布、镖局、戏楼、祠堂等情景化活动的再现，让游客更加真实地体验和感受古镇生活。以长城书院、震远镖局、司马小烧、八旗会馆等为代表的建筑群，最大程度地实现了北方小镇的场景化营造，展示了北国边塞小镇的历史风貌和民俗文化，形成了独一无二的特色，对游客产生了极大的吸引力。

2. 古北水镇的资源密度

古北水镇在 9 平方公里的地块上规划为"六区三谷"，分别为老营区、民国街区、水街风情区、卧龙堡民俗文化区、汤河古寨区、民宿餐饮区与后川禅谷、伊甸谷、云峰翠谷。主要景点包括司马台长城、圆通塔、司马小烧酒坊、永顺染坊、英华书院、杨无敌祠、震远镖局、八旗会馆、月老祠等。围绕这些景点，众多特色商铺错落分布在整个景区内，包括皮影戏馆、剪纸店、酱菜馆、风筝文化馆、谢馥春香粉店、宝兴隆鞋庄等 50 余处。

度假区内拥有 43 万平方米明清及民国风格的山地合院建筑，提供了多样化的居住选择，包含 7 家主题酒店、10 家精品酒店、28 家民宿客栈，拥有 1600 余间客房的接待能力。餐饮方面，设置有 30 余家独立餐厅，还有步步莲花酒吧、望京楼丽人酒吧等为客人营造出祥和静谧、如梦如幻的氛围。休闲娱乐方面，有 10 多个文化展示体验区及完善的配套服务设施，并依托优越的温泉资源建造了温泉馆和足浴中心，提供具有多种疗养功效的室内室外温泉池、美容 SPA 服务。

3. 古北水镇的资源结构

古北水镇拥有原生态的自然环境、珍贵的军事历史遗存和独特的地方民俗文化资源，是北京及周边地区罕见的山、水、城有机结合的城镇。

古北水镇选择具有较高观光价值和品牌吸引力的司马台长城作为背景，让古老的长城为其背书，打造独特的古镇环境与氛围。一段长城作为孤立的历史遗迹，很难进行深度开发，但是依托整个小镇，可以将"点"连成"线"、铺成"片"。司马台长城为这座小镇增添了文化上的独特性，小镇的娱乐活动、乡村酒店、美食街、文创产品等延长了产业链。长城脚下北方小镇的场景为游客提供了沉浸式的体验氛围。

长城下的星空小镇——古北水镇位于司马台长城脚下，尤其在冬季，当长城与星空遥相辉映，构成了一幅绝美的画面。游客可以在这里的长城上观赏星空，体验不一样的星空之旅。2019 年夏季，古北水镇推出了星空帐篷营地，还配套设置了星空讲堂，由专业的老师在山顶给孩子讲解星空知识，这是"夜游+教育"的一次大胆尝试。古北水镇在夜晚提供了独特的灯光和景观，使整个小镇在夜晚仿佛变成了一个童话世界，游客可以在夜晚的灯光照耀下漫步在古镇的街道上，享受宁静而浪漫的氛围，体验独特的星空夜游。

文化上，一是京郊边关文化，如重建震远镖局，还原了清代镖局的总镖头房、兵器室、练武场等场所。二是以老北京文化为主的传统北方文化和民风民俗，如根据历史典籍修建司马酒坊、永顺染坊等历史民俗展示馆，举行接神大礼、社火巡游、祭财神等节日民俗活动，同时邀请非遗传承人展示传统手工艺产品的制作过程，并提供司马小烧制酒等 DIY 环节，邀请游客全程参与，为游客提供不一样的沉浸式旅游体验。三是传统文化与新潮文化的结合，如古北水镇的国风红叶季活动将红叶、国风、二次元等元素进行融合，通过演艺、赛事、互动、商业板块等内容，在长城脚下开启一场给年轻人的沉浸式艺术盛宴。

（二）古北水镇的旅游区位分析

1. 交通区位

（1）外部交通的通达性

古北水镇位于北京市东北部的密云区古北口镇司马台村，是燕山山地与华北平原交界地，是华北通往东北、内蒙古的重要门户，有"京师锁钥"之称。古北水镇虽然位于北京，但最初交通不便，距离北京城区 120 公里，地理距离和耗时较长。尤其是在 2001 年八达岭高速通车后，八达岭长城相较于司马台长城的交通区位优势进一步凸显。而在会展旅游方面，怀柔区的北京雁栖湖国际会展中心无论是知名度还是交通距离，都比古北水镇更有优势。

为解决交通短板问题，密云协调交通、规划等部门，在古北水镇10分钟车程距离的位置预留了高速下道口，接入2009年年底通车的京承高速公路网，使得北京城区到司马台长城的时间由3个小时缩短了一半，司马台长城及周边的古北口地区开始具备北京近郊旅游的交通条件。此外，通往古北水镇的其他公路线还有京沈路、顺密路、密关路和密兴路等。2018年，密云马北路道路工程建成通车，打通密云古北水镇及东北部旅游区的第二通道，大大缓解了京承高速在节假日期间古北水镇、司马台长城周边道路拥堵的情况。2019年和2020年，北京市郊铁路怀柔—密云线（黄土店站至古北口站区间）和通州—密云线（通州西站至密云北站区间）分别全线开通运营，受到市民的欢迎，更加方便了游客乘坐公共交通工具前往古北水镇。

目前，古北水镇距首都国际机场和北京城区均在一个半小时左右的车程，距离密云区和承德市约45分钟车程，符合城市周边游适宜的距离标准。外部交通区位的优越性凸显，为古北水镇成为大都市圈休闲游憩带上的理想旅游目的地创造了条件。

（2）内部交通的便游性

古北水镇的内部交通规划十分合理，方便游客在景区内轻松游览。水镇拥有多个停车场，方便自驾游停车，针对电动汽车也安排有专门停车场进行充电。景区提供电瓶车服务，游客可以乘坐电瓶车游览景区内的各个景点。这种交通方式适合全家出游，特别是有老人和小孩的家庭。

由于古北水镇内部的景点沿河布局，较为紧凑，游客可以选择步行、乘船游览两种方式。游客可以沿着石板路，漫步在古色古香的街道，欣赏沿途的风景和建筑；也可选择乘坐充满江南气息的摇橹船，游弋于北方水镇的诗情画意中。另外，景区内部设置了清晰的指示标识，游客可以轻松找到各个景点和设施，如酒店、餐厅、洗手间等。通过这些内部交通安排，古北水镇为游客提供了一个便捷、舒适、安逸的旅游环境。

2. 客源区位

古北水镇在享有北京两千多万潜在旅游消费者的巨大市场外，还通过北京这一国际知名文化旅游平台，间接拥有数千万乃至上亿的潜在的全国和世界客源市场。古北水镇的客源区位优势在于它地处北京郊区、京津冀两小时都市圈内。北京人口众多、居民物质基础良好且具备高层次的精神文化需求，为古北水镇提供了稳定的本地客源。同时，北京市一年到访游客总量达2.1亿人次，其中观光、休闲、度假游客达到约1亿人次，为古北水镇提供了丰富的外地客源。据统计，北京市短途休闲游潜在市场规模在5000万人次/年，其中市内居民产生需求4500万人次，市外游客产生需求500万人次，显示出极大的京郊旅游市场需求。此外，古北水镇恰好处于北京至承德这一经典旅游线路的中间位置，因此还有望吸引北京至承德旅游的游客，增加客源。

面对以京津冀区域为主的游客来源，古北水镇在规划早期便提出"长城脚下的星空小镇"概念，也勾勒出未来市场的潜在空间。对于北京人来说，古北水镇没有雾霾有星空；对于北方人来说，古北水镇有小桥流水；对于南方人来说，古北水镇有长城。一句话抓住了三个核心市场客群的消费诉求。首先，北京有2000万人的巨大市场，当时却没有一个像样的古镇；其次，把江南水乡搬到缺水的北方，一定有广大的客源市场；最后，中青旅有能力导流全国海量的游客。利用北京在京津冀区域旅游格局中旅游集散服务中心的地位，古北水镇在稳固京津冀地区市场占有率的基础上，致力于全国市场的营销推广。

3. 经济区位

作为北京重要的水源保护地，密云区坚持生态优先、绿色发展，致力于打造生态优势与生命健康产业融合发展的新模式。依托密云水库及周边丰富的自然资源，密云区大力发展生态旅游、绿色农业等产业。此外，密云区还充分利用其优质环境和资源，推动农文商体旅产业融合发展，全面提升绿色高质量的发展水平。

北京作为中国的首都，经济总量大，拥有显著的经济区位优势，拥有庞大的市场规模和消费潜力，更有丰富的文化资源和国际交流机会，不仅拥有大量的国际会议和活动需求，也吸引了大量国际投资和合作。京津冀地区整体雄厚的经济发展实力、密集而庞大的人口总量都为古北水镇的发展提供了基础保障。

（三）古北水镇的游客涉入分析

针对京津冀都市经济圈巨大的短途旅游需求，古北水镇抓住十年前京郊少有高品质休闲度假目的地的市场机遇，对散客与团队、老人与青年、非公与商务等市场进行细分，融合自然与人文、北方与南方、历史与现代、传统与新潮、古典与时尚、白天与黑夜、创意与科技的不同特点，规划开发了大量历史风貌建筑、民俗文化活动、非遗手工展示以及酒店、民宿、餐饮、购物、温泉、康体、演艺、娱乐等配套服务，满足了游客观光、休闲、度假、会展的多方面需求。

当前，古北水镇的客源市场以京津冀地区为主，同时也在积极拓展中远程市场，力图成为全国性的旅游目的地。古北水镇的客单价持续提升，远远高于一般的休闲旅游，显示出中高端游客强大的消费能力。在游客群体方面，家庭游客占据了较大比例，尤其是散客群体。此外，古北水镇通过推出多样化的活动和体验，如汉服踏青、跳宅舞、看走秀、超级漫展＋二次元度假、长城下的星空帐篷营、无人机孔明灯表演等，成功吸引了更多年轻游客。

为了进一步探究古北水镇的游客涉入因素，下面基于隐喻抽取技术对访谈资料进行提炼，以获得古北水镇游客由具体情境所引发的兴趣、动机、关注与投入的心理状态和行为反应。

1. 受访者选取

共选取了 10 名古北水镇的游客作为受访者，受访者的性别、年龄、职业和现居地等人口基本特征，如表 7-7 所示。

表 7-7 受访者的人口基本特征

编号	性别	年龄/岁	职业	现居地
P1	女	25	企业职员	天津
P2	女	22	学生	秦皇岛
P3	男	29	教师	石家庄
P4	女	33	公司职工	北京
P5	男	23	自由职业	上海
P6	女	41	学生	唐山
P7	男	26	教师	北京
P8	男	37	私企老板	北京
P9	女	24	学生	太原
P10	男	45	医生	天津

2. 访谈构念抽取与整理

下文是结合攀梯法 10 名受访者的访谈记录，受访者依据他们提供的照片讲述故事以及从中提取出的构念，受篇幅所限，仅列出 5 位受访者所述故事的部分内容及其提及的构念名称，见表 7-8。

表 7-8 说故事与构念抽取

受访者	说故事	构念抽取
P1	古北水镇的服务质量真的超乎我的预期，从进入小镇的那一刻起，就能感受到专业的运营团队在细节上的用心。通过导览还有互动，让我们对北方民居建筑特色和当地的人文景观有了更加深入的了解。特色小镇的自然景观和人文景观相得益彰，生活、漫步在这里仿佛置身于一幅流动的山水画中。而且古北水镇真的挺有特色的，里面的水很干净，有水的话确实给古镇增添了几分灵气，北京很少能看到这种江南风格的水镇。地处司马台长城脚下，长城的景色真的很优美，大气磅礴！另外交通还是挺方便的，导航一路开过去走六环的话几乎不会堵车，来这里停车还是比较容易的。对了，如果夜宿古镇的话，只要在检票厅入口进行人脸识别，就可以办理第二天的二次入园。夜景非常漂亮，走在这样的夜色里，每一步都踏着光影的交错，穿透了夜的寂静，照亮了古老的街巷和错落有致的屋檐。它们或红或黄，或明或暗，交织成一幅幅流动的光影画卷，让人恍若置身于一个梦幻般的世界	古北水镇、服务质量、小镇、专业、运营团队、细节、用心、导览、互动、北方民居、建筑特色、人文景观、自然景观、漫步、山水画、特色、水、干净、古镇、灵气、北京、江南风格、司马台长城、景色、优美、磅礴、交通、方便、导航、停车、容易、夜宿、检票厅、人脸识别、夜景、漂亮、夜色、光影、寂静、古老、街巷、错落有致、画卷、梦幻

续表

受访者	说故事	构念抽取
P2	古北水镇，宛如一颗遗落在时光中的明珠。踏入这里，仿佛穿越回了古代。那古朴典雅的建筑鳞次栉比，青石板路蜿蜒其间，诉说着岁月的故事。石拱桥横跨于河道之上，与潺潺流水相映成趣，构成了一幅幅绝美的画卷。水镇中的店铺各具特色，传统的手工艺店让人领略到古老技艺的魅力，特色小吃店则散发着诱人的香气，让人忍不住去品尝一番。漫步其间，既能感受到浓浓的文化氛围，又能享受休闲惬意的时光。夜晚的古北水镇更是别有一番风情。璀璨的灯光点亮了整个小镇，司马台长城在夜色中若隐若现，增添了一抹神秘的色彩。河道中倒映着五彩的灯光，如梦如幻，令人陶醉。这里还有丰富多样的表演活动，精彩绝伦的杂技、传统的戏曲表演等，为游客带来了一场场视听盛宴。古北水镇，它既是历史的见证者，又是现代人们追寻宁静与美好的心灵栖息地，是一个不容错过的好去处	时光、穿越、古代、古朴、典雅、建筑、青石板路、蜿蜒、岁月、石拱桥、河道、流水、画卷、店铺、特色、传统、手工艺、古老、技艺、魅力、小吃、诱人、香气、品尝、漫步、夜晚、文化、氛围、休闲、惬意、风情、璀璨、灯光、夜色、神秘、五彩、如梦如幻、丰富、表演、精彩、杂技、戏曲、视听盛宴、历史、现代、宁静、美好、心灵、栖息地
P3	古北水镇是一个充满特色的小镇，它不仅有着北方民居的特色、边塞风光，还巧妙地融入了江南水乡的元素，让人在北方也能享受到水乡的惬意。漫步在石板铺就的街道上，四周的青砖黛瓦、红灯笼和悠悠河流让人仿佛穿越到了古代。水镇的夜景尤其动人，华灯初上时，镇上的建筑在灯光的映衬下显得格外静谧而温馨。这里的文化资源丰富，无论是老北京的庙会，还是复古的烧酒坊、织染坊，都让人仿佛穿越了时空。商业和品牌活动的结合，如露天长城剧场的舞台表演，为游客提供了多元化的娱乐选择。古北水镇的商务、会展设施也非常完善，无论是温泉度假还是康娱活动，都能满足不同游客的需求	特色、小镇、北方民居、边塞风光、巧妙、水乡、北方、享受、惬意、漫步、石板、街道、青砖黛瓦、红灯笼、河流、穿越、古代、夜景、动人、建筑、灯光、静谧、温馨、文化、丰富、老北京、庙会、复古、烧酒坊、织染坊、商业、品牌活动、剧场、表演、娱乐、商务、会展、完善、温泉、度假、康娱

续表

受访者	说故事	构念抽取
P4	古北水镇的设施非常完善，无论是游船还是山坡上的景观，都让人感受到了高品质的休闲体验。这里的功能分区合理，布局精心，让人在游览的同时也能享受到便利的商业和服务。古建筑和时尚街区的结合，让古北水镇既有文化的内涵，又不失现代的舒适。夜间旅游更是一大亮点，古镇的夜景和夜间门票制度，让我们有机会体验到了不夜城的繁华和星空小镇的浪漫。这里既能体验到江南水乡的婉约柔美，也能体验到塞北长城的气势磅礴，而且里面有好多家温泉酒店，泡温泉的同时能够远眺司马台长城的雄伟身影。孩子们很喜欢这里的童玩馆还有手作体验馆，据说这里是京郊最大的儿童娱乐中心，室内的，有上下两层。这里还有扎染、灯笼、皮影等制作，种类丰富。我比较喜欢那个英华书院，能够带着孩子感受昔日的学堂氛围	设施、完善、亲水、游船、山坡、景观、高品质、休闲、体验、功能分区、合理、布局、精心、享受、便利、商业、服务、古建筑、时尚、街区、文化、现代、舒适、文艺、夜间旅游、亮点、夜景、门票、不夜城、繁华、星空小镇、浪漫、江南水乡、婉约、柔美、塞北、气势磅礴、温泉、酒店、雄伟、妙哉、童玩馆、手作体验、京郊、娱乐、风筝、扎染、灯笼、皮影、丰富、书院、学堂、氛围
P5	我是和对象一起去的，朋友推荐说这里很适合情侣旅游。那个月老祠给我留下了深刻的印象，说是供奉的是可亲可敬的月下老人，也就是中国人的爱神。我和对象还一起锁了一把同心锁。水镇邮局很特别，还原了古风古貌，就是我印象中的老邮局的样子，建筑古朴，还有二八自行车。另外，里面有很多DIY体验馆，永顺坊传承了传统的印染工艺，好像是非遗技艺，也是绝佳的拍照打卡点。里面还有师傅教你DIY属于自己的印染作品。除此之外，还有宝兴隆鞋庄、风筝馆、兔爷体验馆等都可以参与制作体验。傍晚的时候，我们去了山顶教堂，氛围感超强。杨无敌祠、镇远镖局、八旗会馆、圆通塔寺、司马小烧酒坊我们也都去看了，都挺不错的。这里的小吃称得上是琳琅满目了，有梅干菜烧饼、老北京茶汤、烤红薯、网红小吃萝卜丝饼、古北烤梨、豆腐角、桥头糕，吃到最后都快吃不下了	推荐、情侣、月老祠、深刻、印象、爱神、同心锁、邮局、特别、古风古貌、建筑、古朴、自行车、DIY体验馆、永顺坊、传统、印染、非遗技艺、绝佳、拍照、打卡、宝兴隆鞋庄、风筝馆、兔爷体验馆、制作体验、山顶教堂、氛围感、杨无敌祠、镇远镖局、八旗会馆、圆通塔寺、司马小烧酒坊、小吃、琳琅满目

对含义相似或相近的构念进行合并，如将"古镇""水镇""古北水镇""小镇"合并为"古北水镇"；将"古代""古老""岁月"合并为"古代"；将"灯光""光影"合并为"灯光"等。经过整理，最终得到80个构念，如表7-9所示。

表7-9 受访者提及的全部构念

编号	构念	编号	构念	编号	构念	编号	构念
1	古北水镇	21	山坡	41	氛围	61	风情
2	服务质量	22	观光	42	场景	62	丰富
3	司马台长城	23	度假	43	精品	63	制作
4	导览	24	商务	44	老北京	64	青砖黛瓦
5	打卡	25	文创	45	庙会	65	村落
6	人文景观	26	会展	46	烧酒坊	66	热闹
7	生活	27	品味	47	表演	67	无人机
8	休闲	28	互动	48	织染坊	68	愉悦
9	设施	29	沉浸	49	品牌	69	传统
10	文化	30	布局	50	温泉	70	DIY
11	专业	31	建筑	51	康娱	71	险峻
12	运营	32	惬意	52	场馆	72	时节
13	体验	33	震撼	53	手工艺	73	磅礴
14	活动	34	舒适	54	方便	74	灯光
15	非遗技艺	35	街区	55	夜市	75	梦幻
16	现代	36	时光	56	石拱桥	76	惊喜
17	水乡	37	民俗	57	河道	77	还原
18	乐趣	38	夜景	58	边塞风光	78	星空
19	北方民居	39	符号	59	婉约	79	酒店
20	特色	40	古朴	60	世界遗产	80	古代

3. 绘制共识地图

共识地图是每位受访者心智模式的集合，可以直观地显示出多数受访者对某一研究主题的共同认知、感受和看法。绘制共识地图的关键是找到起始构念、连接构念和终结构念之间的内在关联性，画出它们的逻辑关系。根据共识地图构建的原则（1/3 和 1/4），本研究筛选出 34 个共识构念，其中初始构念 20 个、连接构念 10 个和终结构念 4 个，并绘制古北水镇游客涉入的共识地图（图 7-9）。

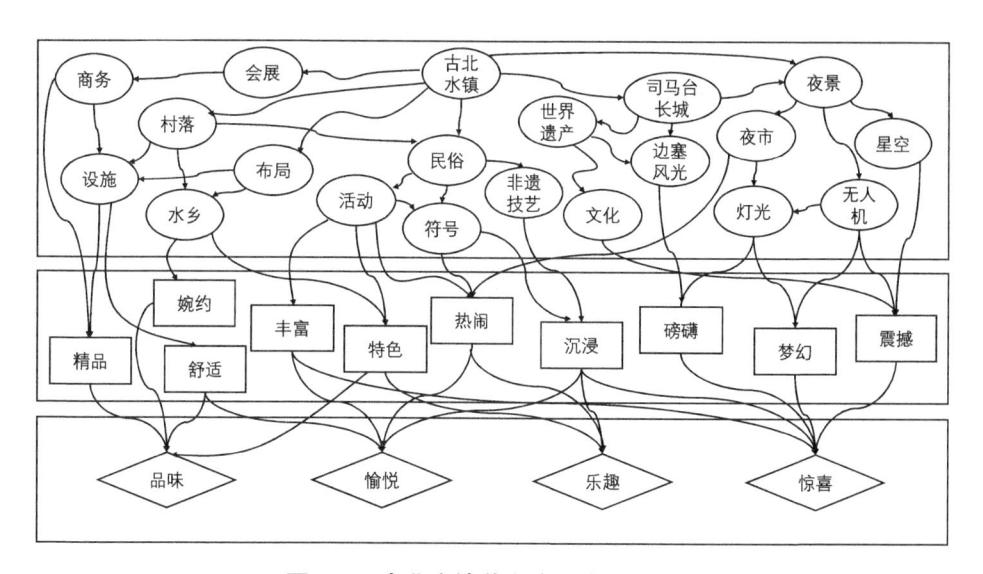

图 7-9　古北水镇游客涉入的共识地图

共识地图构念之间建立起联系，形成了一套完整的逻辑链条。例如，游客游览"夜景""夜市"，观看"星空"和"无人机"表演灯光秀时，感到"磅礴""梦幻"和"震撼"，最终获得了"惊喜"的体验；游客参与"民俗"活动，观赏"非遗技艺"时，有"热闹"和"沉浸"的感受，最终获得"乐趣""惊喜"的体验；游客漫步"水乡""村落"，领略"设施""布局"时，感到"婉约""舒适"，感受到小镇的"特色"，最终获得"品味"的体验。由此，古北水镇引发的游客涉入因素可以归结为"品味""愉悦""乐趣""惊喜"这四个方面。

（四）古北水镇的信息传播分析

古北水镇在创立之初就明晰了自己的品牌定位，"登长城观光，游北方水乡"的口号简单准确地体现了"长城"和"水乡"两个卖点，以长城为背景、水镇为舞台，塑造北方水镇"爽朗而温婉"的品牌气质，以满足新中产人群对生活品质的追求。

之后，古北水镇将品牌的打造与营销提升至战略地位，又提出了"长城下的星空小镇"这一带有静谧与浪漫特质的宣传口号，展现了其高端休闲的品牌形象，带来了更多的游客关注度与到访量，由此确立了其在京津冀短程旅游市场上休闲符号的地位。

并且，古北水镇积极传播、提升其品牌价值，加大线上线下广告投入，聘请明星代言，推出旅游宣传片，频频亮相电影、电视节目，增强了景区的知名度和影响力。

为了检验古北水镇旅游信息传播的有效性，即官方投射旅游形象与游客感知旅游形象的一致性，下面借助 Rost CM 软件对古北水镇官方发布的信息和游客网络游记、评论的文本内容分别进行词频分析、语义网络分析、类目分析并作比较。

1. 古北水镇旅游投射形象分析

本研究运用"八爪鱼采集器"抓取古北水镇官方网站、官方微博、官方微信公众号的文本内容，其中包括官方网站文本 86 篇，官方微博文本 231 篇，官方微信公众号文本 97 篇，共计 82 921 字。

（1）古北水镇旅游投射形象的词频分析

本研究利用 ROST CM6.0 软件对以上的网络文本进行分词处理和词频分析，去除无用的词汇与合并相近的词汇后，得到排名前 100 的古北水镇旅游投射形象的高频特征词，如表 7-10 所示。

为了更加直观地了解官方投射的古北水镇旅游形象，本研究对高频词进行可视化操作，生成了古北水镇旅游投射形象的高频词云图，如图 7-10 所示。

表 7-10　古北水镇旅游投射形象的高频特征词

序号	特征词	频次	序号	特征词	频次	序号	特征词	频次	序号	特征词	频次
1	长城	354	26	北方	90	51	差异化	43	76	冬季	22
2	文化	312	27	度假	86	52	业态	41	77	染坊	21
3	项目	289	28	创新	81	53	享受	40	78	日月岛	20
4	市场	276	29	温泉	80	54	非遗	40	79	影响力	20
5	开发	251	30	运营	78	55	古朴	39	80	震撼	19
6	商务	238	31	接待	75	56	灯光	37	81	冰雪	19
7	服务	223	32	交通	71	57	综合	36	82	鸳鸯湖	19
8	会展	204	33	村落	69	58	高端	35	83	公交	19
9	夜景	199	34	环境	67	59	口碑	35	84	丰富	18
10	体验	192	35	氛围	66	60	游览	35	85	书院	18
11	景色	188	36	民俗	64	61	配套	34	86	夏季	18
12	管理	187	37	夜晚	64	62	沟通	33	87	现代	18
13	特色	179	38	愉悦	62	63	宁静	33	88	春季	17
14	投资	172	39	戏曲	61	64	快乐	32	89	感受	17
15	水乡	165	40	京郊	59	65	美丽	31	90	战略	16
16	门票	153	41	热闹	58	66	满意	30	91	燕山	16
17	会议	138	42	街区	55	67	成熟	29	92	升级	16
18	观光	131	43	高质量	53	68	惊喜	29	93	酒坊	15
19	休闲	126	44	沉浸	53	69	技艺	27	94	客流	14
20	设施	119	45	表演	51	70	镖局	27	95	红叶	14
21	江南	115	46	场景	50	71	自由	27	96	区位	13
22	星空	107	47	历史	48	72	秋季	27	97	直通车	12
23	传统	101	48	建筑	47	73	文艺	26	98	风情	12
24	酒店	99	49	独特	46	74	岁月	24	99	吸引力	10
25	乌镇	94	50	美食	44	75	军屯文化	22	100	功能	9

（2）古北水镇旅游投射形象的语义网络分析

为了深入探究古北水镇旅游投射形象中各特征词之间的相互关系，本研究对高频词进行语义网络分析，生成古北水镇旅游投射形象的语义网络图，如图 7-11 所示。

图 7-10　古北水镇旅游投射形象的高频词云图

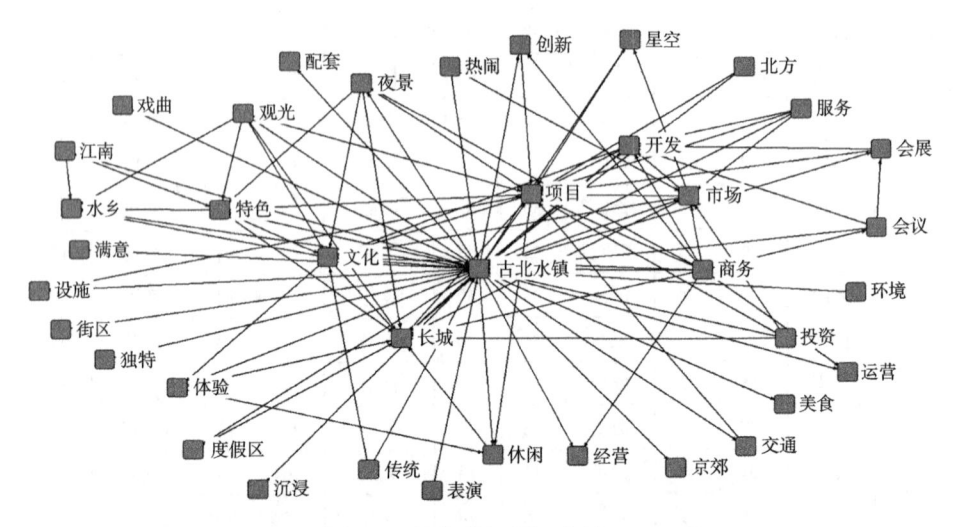

图 7-11　古北水镇旅游投射形象的语义网络图

2. 古北水镇旅游感知形象分析

本研究运用"八爪鱼采集器"抓取携程、马蜂窝、去哪儿三个网站上关于古北水镇游记的文本内容，其中包括携程网文本 69 篇，马蜂窝网文本 97 篇，去哪儿网文本 260 篇，共计 165 503 字。

(1)古北水镇旅游感知形象的词频分析

本研究利用 ROST CM6.0 软件对以上的网络文本进行分词处理和词频分析,在去除无用的词汇与合并相近的词汇后,得到排名前 100 的古北水镇旅游感知形象的高频特征词,如表 7-11 所示。

表 7-11　古北水镇旅游感知形象的高频特征词

序号	特征词	频次	序号	特征词	频次	序号	特征词	频次	序号	特征词	频次
1	司马台长城	1107	26	设施	115	51	环境	62	76	天气	47
2	夜景	500	27	交通	114	52	祠堂	61	77	星空	47
3	古镇	316	28	感受	113	53	惬意	60	78	会议	46
4	夜晚	311	29	讲解	108	54	村落	59	79	京郊	46
5	景色	262	30	目的地	98	55	历史	59	80	震撼	46
6	街区	245	31	度假	96	56	灵动	58	81	享受	45
7	酒店	238	32	建筑	96	57	风格	57	82	日月岛	45
8	地点	213	33	红叶	94	58	南方	57	83	休闲	44
9	时间	210	34	方便	94	59	周末	56	84	距离	44
10	服务	203	35	灯光	94	60	满意	55	85	氛围	44
11	北方	202	36	住宿	89	61	停车场	54	86	愉悦	43
12	温泉	191	37	行程	88	62	口碑	53	87	惊喜	42
13	江南	184	38	快乐	86	63	喷泉	53	88	鸳鸯湖	42
14	民俗	180	39	乌镇	85	64	干净	52	89	自由	41
15	体验	178	40	独特	85	65	无人机	52	90	定位	40
16	特色	161	41	白天	24	66	管理	52	91	合理	40
17	设计	151	42	音乐	80	67	现代	52	92	耐心	40
18	游玩	146	43	风情	78	68	秋天	51	93	夏季	39
19	传统	143	44	成功	77	69	缆车	51	94	优秀	39
20	水乡	142	45	教堂	76	70	吸引力	50	95	功能	39
21	门票	135	46	文化	73	71	入住	50	96	房间	39
22	古北口	130	47	热情	71	72	一日游	49	97	索道	38
23	美食	127	48	精品	69	73	小桥流水	49	98	染坊	38
24	值得	122	49	节日	64	74	排队	48	99	打卡	37
25	客栈	121	50	山水	63	75	拍照	48	100	美好	37

为了更加直观地了解游客感知的古北水镇旅游形象，本研究对高频词进行可视化操作，生成了古北水镇旅游感知形象的高频词云图，如图7-12所示。

图7-12 古北水镇旅游感知形象的高频词云图

（2）古北水镇旅游感知形象的语义网络分析

为了深入探究古北水镇旅游感知形象中各特征词之间的相互关系，本研究对高频词进行语义网络分析，生成了古北水镇旅游感知形象的语义网络图，如图7-13所示。

3. 古北水镇旅游投射形象与感知形象的比较

对比古北水镇旅游投射形象与感知形象的高频词、语义网络图，可见两者突出的词语均为"长城""夜景""北方""江南""水乡""景色""传统""民俗""文化""特色""街区""建筑""酒店""温泉""设施""独特""体验"等，并且整体也呈现出较高的相似性和一致性，基本说明古北水镇旅游的宣传点和游客的关注点都是长城和水乡景色、历史街区建筑、民俗文化活动、休闲度假设施与服务等，投射形象与感知形象具有较高的重合度。

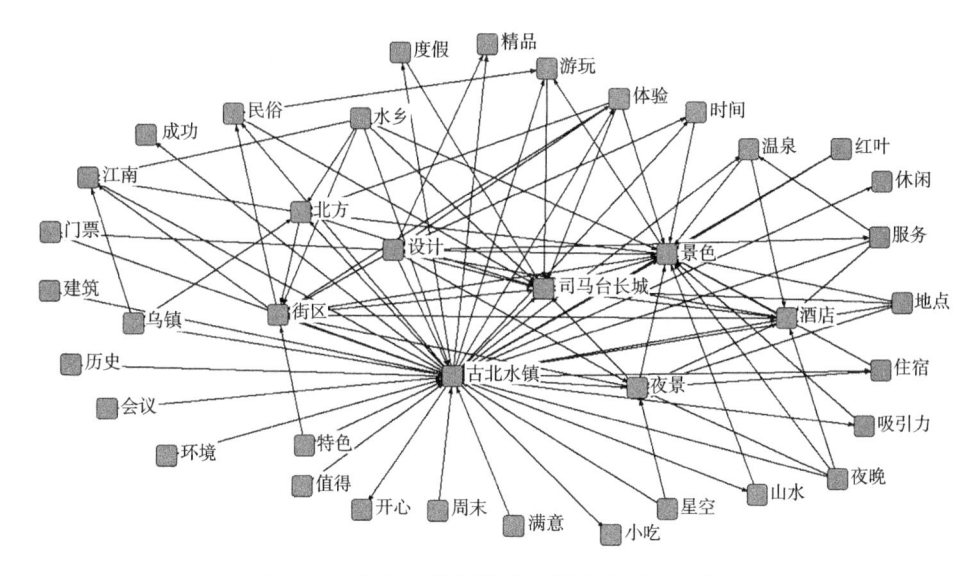

图 7-13 古北水镇旅游感知形象的语义网络图

为了进一步详细比较古北水镇旅游投射形象与感知形象的异同点，下面对两者进行类目的比较分析。根据古北水镇旅游形象的高频特征词，结合旅游目的地形象构成要素，可以将古北水镇旅游投射形象与感知形象置于自然环境、人文景观、旅游事件与活动、旅游设施与服务、旅游特征与气氛 5 个主类目下的 13 个次类目进行比较，具体如表 7-12 所示。

表 7-12 古北水镇旅游投射形象与感知形象的类目比较

主类目	次类目	累计频数	频数占比/%	投射形象高频词	累计频数	频数占比/%	感知形象高频词
自然环境	山水	962	12.98	景色、水乡、环境、日月岛、鸳鸯湖、燕山	1731	16.57	景色、水乡、山水、环境、小桥流水、日月岛、鸳鸯湖
	动植物			红叶			红叶
	时节、气候与天气			星空、夜晚、秋季、冬季、冰雪、夏季、春季			夜晚、白天、秋天、天气、星空、夏季、节日、周末

续表

主类目	次类目	累计频数	频数占比/%	投射形象高频词	累计频数	频数占比/%	感知形象高频词
人文景观	历史文化遗迹	1160	15.65	长城、文化、历史、岁月、军屯文化	2495	23.88	司马台长城、文化、历史
	当代建筑场所			夜景、温泉、村落、街区、场景、建筑、染坊、镖局、书院、酒坊、灯光、设施			夜景、古镇、街区、温泉、建筑、教堂、灯光、设施、祠堂、村落、喷泉、染坊
旅游事件与活动	文艺节庆	1400	18.88	戏曲、表演	803	7.68	音乐、无人机
	商务会展			商务、会展、会议			会议
	非遗民俗			非遗、民俗、技艺			民俗
旅游设施与服务	票务、导游等管理与服务	2111	28.47	市场、服务、经营、管理、项目、投资、开发、门票、度假区、运营、接待、业态、口碑、沟通、战略、升级、客流、功能	2958	28.34	时间、服务、设计、门票、讲解、口碑、管理、排队、定位、功能
	交通、安全与卫生			交通、京郊、公交、区位、直通车			地点、古北口、交通、目的地、停车场、缆车、京郊、距离、索道、行程
	住宿、餐饮与购物			酒店、美食、配套			酒店、美食、客栈、住宿、入住、房间
旅游特征与气氛	特征	1781	24.02	特色、观光、游览、休闲、江南、传统、乌镇、北方、现代、创新、热闹、高质量、独特、差异化、古朴、综合、高端、宁静、美丽、成熟、文艺、影响力、丰富、风情、吸引力	2457	23.53	北方、江南、特色、传统、方便、乌镇、独特、风情、成功、精品、灵动、风格、南方、干净、现代、吸引力、一日游、度假、休闲、游玩、拍照、打卡、优秀、热情、合理、耐心
	气氛			愉悦、沉浸、享受、体验、氛围、快乐、满意、惊喜、自由、震撼、感受			值得、感受、体验、氛围、快乐、满意、震撼、享受、愉悦、惊喜、自由、美好

注：频数占比=各类目高频词累计频数/高频词总频数×100%。

从类目分析可以看出，古北水镇旅游的投射形象与感知形象在自然环境、旅游设施与服务、旅游特征与气氛方面，累计的频数比例大体一致。而且，在自然环境方面，两者都强调"水乡""红叶""夜晚""星空""鸳鸯湖""景色"等；在旅游设施与服务方面，两者都强调"服务""门票""管理""口碑""功能""交通""酒店""美食"等；在旅游特征与气氛方面、均有"休闲""传统""独特""风情""愉悦""自由""快乐""惊喜""满意"等，基本达到了官方预期。

但是古北水镇旅游的投射形象与感知形象也有不同，差异点在于人文景观以及旅游事件与活动方面，具体表现为官方在旅游事件与活动上投射的"商务""会展""会议"远远高于游客的感知形象，这显现出近些年古北水镇侧重于商务会展业务的开发，而这些活动通常都有着特定的接待对象，一般游客无法触及；在人文景观上的投射形象却明显低于游客的感知形象，这说明平常的游客还是对"长城""夜景""街区""建筑""温泉"等人文景观更有感触。

三、古北水镇旅游地屏蔽突破的案例总结

如同很多人造景区生命周期大幅缩短一样，由于区域竞争的日益激烈、游客的视觉疲劳和兴趣变化等，古北水镇开业只有四五年就快速进入了成熟期，遭遇到游客量下降的问题。但是，在以人文历史著称的古都北京，作为一个仿古建筑景区，经历了营造时空转换场景、运营推广休闲符号和产品迭代提升价值三个阶段，古北水镇在过去的十年间已经取得了非凡的成就，并不断引入新的内容，一直在前行，其在不同时期突破屏蔽的路径如图7-14所示。

开发初期，古北水镇便对客源市场和核心卖点定好了基调，聚焦京津冀都市生活圈中高端消费群体，在北方建造水乡水镇，在晚上推出长城夜景夜游，创新性地做出了将南方水乡移植到北方和将白天旅游延续到晚上的时空转换场景。在消费升级和旅游产业转型的背景下，具备文化休闲旅游目的地特质的古北水镇注定将成为京郊短途旅游的新地标和佼佼者。

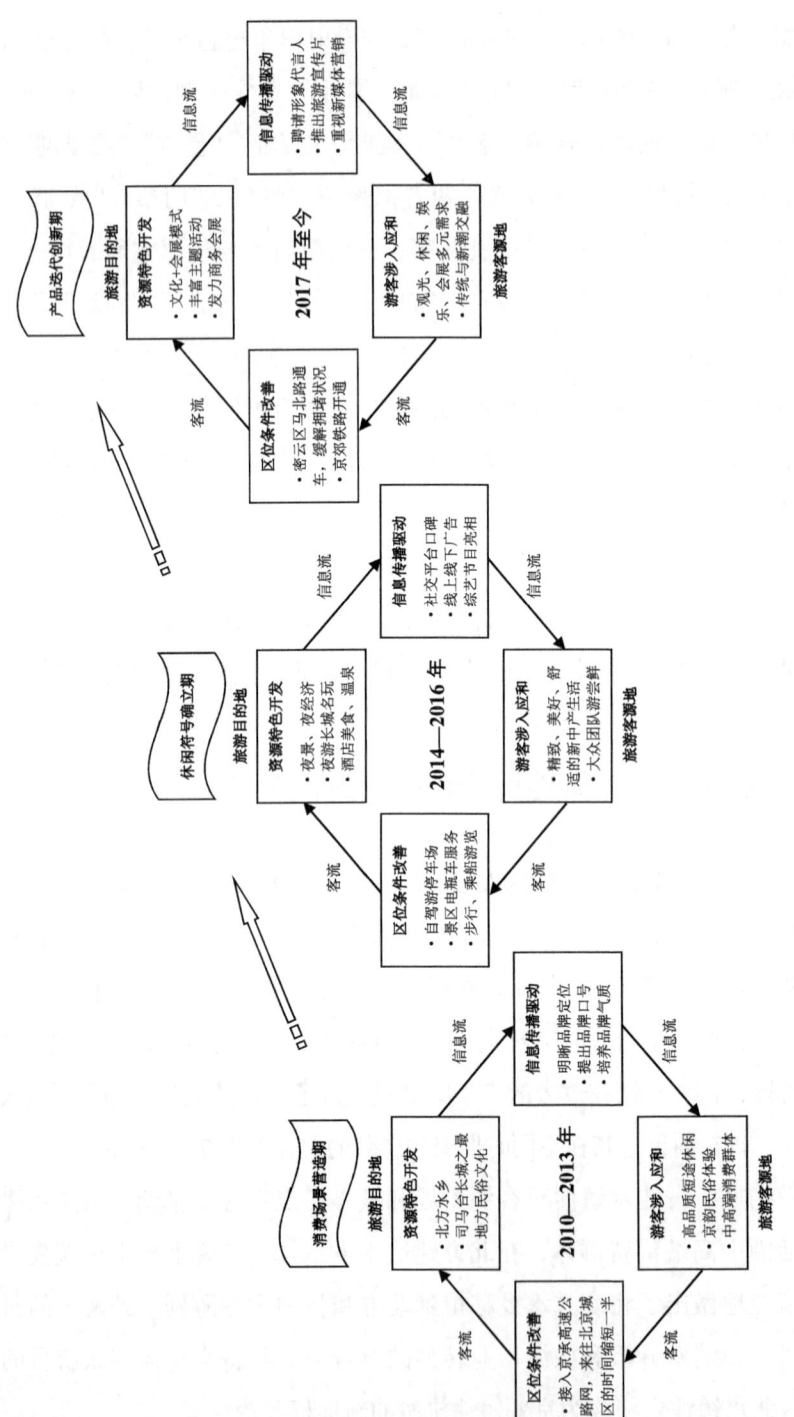

图 7-14 不同时期古北水镇旅游屏蔽的突破路径

运营阶段，古北水镇又重磅打造了小镇里的夜游项目，全新推广长城夜游"八大名玩"和"长城下的星空小镇"这些品牌，并以高级酒店的美食、温泉等满足了新中产人群对精致、美好、舒适的生活品质的追求，促进了口碑生成与传播，确立了区域旅游市场上休闲符号的地位，也引来大众旅游者、团队旅游者的大量到访，使游客量达到巅峰。

随后，应对游客量增速放缓甚至是下滑的情况，古北水镇在原有产品的基础上迭代创新，形成以文化创意和商务会展双轮驱动的格局：一方面融合现代、时尚、新潮的年轻人文化，整合外部资源，在一年四季之中积极推出各类节庆文化主题活动；另一方面，努力开拓商务会议接待市场，承接各种商业性会展活动，进一步增加了"会展小镇"的市场知名度。

横空出世的古北水镇曾经不落俗套，积极创新，大放异彩，现今面对市场和竞争的双重压力而任重道远，仍需要在细分市场需求、优化产品结构、传播品牌形象等方面继续探索。

第八章　旅游地屏蔽的突破路径

本书第五章、第六章、第七章分别对文化遗产型旅游地（浙江嘉兴乌镇、北京恭王府）、自然风光型旅游地（河南焦作云台山、重庆武隆喀斯特旅游区）、人造景观型旅游地（陕西咸阳袁家村、北京古北水镇）三种不同类型的六个旅游地案例进行了描述、分析和总结，本章基于旅游地屏蔽突破的跨案例比较与归纳，对应旅游地屏蔽机理的四个维度，提出资源特色开发、区位条件改善、游客涉入应和、信息传播驱动四个旅游地屏蔽的突破路径。

如表8-1所示，将六个旅游地发展的各个阶段统一称为初期、中期与后期，对其在每个时期的资源特色开发、区位条件改善、游客涉入应和、信息传播驱动的突破路径进行跨案例比较与归纳，从而得出以下结论。

第一，在旅游地资源与产品开发的初期，是对文物古迹、风景名胜、主题文化等独特的旅游资源进行识别、利用、规划、整理、开发与创造；中期则开展文艺、体育等节事活动，提供高品质住宿等配套设施，打造夜景、夜游、夜间经济等；后期是对文化、演艺、音乐、运动、康养、会展、婚恋、研学、农业、科技等各种外部资源的多元整合，推出综合型、融合型的旅游产品。

第二，在旅游地区位条件日益改善的初期，是借助大城市经济圈发展的辐射与带动作用，加快交通等基础设施建设；中期在高速公路、高速铁路等交通网络逐步完善的同时，要使景区内部的小交通便利化、人性化、舒适化；后期则是建成公路、铁路及空中与水路航运齐备的立体交通网络。

表 8-1 旅游地屏蔽突破的跨案例比较与归纳

突破路径	时期	乌镇	恭王府	云台山	武隆	袁家村	古北水镇	归纳
资源特色开发	初期	·修旧如故 ·整体风貌整治 ·传统文化再现	·腾退修缮古建筑 ·恭王府花园开放 ·恭王府邸开放	·山岳水景、峡谷地貌等核心资源识别、利用与开发	·洞、山、桥、缝、水喀斯特景区开发 ·举办体育赛事	·关中民俗文化 ·仿古建筑、美食小吃、手工艺制作	·北方水乡 ·司马台长城之最 ·地方民俗文化	·文物古迹、风景名胜、主题文化等独特旅游资源识别、利用、整理、开发与创造
	中期	·历史街区再利用 ·夜游和住宿模式 ·东西栅互朴联动	·博物馆业务建设 ·传统文化展示 ·文创产品开发	·重阳节、竹林七贤、地质生态科普等文化资源挖掘	·音乐节、冰雪节 ·《印象武隆》演出 ·懒坝大地艺术季	·兴建民宿、客栈和酒吧街 ·丰富夜间消费	·夜景、夜经济 ·夜游长城名玩 ·酒店美食、温泉	·开展文艺、体育等节事活动 ·提供高品质住宿等配套设施 ·打造夜景、夜间经济
	后期	·戏剧节、互联网大会等文化会展及乡村、疗养、婚庆	·社区博物馆定位 ·平安、学术、数字、公众恭博目标	·演艺、音乐、体育、康养、科技等外部资源多元整合	·研学、运动、艺术、康养、婚恋、服务"旅游+"业态	·民俗游、农业游、度假游、主题游多元化乡村旅游地	·文化+会展模式 ·丰富主题活动 ·发力商务会展	·文化、演艺、音乐、运动、康养、会展、婚恋、研学、农业、科技等外部资源多元整合
区位条件改善	初期	·高速公路建设 ·纳入沪杭苏一小时经济圈	·交通基础设施改造	·路桥建设 ·邻近郑州、洛阳、新乡等经济强市	·双白公路通车 ·连接各乡镇的县乡公路相继建成	·环城游憩带 ·西安咸阳一小时经济圈内	·接入京承高速公路网,来往北京城区的时间缩短一半	·大城市经济圈辐射范围内 ·交通基础设施建设

续表

突破路径	时期	乌镇	恭王府	云台山	武隆	袁家村	古北水镇	归纳
区位条件改善	中期	·高速铁路建设·杭州湾跨海大桥和机场巴士开通	·快速交通网络完善	·高速公路网·旅游基础设施完善	·高速公路通车·铁路线贯通·仙女山机场通航	·开通旅游专线·火车、汽车等交通网络完善	·自驾游停车场·景区电瓶车服务·步行、乘船游览	·高速公路、高铁等交通网络逐步完善·景区内部小交通便利化
区位条件改善	后期	·旅游集散、公共出行一体的"公铁水空"综合枢纽	·北京大兴国际机场建成	·高铁连通郑太、直达重大城市、综合交通网	·水陆空铁立体交通网络形成	·西安咸阳国际机场畅通连接国内外	·密云区马北路通车、缓解拥堵状况·京郊铁路开通	·水陆空铁立体交通网络形成
游客涉入应和	初期	·江南水乡观光·当地生活体验·本地及周边游客	·王府文化探秘和神传奇色彩·建筑艺术欣赏	·山水观光·美学价值·本地及周边游客	·地质奇观、自然生态·本市及邻省游客	·悠闲、淳朴的乡村生活方式·西咸临近游客	·高品质短途休闲体验·京韵民俗体验·中高端消费群体	·观光旅游新求异、增长见识、悦心情·本地及周边游客
游客涉入应和	中期	·休闲度假·商务会议·高端游客	·民俗非遗休闲·知识教育研学·现代审美情趣	·知识教育·文化体验·客源扩展到全国	·休闲娱乐·户外运动·游客遍及全国	·愉悦的休闲度假·青年的新潮喜好·客源扩展到省外邻省	·精致、美好、舒适的新中产生活·大众团队游尝鲜	·休闲、娱乐、文化体验、教育·遍及全国的中高端游客
游客涉入应和	后期	·多元化旅游需求·高品质、个性化、潮流型消费	·多元化旅游需求·高端化、个性化、潮流化消费新风尚	·时尚、舒适、个性的休闲娱乐度假·增加游客黏性	·个性、新奇、时尚、品质、舒适、健康·中高端、国际游客	·多元化旅游需求·开拓全国乃至海外市场	·观光、休闲、娱乐、会展多元需求·传统与新潮交融	·多元化旅游需求·精致、时尚、新潮、美好、舒适、个性的消费

第八章 旅游地屏蔽的突破路径 | 241

续表

突破路径	时期	乌镇	恭王府	云台山	武隆	袁家村	古北水镇	归纳
信息传播驱动	初期	·节事活动营销 ·传统媒体营销 ·影视广告植入	·借势热播电视剧 ·对外文化交流活动 ·福文化商标注册	·树立品牌形象 ·旅行社经销 ·组团优惠、补贴	·新闻发布会、媒体见面会、旅行社拜访等	·口碑营销 ·"关中印象"品牌定位	·明晰品牌定位 ·提出品牌口号 ·培养品牌气质	·塑造品牌形象 ·传统媒体广告 ·旅行社组团经销
	中期	·传统媒体主阵地 ·互联网营销为辅 ·跨界联名营销	·户外形象宣传片 ·线上官方旗舰店 ·新媒体平台传播	·央媒强势宣传 ·交易会、推介会 ·系列节庆活动	·集团营销组客 ·影视营销传播 ·营销费用加大	·电视节目宣传 ·全国、全球曝光 ·袁家村 IP 创立	·社交平台口碑 ·线上线下广告 ·综艺节目亮相	·线上线下推广 ·影视营销传播 ·跨界联名营销
	后期	·多方位网络营销 ·新媒体平台传播 ·自主网络销售	·推出 IP 形象 ·短视频、直播 ·VR 全景恭王府	·新潮品牌重塑 ·多个 IP 引爆点 ·全媒体营销矩阵	·国际化品牌创新 ·全渠道立体式营销网络	·全媒体营销传播 ·发挥品牌效应，进域出省品牌扩张	·聘请形象代言人 ·推出旅游宣传片 ·重视新媒体营销	·品牌形象树立与重塑 ·广告创意内容与形式 ·全媒营销平台

第三，在顺应游客涉入变化的初期，主要是满足观光旅游者求新求异、增长见识、怡悦心情的需求，客源市场以本地及周边地区为主；中期主要满足消费升级的旅游者休闲、娱乐、度假及文化体验、知识教育的需求，面对的是全国的中高端游客；后期则是应对多元化、综合性的旅游需求，提供精致、时尚、新潮、美好、舒适、个性的旅游消费。

第四，在信息传播和营销驱动的初期，是塑造旅游地鲜明的品牌形象，并通过电视、户外广告等传统媒体进行宣传，通过旅行社组团进行销售；中期在线上线下都进行推广，利用电影、电视剧、综艺节目进行传播，并开展与其他行业产品或服务的跨界联名营销；后期则是持续加强已有品牌形象的建设，或者随着时代的脚步重塑品牌形象，借助全媒体营销平台，特别是移动网络新媒体，做出有创意的短视频、微短剧或直播。

对此，本章进一步凝练出旅游目的地屏蔽的突破路径（图8-1），并分作四节详细进行阐述。

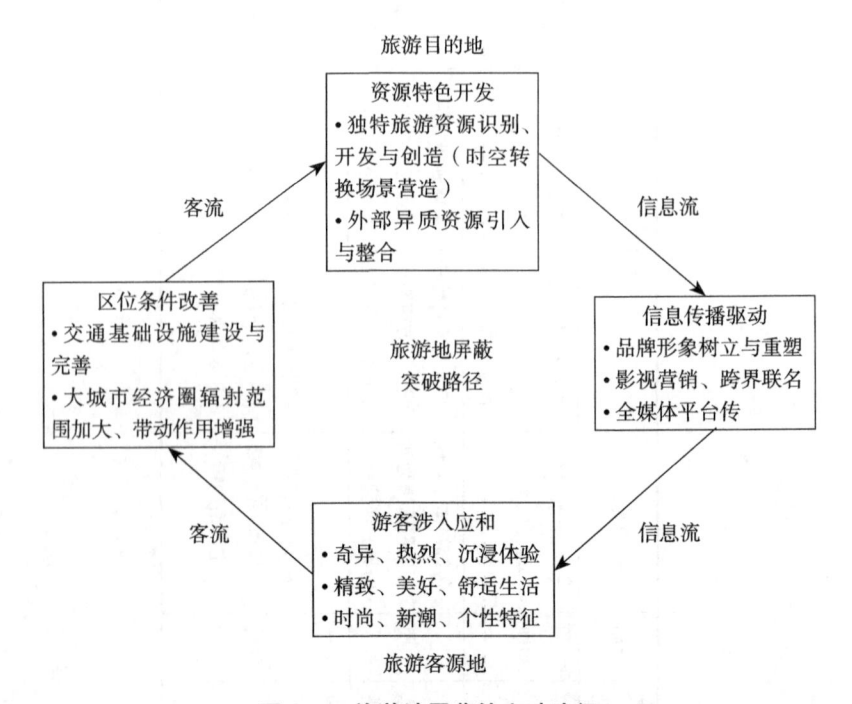

图 8-1　旅游地屏蔽的突破路径

第一节　旅游地资源特色开发

一、独特旅游资源识别、开发与创造

旅游目的地独特资源的识别、开发与创造有助于明确旅游地的资源特色，优化旅游产品质量，形成核心旅游吸引力。旅游生态位理论中也有特化、强化发展的专业化战略和分离、错位发展的差异化战略[1][2][3][4]，即我们通常所讲的"人无我有，人有我优，人优我特，人特我精"。

对于区域内生态位相对较小的旅游地来说，不应在多个维度的生态位上都谋求优势，而应适当收缩自己的旅游生态位，通过采取特化战略，选择区别于竞争对手的旅游生态位，尽量避免生态位的重叠与排斥，针对某种独特的旅游资源进行深度利用和专业化开发，迅速形成局部的竞争优势，并在已经占据的生态位上持续进行强化，才能在区域旅游的激烈竞争中长期保有一席之地。

弱势旅游地的发展相对滞后，旅游资源开发尚处于初始阶段，以本地游客为主，且游客接待量小，缺乏经济效益，所以要将有限的资金、人力等集中于其最独特的核心旅游资源上，进行差别化、特色化的旅游开发。识别与开发独特的旅游资源，首先要对弱势旅游地的旅游资源进行普查，对景区内所有旅游资源单体进行全面调查，包括资源类型、特征、成因及其环境、交通、保护状况等，以便确定哪些旅游资源最具有独特性和潜在价值，从而才能立足于其独特的地方特性及文化底蕴，厘清与其他旅游资源的差异性，明

---

[1] 祁新华，董观志，陈烈.基于生态位理论的旅游可持续发展策略[J].生态经济，2005，21（8）：92-94，98.

[2] 江金波，余构雄.基于生态位理论的长江三角洲区域旅游竞合模式研究[J].地理与地理信息科学，2009，25（5）：93-97，101.

[3] 石丹，徐喆.基于生态位视角的区域旅游竞合发展探讨[J].浙江农业科学，2015，56（1）：87-91.

[4] 罗厚成，龚略，陈松.国内基于生态位理论的区域旅游竞合研究进展[J].商业经济，2016，38（2）：76-78.

确优势，突出特色，开辟全新的具有吸引力的旅游项目。例如，在文博衍生产品的开发中，湖北省博物馆将其镇馆之宝——越王勾践剑缩小复刻，弯成一枚新颖的手镯，不仅有时尚感，还有辟邪消灾之意，这样的创意设计产品立刻获得了游客的追捧。

另外，旅游需求也对旅游资源有着重要影响，旅游市场需求向多样化发展，旅游资源的内涵和范围也在不断扩大，现代旅游吸引的要素已变得多种多样。因此，可以根据旅游资源评估的结果，确定目标市场和游客群体。这包括分析游客的旅游动机，如兴趣爱好、生活习惯、文化水平等主观因素，以及经济收入、性别、地域等客观因素，了解这些动机有助于有针对性地开发旅游资源，以满足不同游客的需求。如陕西袁家村"民俗非遗＋旅游"的模式，就是注重适应现代旅游市场的需求，在旅游景区内设置文化展示区，组织沉浸式、互动式文化体验活动，如传统手工艺制作、民俗表演、节庆活动、品尝地道美食等，让游客亲身参与其中，更深入地了解和体验当地特色文化旅游资源。

因此，弱势旅游地的特化、错位发展就是根据自身的实力和资源特色，找准自己的细分客群和市场定位，避开竞争对手的长处以确立相对优势的地位，从而形成特色鲜明、优势互补的区域旅游竞合格局。错位发展的差异化战略包括时间错位、空间错位和层次错位三种类型。

第一，时间错位。时间错位就是要尽量增加在时间维度上的生态位差别，包括两种时间序位：一是对于旅游区应确定旅游资源开发的主次关系与次序，正确选择区域旅游开发的时间序位，做到分期开发，循序发展；二是对于旅游地应正确进行旅游产品时间上的梯度开发，构建旅游产品的时间层次结构。此外，还可以开发非传统的旅游时段，如晚间时段及冬季等旅游淡季。[1]

第二，空间错位。空间错位又包括两种类型：一是旅游区开发的空间选

---

[1] 彭莹. 基于生态位理论的浙江省区域旅游城市竞争关系研究 [D]. 杭州：浙江大学，2012.

址要与其他类似旅游区保持一定的距离；二是旅游地的客源市场在市场空间上的定位分离。旅游地应明确自身的竞争优势，寻找有利于自己的生存发展空间，避免在资源开发上出现低水平的重复开发，以形成区域旅游系统合理的空间梯度。❶

第三，层次错位。层次错位是指旅游产品的档次差异，应根据竞争对手的情况，设定符合不同顾客需求的档次。这既可以提高旅游产品的档次，推出质量高、服务好的旅游精品，也可以通过低成本、低价格获得大众游客的规模优势。

在时间错位和空间错位方面，以往受地理位置、资源禀赋、气候条件等因素限制的弱势旅游地，现在有很多都通过时空转换场景的创造与营建，借助建筑艺术设计、数字科技手段等，将这些区域的历史、文化、自然等元素与现代旅游需求相结合，赋予其新的生命力和吸引力，创造出了独特的旅游体验。

第一，发展夜间经济，创造时间的转换。夜间经济打破了传统的时间界限，让旅游景区在夜晚也能焕发出勃勃生机。弱势旅游地应该推出具有本土文化特色的夜间产品与服务，比如"民宿+艺术""餐饮+音乐""体育+娱乐"等，寻找各行各业夜经济的最佳结合点，营造丰富的夜间消费场景，延长消费时间，提高消费水平，激活夜间经济发展的巨大空间。例如，推出旅游景区的深夜食堂、摩登夜巴士、趣味体育嘉年华等夜间活动，不断刷新游客们的消费体验。

第二，营建异域景观，创造空间的转换。旅游目的地营建室内或室外的异域景观，突破南北方、东西部、国内外的区域空间界限，将不同于当地的文化风情、自然风景和建筑风格等转移到一个特定的旅游空间中，满足游客对新奇、独特事物的追求，为游客带来了前所未有的全新体验，是一种富有创意和吸引力的旅游开发策略。比如，北京周边人造景观的典范——古北水

---

❶ 彭莹. 基于生态位理论的浙江省区域旅游城市竞争关系研究 [D]. 杭州：浙江大学，2012.

镇沿着水系布局，独具匠心，既有南方水乡的温婉，又有北方村落的豪爽。又如，在我国一些景区建造的具有欧式古典风格的城堡、小镇，或者是具有东南亚风情的竹楼、木屋等；在东部城市里看到的西部民族歌舞表演、手工艺制作以及各种小吃、美食等。四川彭州白鹿音乐小镇以古典音乐为特色，加之源自法国的哥特式建筑和浓郁的艺术氛围，逐渐成为欣赏、学习、交流中外古典音乐艺术的特色小镇。

第三，应用数字技术，创造时空的转换。虚拟现实（VR）、增强现实（AR）、拓展现实（XR）、混合现实（MR）、元宇宙、裸眼3D、全息投影、数字光影、智能感知等技术和设备的运用，打造出沉浸式文旅消费的新场景，使人们可以跨越时间和空间的限制，游遍不同地域、不同时期的自然景观和文化风貌。这些时空可以是历史背景的复原，也可以是未来世界的幻想，人们可以自由地移动和切换到不同的虚拟景区，观赏壮丽的自然风光，领略悠久的建筑文明，甚至可以与虚拟角色进行互动，体验另一种生活方式。例如，北京首钢一高炉·SoReal科幻乐园是一个国家级元宇宙项目"样板间"，广泛布局了5G、AR、VR、MR、AI、数字孪生、全息影像、3D投影等硬核科技，以中国科幻故事为线索，为游客提供太空探索主题的全沉浸体验。又如，"数字敦煌"将莫高窟洞窟内容制作成全景虚拟漫游节目，借助AR眼镜、头盔等穿戴式设备，观众可以360度全方位感受洞窟的空间结构，欣赏到珍贵的文物，赞叹古代艺术的魅力，在研学教室还可以观看数字影片、开展壁画描摹等丰富的课程。

二、外部异质资源引入与整合

外部异质资源的引入与整合是为了开拓新的旅游业务增长点，占据更大的生存和发展的空间，在现有旅游资源和市场的基础上，引进其他资源并整合创新，从而进行旅游市场的拓展。这类似旅游生态位理论中的泛化、扩充发展的多元化战略。对于生态位宽的旅游地，其泛化程度大，对广大范围内资源的利用能力强，因此这类旅游地适合采用生态位泛化战略来不断扩充各个维度上的生态位，开发新的旅游产品，推出新的服务方式，采用新的经营模式，引进新的技术，建设新的项目等等。

在资源有限和旅游环境变化较快的前提下，区域内各旅游地生态位的泛化对自身生存和发展具有重要意义。区域内各旅游地通过拓展生态位维度，进而占据更有利的环境、利用更多的资源，才能促使各旅游地不断地成长和发展。选择生态位泛化发展的多元化战略，有利于充分发挥旅游业综合性、关联性强的优势，能够满足更多的旅游需求，有利于提升旅游地竞争力，同时也可有效地规避风险，提高生存能力。一般而言，生态位泛化对旅游地的能力要求较高，高生态位的旅游地采取泛化的策略，可以吸引更多的旅游者，而低生态位的旅游地应慎重采用这种战略，以免分散自身实力而导致内耗。❶

弱势旅游地可以通过引入文化、演艺、音乐、运动、康养、会展、婚恋、研学、农业、科技等外部资源，并与外部异质资源进行吸收、转化和利用，丰富旅游产品组合，推进"旅游+"的多元融合发展模式，实现旅游生态位的扩充和泛化，并与其他产业互利共赢，促进区域经济的高质量发展。

（一）旅游 + 文化

"旅游 + 文化"对旅游目的地的风土人情、民俗生活、历史文化等进行深度挖掘，开展丰富多彩的特色文化活动。例如，川西安仁古镇以博物馆为文化产业基础，引入会展、教育、美食、影视、音乐、文创、康养、田园等资源，打造具备完善文博产业链的新型旅游地。

（二）旅游 + 演艺

通过"IP+ 主题活动"增加吸引力，提升游客消费水平，打造旅游演艺核心品牌，建立标准化、模块化的演艺产品运营方式。例如，西安"长安十二时辰"主题街区是我国首个沉浸式唐风市井生活街区，高度还原出唐长安城

---

❶ 石丹，徐喆. 基于生态位视角的区域旅游竞合发展探讨 [J]. 浙江农业科学，2015，56（1）：87-91.

中的市井生活元素。街区内有多个不同场景，轮流上演《霓裳羽衣舞》《将进酒》《胡姬酒肆》《琵琶行》《大唐曲艺》《长安百艺》等数十个各种类型的小型演艺节目，生动展现了大唐盛世的繁华。

（三）旅游＋音乐

引入民族音乐、流行音乐、古典音乐等，举办音乐节、演唱会吸引游客，打造音乐文旅品牌，提升旅游体验。例如，四川彭城白鹿钻石音乐厅是全国首个"森林音乐厅"，钻石造型的舞台，以青山为背景，以潺潺流水为"和声"，露天看台背倚森森林海。自2021年开放以来，已举办了上百场具有品牌影响力的音乐艺术活动，吸引了国内外无数的音乐人、艺术家和游客。

（四）旅游＋运动

借助山水旅游资源打造休闲体育项目，如爬山、穿越、漂流、潜水、垂钓、帆船、马拉松、自行车、航空飞行、户外营地等。例如，东钱湖运动休闲旅游节、环青海湖自行车国际赛等。

（五）旅游＋康养

以健康养生、休闲养老度假等健康产业为核心，进行休闲农业、医疗服务、休闲娱乐、养生度假等多功能开发。例如，绿城·乌镇雅园，集"颐乐学院、雅达国际康复医院、国际养老中心、养生居住区、特色商业区和养生度假酒店"六大功能于一体，打造了"健康医疗＋养生养老＋休闲度假"的全新养老地产模式。

（六）旅游＋研学

结合景区特色，引入研学资源，开发研学旅行产品，打造研学旅行基地。例如，位于湖南长沙的贝拉小镇，重点开发无动力乐园与课程结合的研学产品，是一个融合了无动力训练教育、生活素质教育、社会认知教育、体验教育、自然教育、艺术教育等多种功能的大型寓教于乐的主题性户外亲子乐园。

第二节　旅游地区位条件改善

一、交通基础设施建设与完善

旅游地交通基础设施的规划与建设，构建涵盖公路、铁路、航空、水运等在内的水陆空一体化的"快进""慢游"旅游综合交通网络，能够有效提高旅游者的可达性，促进区域旅游资源的有效整合，提升旅游地的竞争力。

（一）景区外便捷高效的"快进"交通网络建设

依托高速铁路、城际铁路、民航、高等级公路等构建"快进"交通网络，提高旅游目的地的通达性和便捷性，实现游客远距离快速进出目的地。

首先，在铁路方面，积极推进跨区域"铁路+旅游"项目和区域内旅游目的地的相互衔接，努力形成跨区域旅游协作机制；加大区域内旅游环线列车产品的开发力度，打造专列品牌效应。例如，云南省打造"坐着火车游云南""从雪山到雨林"等系列铁路旅游列车平台和定制旅游产品，成为云南旅游新名片、新项目。

其次，在民航方面，可以联合酒店、餐饮，推出中转"微旅行"服务产品与项目，有效连接中转城市旅游景点；结合区域特色，在适当时间节点开通气候景观专线、民族文化专线等，以满足群众在特殊时节的出行需求，提高旅游定制服务比例。

再次，在公路方面，加快干线公路与景区公路连接线以及相邻景区之间的公路建设，在有条件的地区形成旅游环线，并根据景区车流量科学确定公路建设标准。

最后，提升"快进"交通网络衔接效能，加密火车站、民航机场、汽车客运站等客运枢纽至重点旅游景区、旅游度假区的旅游客运直达线路，加强城市公共交通与对外客运方式的衔接，提高旅游出行便捷性。

（二）景区内休闲舒适的"慢游"基础设施建设

旅游景区可以结合当地民俗文化，增加中高端主题酒店、度假村和精品民宿的供给，精心打造特色住宿设施，充分满足不同层次游客的住宿需求，提升游客住宿体验；因地制宜地建设旅游景区内部的步道、慢游道、自行车道、绿道、风景道等，打造具有通达、游憩、体验、运动、健身、文化、教育等复合功能的主题线路；积极建设服务于旅游景区的旅游停车场，加大生态停车场和立体停车场建设力度，完善停车场充电桩等新能源服务设施，探索推广智能化停车服务；优化景区内旅游交通标识标牌，提升标识标牌的规范性、辨识度和文化内涵，全面实施智能化旅游标识建设工程。

二、大城市经济圈辐射与带动

近年来，除了长三角、珠三角和环渤海三大经济圈，又兴起成渝经济圈、长江中游经济圈、关中城市群、海峡西岸经济区等，并且各自的辐射范围越来越大，带动作用越来越强，有利于其间弱势旅游地交通区位、客源区位和经济区位的改善。

（一）纳入中心城市"N小时"经济圈，方便区域内游客出行

随着公路、铁路建设的推进，区域通达性提高，经济圈范围内中心城市与卫星城镇、农村地区之间融合性及经济联系密度加强，旅游景区所在地纳入了中心城市1小时、2小时或3小时经济圈，带来了一日往返近郊游、周末休闲游、长距离度假游的便利。

（二）依托大城市经济圈，发展环城休憩带

随着我国经济水平的提高、大众休闲旅游需求的激增，环城游憩带以其优越的区位条件和良好的生态环境成为大城市居民短途休闲度假的首选。环城游憩带的建设，也为大城市周边弱势旅游地的发展提供了良机，以中心城市为核心，半径 50 公里范围内的民俗体验游、特色文化游、生态观光游、工业研学游、乡村度假游等能够吸引大量本地居民。

（三）推进跨景区旅游协作，均衡旅游冷热点的客流量

将区域内的景区、景点串点成线、连线成片，推出更多满足市场需求、富有地方特色的旅游线路；重点围绕节假日、寒暑假等时间节点，加强旅游品牌线路推广，引导客源流向全区域各景区、景点，使弱势旅游地获得强势旅游地的"溢出效应"，均衡旅游冷热点的客流量。

第三节　旅游地游客涉入应和

一、奇异、热烈、沉浸的消费体验

旅游目的地应以其自然风光、文化内涵和娱乐项目，满足游客对新奇独特、激情热烈、沉浸互动事物的消费心理。

（一）突出产品的新鲜感

旅游吸引游客消费的动因之一就是产品或服务带来的"新鲜感"，能抓住消费者的好奇心，满足游客求新求异的需求。旅游地可以通过产品内容和形式的创新为游客提供新奇体验。例如，张家界组织的"翼装飞行穿越天门洞"、西安大唐不夜城开展的"盛唐密盒"问答游戏、平遥古城举办的"国际

摄影展""府衙巡街"等活动，围绕核心资源不断强化优势，为游客带来了持续的"新鲜感"；而众多地方推出的"研学旅行""亲子游""康养旅居""体育旅游""城市剧本游"等新产品、新业态，也激发了广大人群的消费欲望。

（二）营造活动的氛围感

目前，美食街、音乐水幕、烟花秀、夜游等项目已然成为旅游地场景与活动的主流，各大景区每到节假日都人山人海。因为有些游客喜欢激情热烈的气氛，有些游客还有从众心理。旅游景区要从建筑设计、场景打造、内容营销等多个维度进行布局，营造欢快、热闹的氛围感。如"长安十二时辰"主题街区带领游客由"观影"到"入戏"，站在拥挤的人潮里等待"极乐之宴"表演，让游客置身于场景中仿佛真的穿越到了唐朝的上元灯节。

（三）增强游客的参与感

旅游地增强游客参与感的案例有很多，如西安城墙下永兴坊的"摔碗酒"、开封万岁山景区的"王婆说媒"及"万人齐穿越·古装游宋城"活动。旅游景区可以利用游客的好奇心，给予游客征服感、超越感，让用户参与进来，如一些景区的虚拟旅游飞行项目、极限挑战项目等；也可以通过利益刺激游客参与，如一些景区的有奖问答、穿古装免费游活动，都是为了让游客"身临其境""身体力行"地参与到活动中来，从而才有获得感、满足感和幸福感。

二、精致、美好、舒适的生活追求

顺应游客日益增长的对精致、美好、舒适生活的追求，旅游目的地需要提供优质、便捷、贴心、多样化、定制化和富有仪式感的服务。

（一）提供优质、便捷、贴心的游客服务

旅游地的工作人员是游客重要的服务接触点，友好的态度、专业的知识、及时的帮助都能给游客留下深刻印象。景区应定期培训员工，提升他们的服务意识和专业技能，确保游客在游览过程中得到愉快的体验。景区还应设置清晰的指示牌、充足的休息设施等，提供在线预订、在线支付、景区导览、云上游览等智慧旅游服务，方便游客购票和游览。同时，关注游客的特殊需求，如设置无障碍设施、提供母婴室等，让游客感受到景区对他们悉心的关爱和照顾。

（二）提供多样化、定制化的游客服务

为满足不同游客的需求，旅游景区应该提供多样化产品与服务，让游客根据自己的喜好选择适合自己的产品和服务。比如，如果游客对历史文化感兴趣，可以选择参观文物古迹、民俗表演等；如果游客喜欢户外活动，可以选择徒步、登山等。旅游景区还可以根据游客的需求和偏好，为他们量身定制旅游服务，包括游览线路、酒店类型和交通方式等。

（三）提供富有仪式感的游客服务

仪式感其实是通过一系列的形式和举止来表达游客热爱生活的态度，从中体悟到旅游的美感与诗意，也能让人们更好地感受到身份认同和归属感。对旅游目的地而言，如何为游客提供富有仪式感的服务体验，就需要经营者结合自身定位及消费者心理、消费趋势不断策划新的创意，为游客带来意外的惊喜，如篝火晚会、游街演艺、节庆烟花、美食摆盘、礼仪服务等均能创造出满满的仪式感。

三、时尚、新潮、个性的符号象征

年轻一代追求时尚、新潮的标签，崇尚个性表达，渴望塑造自己独特的

个人形象,并热衷与他人分享,旅游目的地要依此打造流行的旅游产品,发挥旅游的社交属性,唤起游客的情绪价值。

(一) 打造流行旅游产品

"潮流"代表着现代、时尚、创新和年轻。若想要在旅游者接触到旅游产品的瞬间,就对其产生强烈的消费吸引力,实现消费者购买,就要从功能、造型、材质、色彩等多方面,结合当前市场的流行文化进行创意设计。比如,甘肃省博物馆2022年推出的"马踏飞燕"毛绒玩具火了——这个由一匹憨态可掬的绿马踩在呆萌龙雀背上组成的玩偶,线上、线下全部售罄。原本官方设计了两种姿态,一种是站姿,名为"一马当先";另一种是跑姿,名为"马到成功"。其实"马到成功"的造型更接近镇馆之宝"东汉铜奔马"文物本身的形态,但站姿的"一马当先"设计更为前卫,它调皮可爱的正面神态、魔性的笑容特别有趣,让人看了忍俊不禁,倍感解压。

(二) 发挥旅游社交属性

旅游不仅是个人经历,更是一种社交活动。人们与爱好相同的伙伴一同出发,或者通过旅游结交志同道合的朋友,并在社交平台上进行分享,彰显自己的兴趣爱好和圈层身份。例如,年轻人通过看展、追演唱会、逛博物馆等活动拓展社交圈,构建新型人际关系;而摄影团、骑行队等,通过某一领域的专业名家同行同游,让旅途有更深度的体验和交流。旅游景区可以通过鼓励游客在社交媒体上分享他们的旅游体验,利用帖文、图片和视频等内容来吸引更多人。旅行故事的分享也引发了同龄人、同类人之间的共鸣与交流,形成了线上线下交织的旅游社群,增强了人们的归属感和认同感。

(三) 唤起游客情绪价值

情绪价值是一个人通过自己的言行、态度、情感表达等方式,给他人带来的情感上的共鸣和心理上的满足。所以，情绪价值在人际关系中十分重要，也成为影响游客选择旅游目的地的重要因素。首先，旅游景区可以将情绪价值融入场景营造的顶层设计，确保主题调性与情绪价值和谐共生，通过场景完美呈现出来。例如，阿那亚孤独图书馆等案例展示了场景氛围的营造是传递情绪价值的重要载体。其次，运用情感营销手段，将情感元素融入产品宣传中，激发游客的情感共鸣。例如，"青春没有售价，直抵武功山下""青春没有售价，泰山就在脚下""青春没有售价，硬座直达拉萨"……以"青春没有售价"这句话为前缀的一系列旅游热点，唤起了年轻人的激情与活力。

第四节　旅游地信息传播驱动

一、品牌形象树立与重塑

旅游目的地品牌形象的设计与推广，可以增加其辨识度，吸引游客的关注，引发出行欲望。而随着旅游业的快速发展，市场竞争日益激烈，游客需求也不断变化，就需要对旅游地的品牌形象进行动态评估、重新定位和塑造。

（一）品牌形象价值与定位

品牌形象价值涉及旅游地所拥有的独特资源、特色景点、文化遗产、自然环境等多个方面。例如，北京的故宫博物院，作为中国古代宫殿建筑的代表，其品牌形象价值在于丰富的历史文化遗产，通过讲述故宫的历史背景，可以向游客传达故宫的独特价值和文化魅力。在明确旅游目的地的品牌形象价值后，便需要确定目标市场，包括游客群体，如家庭旅游者、年轻探险者、文化爱好者等。了解目标市场的特点、需求和偏好，能够更好地针对他们进行品牌形象的塑造。

（二）品牌标识与视觉呈现

旅游景区品牌标识是品牌形象的视觉元素，需要设计出独特、易于辨识和具有代表性的符号、图案、色彩和字体，以传达旅游目的地的产品特色、主题文化与核心理念。另外，要打造具有旅游景区特色的 IP 形象，并开发相关的文创周边产品。例如，熊本熊作为日本熊本县的吉祥物，成功带动了当地的文化旅游经济收益。

（三）故事叙述与情感共鸣

故事叙述与情感共鸣这一品牌形象塑造策略是以叙述旅游地专属的故事，并提供互动体验，激发游客的情感共鸣和好奇心，使其与景区建立更深层次的联系，以此提高其对旅游地品牌形象的认知和好感度。为了达到此目的，故事叙述可以从旅游地的历史人物、地方传说与民间故事入手，使游客了解旅游地的起源、传统文化、重要事件等，对目的地的独特性和历史底蕴留下深刻印象。例如，唐伯虎昔日一首《桃花庵歌》，让无数人对桃花坞这个诗意的地方充满遐想与向往。位于苏州古城西北角的桃花坞大街，500 多年前曾是明代大才子唐伯虎生活过的地方，而如今则成了后世"粉丝"寻访打卡的旅游胜地。

（四）品牌形象强化或重塑

要想保持并增强品牌的生命力，旅游景区必须不断强化其 IP 形象。既要不断刺激顾客，推进和加强顾客对景区形象的了解，维持 IP 的话题性和新鲜度，也要对 IP 产品进行精细化运营，提升 IP 价值，拉近与游客之间的情感纽带距离，构建和传播文化认同感，让消费游客与品牌之间产生"黏性"。最后，旅游地品牌形象塑造是一个持续的过程，需要不断收集游客的反馈和评价，了解他们的体验和需求，以便及时更新品牌口号，重塑形象标志，调整品牌形象策略。

二、影视营销传播

旅游目的地的影视营销是一种利用影视作品影响力的推广策略。影视作品通过生动的叙事和画面，将取景地的美丽风光、人文历史、传统民俗等元素展现给观众，能够充分激发观众前往旅游的兴趣和动机。

（一）借助影视片，植入旅游地软广告

引入影视剧、纪录片、综艺节目等在旅游地进行拍摄，播放后的高收视率和关注度能够有效提升旅游目的地的知名度和客流量。例如，作为电视剧《狂飙》取景地之一的广东江门就吸引了大量游客，让这座原本并不是热门旅游地的城市风光一时。旅游目的地应该选择与自己品牌调性一致、用户受众匹配的影视片进行合作，通过巧妙布局品牌植入，消除受众对广告的心理排斥感，拉近旅游地和游客的情感距离。

（二）延长影视链，开发旅游地衍生品

在影视剧带来热度之后，旅游目的地需要在"后影视效应"期间的旅游线路和产品开发上下功夫，将盈利点尽可能地延伸。旅游地可以积极推出与影视作品相关的定制旅游线路，如仙侠剧拍摄地定制游、红色影视剧拍摄地定制游等；可以加大影视衍生品的研发与销售，满足游客的专门需求；还可以开发与影视作品相关的主题公园、旅游项目和影视情节方面的旅游活动。如，《长安十二时辰》热播后，西安旅游热度上涨22%，"火晶柿子、水盆羊肉吃货游"等深度文旅体验游受到游客青睐。

三、跨界联名营销

旅游地的跨界联名营销指通过与其他行业的产品品牌、IP、名人的合作，

结合各自的特点，借助双方的影响力，来提升品牌价值，达到品牌叠加和品牌溢出的经济效益。

（一）旅游地与产品品牌的联名

旅游目的地应该顺应消费群体年轻化、市场需求多元化的趋势，与年轻消费者热捧的时尚品牌联名合作，快速提升其曝光率，吸引大量客流。旅游地可以根据目标市场的需求特点，与知名食品、饮料、餐饮、艺术品、珠宝首饰、化妆品等开展合作，在产品设计、生产、销售、客群维护等方面实现资源共享、优势互补，双向引流，成功破圈。例如，自然风景区川西竹海与著名饮品连锁品牌"蜜雪冰城"共同推出一系列以"绿色生态"为主题的联名营销活动，提升了公众对环保和自然美的认识，也提升了旅游景区的知名度和美誉度。

（二）旅游地与IP、名人的联名

旅游目的地可以与文学、影视、动漫、游戏等IP联名，也可以与明星、设计师、艺术家等名人联名。对于IP或名人而言，本身自带的广泛的话题性和影响力，"粉丝效应"巨大。旅游地在与IP或名人联名营销时可以设置一系列活动，在传播造势、"粉丝"任务、"粉丝"打榜、"粉丝"签到等不同阶段与粉丝建立情感链接，促进旅游地的营销传播。例如，影视明星肖战为"重庆文旅"拍摄宣传片时当起了导游，带领观众一起走进重庆这个"8D世界"：Citywalk、坐空中缆车、涮火锅、吃重庆小面等，引来"粉丝"纷纷打卡。

四、全媒体平台传播

全媒体传播平台包括社交媒体、新闻资讯、视频分享、博客自媒体、搜索引擎和行业垂直平台等，涵盖了文字、图片、音频、视频等多种媒体形式，适用于不同的内容类型、目标受众和运营策略。

（一）发挥传统媒体的作用

电视、广播、报纸、杂志和户外广告等传统媒体具有权威性强、内容深入、易于建立信任、受众群体相对稳定的优势，因此它们还在某些方面、在一定程度上发挥着作用，旅游目的地可以根据不同的渠道设计相应的宣传推广内容。比如，制作精美的旅游宣传片或广告，在中央电视台、地方电视台的黄金时段播放。又如，在景区主要客源城市的地铁、楼宇、电梯及人流密集、高人气的街区布置广告画或播放宣传片，吸引民众的注意。

（二）构建新媒体营销矩阵

旅游目的地应该利用各级各类新媒体平台，创新宣传载体，激发创作热情，形成横纵联合、内外协力的旅游营销传播矩阵。

1. 新媒体横向联动，拓宽旅游景区宣传影响范围

现在消费者的旅游决策很大程度上受到社交媒体"PGC+UGC"（专业生成内容和用户生成内容）的影响，所以景区要形成以抖音、微信视频号、小红书、微博、快手等新媒体平台为主的联动推广机制，集中发布宣传信息，大幅提高知名度和用户黏性。在线上内容运营的过程中，要注意强调社会事件、节日等与景区的关联性。例如，在端午、中秋等中国传统佳节，宣传旅游景区的过节方式、特色民俗活动，并发起话题互动，鼓励用户展开交流，晒出自己家乡过节的方式。

2. 新媒体纵向整合，形成"政府主导、企业运作、社会参与"的模式

旅游目的地各级政府要做好组织者、协调者的角色，建设和宣传总体形象，积极引导景区、民宿、居民提高认知水平，学习借鉴先进旅游地的营销模式，共同构建从上到下的新媒体传播矩阵。景区经营方要开通自媒体账号，发挥企业主体的营销主动性，并鼓励当地居民、外来游客创作与景区相关的内容，如照片、视频或个人故事等，在社交媒体上分享，还可以邀请自驾协

会、汽摩协会、作家协会、摄影家协会等社会组织前来活动，充分调动社会各界人士的力量。

（三）利用"关键意见领袖"

"关键意见领袖"（Key Opinion Leader，KOL），是在一定圈层内拥有深远影响与知名度的个人或群体。KOL凭借其在专业领域的影响力和普通大众群体的覆盖面，可以在营销传播中直达目标客户群。旅游景区可以与不同平台的KOL合作，比如聘请网络大V担任景区推广大使或形象代言人，举办网络推广交流会，邀请微博、Bilibili、抖音、小红书的知名博主前往景区打卡拍摄，结合KOL目标定位在各平台传播景区美食、美景与历史文化。除了与旅游领域的KOL合作外，还可以考虑与生活方式、时尚和健身等领域的KOL合作，以此触发新一轮用户的注意力，引发新的用户共鸣。

（四）实施大数据精准营销

大数据能够帮助旅游目的地开发更具特色和个性的产品。通过海量数据的收集与挖掘，新媒体平台能准确记录游客的信息轨迹，获取游客行为态度及其对信息的反馈，能准确定位消费群体、信息接触点，从而有助于旅游地在形式、价格、促销、渠道等各个方面，开发出满足游客需求的个性化、多元化旅游产品，并精准地推送到游客面前。

第九章　研究结论与展望

第一节　研究结论

本书遵循理论演绎—实证检验的研究范式，首先通过文献分析推导旅游目的地屏蔽的理论架构，从资源禀赋、旅游区位、游客涉入和信息传播四个维度阐释了旅游地屏蔽的生成机理；其次对文化遗产型、自然风光型、人造景观型三类旅游地进行跨案例比较研究，以验证和修补理论模式；最后对应旅游地屏蔽机理的四个维度，提出资源特色开发、区位条件改善、游客涉入应和、信息传播驱动等旅游地屏蔽的突破路径。具体来说，得到了以下三项研究结果和发现：

第一，通过对区域旅游空间竞争的概念、类型与影响因素以及旅游目的地屏蔽的相关概念、产生原因、演化与突破等方面国内外文献的梳理和分析，明晰了本书研究主题的一些理论基础问题，并基于旅游功能系统模型，从资源禀赋（资源品质、资源密度、资源结构）、旅游区位（交通区位、客源区位、经济区位）、游客涉入（特异性、愉悦性、象征性）和信息传播（品牌形象、广告创意、媒体平台）多个层面构建了旅游地屏蔽的理论架构，阐释了旅游地屏蔽的生成机理。

第二，采用跨案例比较研究方法，对文化遗产型旅游地（浙江嘉兴乌镇、北京恭王府）、自然风光型旅游地（河南焦作云台山、重庆武隆喀斯特旅游区）、人造景观型旅游地（陕西咸阳袁家村、北京古北水镇）三种不同类型的六个旅游地屏蔽突破的案例，首先进行独立的案例内分析，探究资源禀赋、旅游区位、游客涉入和信息传播因子的作用机制，并总结不同时期每个旅游地屏蔽的突破路径；其次，将六个案例分析的结论进行比较与归纳，检视跨案例的异同点，一步步凝练出旅游地屏蔽的突破路径，从而拓展或修正已有的理论，并增强理论的抽象程度和普适性，形成综合性强、饱和度好、稳健的理论框架。

第三，在理论模式演绎和案例研究检验的基础上，提出弱势旅游地在资源特色开发、区位条件改善、游客涉入应和、信息传播驱动等方面的屏蔽突破路径，包括识别、开发与创造独特旅游资源，形成核心旅游吸引物；引入与整合外部异质资源，开辟多元化的旅游业务增长点；依托大城市经济圈的辐射与带动作用，建设与完善区域交通基础设施，形成"快进""慢游"旅游综合交通网络；顺应现代游客对于奇异、热烈、沉浸体验和时尚、新潮、个性象征以及精致、美好、舒适生活的消费心理倾向，突出产品的新鲜感，营造活动的氛围感，增强游客的参与感，打造流行的旅游产品，发挥旅游的社交属性，唤起游客的情绪价值，提供优质、便捷、贴心、多样化、定制化和富有仪式感的服务；定位、树立、强化或重塑旅游地品牌形象；影视片植入旅游地品牌广告，开发旅游地影视衍生品；开展与其他行业产品品牌、IP、名人的跨界联名营销；构建横纵联合、内外协力的旅游全媒体营销矩阵，广泛发布宣传信息，大幅提高知名度和用户黏性；利用平台"关键意见领袖"的影响力和覆盖面，直达景区目标客户群，或者触发新一轮用户的注意力；实施旅游大数据精准营销，准确推送给有特定需求的人群等。

第二节　研究展望

关于区域旅游空间竞争中旅游地屏蔽与突破这个经典命题，本书对其概念、类型、生成机理、突破路径等进行了深入、系统的探讨，但因为受研究时间和条件的限制，仍然存在一些有待改进的地方留给后续研究。

第一，区域旅游空间竞争和旅游目的地屏蔽的最新文献需要不断补充，理论分析也需更加透彻，以强化研究的效度。

第二，未来可以通过对旅游地经营企业、游客等的深入访谈来收集资料，再进行案例分析，以期得到更有价值的结论。

第三，本书案例研究的旅游目的地是以微观层面的旅游景区为对象，未来的案例研究可以扩展到城市、省域或者更大范围的区域之间的旅游空间竞争屏蔽课题。

参考文献

[1] 张凌云.旅游地空间竞争的交叉弹性分析 [J].地理学与国土研究, 1989, 5（1）: 40-43.

[2] 窦文章, 杨开忠, 杨新军.区域旅游竞争研究进展 [J].人文地理, 2000, 15（3）: 22-27.

[3] 保继刚, 梁飞勇.滨海沙滩旅游资源开发的空间竞争分析——以茂名市沙滩开发为例 [J].经济地理, 1991, 11（2）: 89-93.

[4] 保继刚, 彭华.名山旅游地的空间竞争研究——以皖南三大名山为例 [J].人文地理, 1994, 9（2）: 4-9.

[5] 保继刚.喀斯特石林旅游开发空间竞争研究 [J].经济地理, 1994, 14（3）: 93-96.

[6] 罗厚成, 龚略, 陈松.国内基于生态位理论的区域旅游竞合研究进展 [J].商业经济, 2016, 38（2）: 76-78.

[7] 王衍用.孟子故里旅游开发研究 [J].地理学与国土研究, 1993, 13（2）: 44-46.

[8] 许春晓.旅游资源非优区适度开发与实例研究 [J].经济地理, 1993, 13（2）: 81-84.

[9] 许春晓.旅游地屏蔽现象研究 [J].北京第二外国语学院学报, 2001, 23（1）: 71-80.

[10] 杨振之, 陈谨."形象遮蔽"与"形象叠加"的理论与实证研究 [J].旅游学刊, 2003, 18（3）: 62-67.

[11] 刘逸, 陈凯琪, 黄凯旋.桂林市区与阳朔空间竞合关系演变: 基于旅游形象叠加—遮蔽视角 [J].旅游论坛, 2016, 9（2）: 1-6, 13.

[12] 刘睿文.旅游形象不对称作用理论研究 [J].地理与地理信息科学, 2006, 22（4）: 75-79.

[13] 李雪松, 田里.旅游形象屏蔽机理解析 [J].旅游科学, 2009, 23（4）: 26-30.

[14] 李雪松.旅游形象屏蔽: 基本性质与空间表现 [J].思想战线, 2010, 36（2）: 147-148.

[15] 俞飞, 徐阳阳.旅游景区形象屏蔽的形成及演进研究 [J].安徽农业大学学报（社会科学版）, 2011, 20（5）: 48-51.

[16] 俞飞.游客视角下的旅游景区形象屏蔽作用机理研究 [J].地域研究与开发, 2014,（1）: 58-62.

[17] 翁瑾，杨开忠. 旅游系统的空间结构：一个具有不对称特点的垄断竞争的空间模型 [J]. 系统工程理论与实践，2007，27（2）：76-82.

[18] 包军军，严江平. 旅游屏蔽理论定量研究——基于景区系统种群竞争模型 [J]. 地域研究与开发，2015，34（2）：115-119.

[19] 徐雅雯，甘巧林，郑迪. 旅游形象屏蔽理论"例外"现象研究——西递、宏村实证对比分析 [J]. 华南师范大学学报（自然科学版），2016，48（4）：77-82.

[20] 陈志钢，蔡泽辉. 非均衡性旅游地空间竞争中搭便车问题研究 [J]. 地理与地理信息科学，2006，22（5）：70-74，80.

[21] 许春晓，王甫园，王开泳，李萍. 旅游地空间竞争规律探究——以湖南省为例 [J]. 地理研究，2017，36（2）：321-335.

[22] 陈健昌，保继刚. 旅游者的行为研究及其实践意义 [J]. 地理研究，1988，7（3）：44-51.

[23] 马晓龙，杨新军，贾媛媛. 旅游地空间竞争与弱势旅游地的发展研究 [J]. 干旱区资源与环境，2003，17（5）：113-117.

[24] 尹贻梅. 旅游空间竞争合作分析模型的构建 [J]. 江西财经大学学报，2003，4（2）：66-71.

[25] 章锦河，张捷，刘泽华. 基于旅游场理论的区域旅游空间竞争研究 [J]. 地理科学，2005，25（2）：248-256.

[26] 王衍用. 区域旅游开发战略研究的理论与实践 [J]. 经济地理，1999，19（1）：116-119.

[27] 孙根年. 论旅游业的区位开发与区域联合开发 [J]. 人文地理，2001，16（4）：1-5.

[28] 刘旺，杨敏. 比较优势、竞争优势与区域旅游规划 [J]. 四川师范大学学报（社会科学版），2006，33（4）：111-116.

[29] 李蕾蕾. 旅游目的地形象的空间认知过程与规律 [J]. 地理科学，2000，20（6）：563-568.

[30] 李巍，张树夫. 旅游地形象的认知与构建 [J]. 资源开发与市场，2002，18（6）：27-30.

[31] 张恩嘉，龙瀛. 城市弱势区位的崛起——基于大众点评数据的北京休闲消费空间研究 [J]. 旅游学刊，2024，39（4）：16-27.

[32] 李芸. 区域旅游的竞争及其联动发展 [J]. 南京师大学报（自然科学版），2002，25（2）：79-82.

[33] 吕菽菲.区域旅游业发展非均衡性研究——以江苏省为案例[D].南京：南京大学，2000.

[34] 江娟，张镒.国内旅游屏蔽理论研究述评[J].四川旅游学院学报，2017，30（5）：74-78.

[35] 张全景.阴影区旅游资源开发初探——以孔孟故里的九龙山风景区为例[J].国土与自然资源研究，2001，17（2）：60-62.

[36] 乐上泓，孔德林，黄远水.旅游阴影区开发的实证研究——以福建大田县为例[J].旅游论坛，2008，1（6）：366-369，383.

[37] 隆学文，刘立勇.旅游非优区开发策略[J].首都师范大学学报（自然科学版）[J].2002，23（4）：79-84.

[38] 许春晓.旅游地屏蔽理论研究[J].热带地理，2001，21（1）：61-65.

[39] 刘雄，杨斌，罗洁.形象遮蔽与形象叠加在旅游地开发中的应用——以黑竹沟为例[J].内江师范学院学报，2009，24（4）：80-82.

[40] 唐文跃，欧阳军.非优区旅游开发的一般规律初探[J].江西财经大学学报，2004，14（6）：59-61.

[41] 黄薇薇.边缘型旅游地的理论与实证研究——以安徽省宣城市为例[D].合肥：安徽师范大学，2004.

[42] 保继刚，侯灵梅.非市场竞争条件下喀斯特洞穴旅游竞争研究[J].旅游科学，2007，21（3）：52-58.

[43] 许春晓.论旅游资源非优区的补偿类型与性质[J].湖南师范大学社会科学学报，2000，29（4）：67-71.

[44] 许春晓.论旅游资源非优区的突变[J].经济地理，1995，15（4）：102-108.

[45] 要轶丽，郑国.旅游区位非优区的旅游业发展研究——以山西运城为例[J].旅游学刊，2002，17（5）：58-61.

[46] 张河清.西部民族地区旅游开发的迟发展效应与后发优势及创新对策[J].开发研究，2005，21（1）：113-116.

[47] 刘逸，黄凯旋，保继刚，等.近邻旅游目的地空间竞合关系演变的理论修正[J].旅游科学，2018，32（5）：44-53.

[48] 谢彦君，陈焕炯，潘莉，等. 东北地区乡村旅游中典型元素的识别与分析——基于 ZMET（隐喻抽取技术）进行的质性研究 [J]. 北京第二外国语学院学报，2009，31（1）：41-45，6.

[49] 孔令怡，吴江，魏玲玲，等. "旅游凝视"视域下凤凰古城旅游典型意象元素的识别与分析——基于隐喻抽取技术（ZMET）的分析方法 [J]. 旅游学刊，2018，33（1）：42-52.

[50] 祁新华，董观志，陈烈. 基于生态位理论的旅游可持续发展策略 [J]. 生态经济，2005，21（8）：92-94，98.

[51] 江金波，余构雄. 基于生态位理论的长江三角洲区域旅游竞合模式研究 [J]. 地理与地理信息科学，2009，25（5）：93-97，101.

[52] 石丹，徐喆. 基于生态位视角的区域旅游竞合发展探讨 [J]. 浙江农业科学，2015，56（1）：87-91.

[53] HILLS T，LUNDGREN J. The Impact of Tourism in the Caribbean：A Methodological Study [J]. Annals of Tourism Research，1977，4（5）：248-267.

[54] BRITTON S G. The Political Economy of Tourism in the Third World [J]. Annals of Tourism Research，1982，9（3）：331-359.

[55] DEASY G，GRIESS P. Impact of a Tourist Facility on its Hinterland [J]. Annals of the Association of American Geographers，1966，56（1）：290-306.

[56] MELIÁN-GONZÁLEZ A，ARCÍA-FALCÓN J M. Competitive Potential of Tourism in Destination [J]. Annals of Tourism Research，2003，30（3）：720-740.

[57] BEERLI A，MARTIN J D. Factors Influencing Destination Image [J]. Annals of Tourism Research，2004，31（3）：657-681.

[52] HONG SUNG-KWON et al. The Roles of Categorization，Affective Image and Constraints on Destination Choice：An Application of the NMNL Model [J]. Tourism Management，2006，（27）：750-761.

[53] CHRISTALLER W. Some Considerations of Tourism Location in Europe：the Peripheral Regions- underdeveloped Countries-recreation Areas [J]. Papers in Regional Science，1964，

12（1）：95-105.

[54] MITCHELL L S, LOVINGOOD P E. Public Urban Recreation: An Investigation of Spatial Relationships [J]. Journal of Leisure Research, 1976, 8（1）: 6-20.

[55] MORLEY C L. A Micro-economic Theory of International Tourism Demand [J]. Annals of Tourism Research, 1992, 19（2）: 250-267.

[56] KRUGMAN H E. The Impact of Television Advertising: Learning without Involvement [J]. Public Opinion Quarterly, 1965, 29（3）: 349-356.

[57] SELIN S, HOWARD D. Ego Involvement and Leisure Behavior: A Conceptual Specification [J]. Journal of Leisure Research, 1988, 20（3）: 237-244.

[58] HAVITZ M E, DIMANCHE F. Propositions for Testing the Involvement Construct in Recreational and Tourism Contexts [J]. Leisure Sciences: An Interdisciplinary Journal, 1990, 12（2）, 179-195.

[59] LAURENT G, KAPFERER J. Measuring Consumer Involvement Profiles [J]. Journal of Marketing Research, 1985, 22（1）: 41-53.

[60] LEE S, SCOTT D, KIM H. Celebrity Fan Involvement and Destination Perceptions [J]. Annals of Tourism Research, 2008, 35（3）: 809-832.

[61] ZALTMAN G, COULTER R H. Seeing the Voice of the Customer: Metaphor-Based Advertising Research [J]. Journal of Advertising Research, 1995, 35（4）: 35-51.

[62] 王衍用. 孟子故里旅游开发战略研究 [C]// 中国科学院地学部等. 区域旅游开发研究, 1991：157-160.

[63] 俞飞. 旅游景区形象屏蔽及景区相关对策研究 [D]. 北京：北京工商大学, 2009.

[64] 章守芹. 区域本色形象和旅游诱导形象的遮蔽研究 [D]. 大连：东北财经大学, 2011.

[65] 廖钟迪. 旅游地发展中的空间竞争与区域合作研究 [D]. 兰州：西北师范大学, 2006.

[66] 章锦河. 旅游区域空间竞争理论、方法与实证研究 [D]. 合肥：安徽师范大学, 2002.

[67] 陈志钢. 基于旅游综合竞争力的旅游城市空间竞争研究 [D]. 南京：南京师范大学, 2004.

[68] 李蕾蕾. 区域旅游形象系统研究——TDIS 理论、方法、应用 [D]. 北京：北京大学, 1998.

[69] 祖健. 旅游形象屏蔽理论与实证研究——以安徽呈坎景区为例 [D]. 上海：华东师范大学，2011.

[70] 杨晓峰. 旅游优劣区类型划分及旅游非优区开发研究 [D]. 兰州：西北师范大学，2007.

[71] 刘妍妍. 历史文化街区游客涉入、地方依恋与游后行为意愿的关系研究 [D]. 杭州：浙江工商大学，2019.

[72] 彭莹. 基于生态位理论的浙江省区域旅游城市竞争关系研究 [D]. 杭州：浙江大学，2012.

[73] HUNT J D. Image：A Factor in Tourism [D]. Fort Collins：Colorado State University，1971.

[74] 楚义芳. 旅游经济空间分析 [M]. 西安：陕西人民出版社，1992.

[75] 吴必虎. 区域旅游规划原理 [M]. 北京：中国旅游出版社，2001.

[76] 杨振之. 旅游资源开发与规划 [M]. 成都：四川大学出版社，2002.

[77] GUNN C A，VAR T. Tourism Planning：Basics，Concepts，Cases（Fourth Edition）[M]. New York：Taylor & Francis，2002.

[78] GUNN C A. Vacationscape：Designing Tourist Regions [M]. Austin：University of Texas，1972.

[79] LUNDGREN J O J. Tourist Impact on Island Entrepreneurship in the Caribbean [M]. Conference Paper quoted in Mathieson，1973.

[80] SHERIF M，CANTRIL H. The Psychology of Ego-Involvements [M]. New York：John Wiley and Sons，1947.

[81] MCINTOSH W，COELDNER C R. Tourism：Princles，Practice，Philosophies [M]. New York：Wiley，1990..

[82] 杨振之，周坤. 城郊"旅游资源非优区"的休闲旅游开发 [N]. 中国旅游报，2008-6-9.